16-18%

durchschnittlich pro Jahr [1]

TROTZ BÖRSENFLAUTE

Sicherheit durch hundertprozentigen Kapitalerhalt.

Unsere neue Anlagestrategie wird über eine Sicherheitskomponente verfügen, die den eingesetzten Anlagebetrag (ohne Agio) zum Laufzeitende mittels eines von der JPMorgan Chase Bank emittierten Zerobonds sichern soll. [5]

Eine mittel- bis langfristige Rendite von durchschnittlich 16-18% [1] **pro Jahr.**

Der Handelsberater Man Investment Products Limited, London, zählt mit einem verwalteten Anlagevolumen von etwa 23,1 Mrd. US $ [5] zu den weltweit größten und erfolgreichsten Anbietern von Hedgefonds. Erhöhen Sie mit der Erfahrung eines Profis Ihre Rendite!

Renditechancen unabhängig von steigenden und fallenden Märkten.

Hedgefonds- und Managed Futures-Strategien sind nahezu unabhängig von der Entwicklung der Aktien- und Anleihemärkte. Damit bieten sich Renditechancen auch bei fallenden Kursen. Diversifizieren Sie und vergrößern Sie so Ihre Chancen!

DIE MAN IP220-WERTENTWICKLUNG

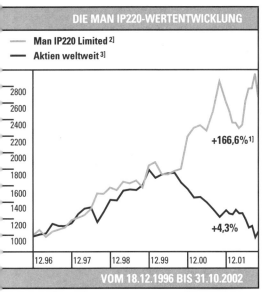

— Man IP220 Limited [2]
— Aktien weltweit [3]

+166,6% [1]

+4,3%

2800 2600 2400 2200 2000 1800 1600 1400 1200 1000

12.96 | 12.97 | 12.98 | 12.99 | 12.00 | 12.01

VOM 18.12.1996 BIS 31.10.2002

WERTENTWICKLUNG DER BISHERIGEN PRODUKTE

Produktname	Handelsbeginn	Entwicklung seit Auflegung [1]
Global Futures Fund I	16.02.94	–
Global Futures Fund II	16.09.94	+ 289,7 %
Global Futures Fund III		
Global Futures Fu		
Global Futures Fur		
Global Futures Fun		
Global Futures Fun		
Global Futures Fund		
Global Futures Fund IX	24.08.98	+ 46,8 %
Global Futures Fund X	18.03.99	+ 33,1 %
Global Futures Fund XI Div.	02.12.99	+ 19,1 %
Global Futures Fund XII Div.	14.08.00	+ 27,9 %

STAND: 31.10.2002

1] Vergangene Performance ist keine Garantie für zukünftige Renditen.

2] Die Man IP220 Limited repräsentiert die Wertentwicklung verschiedener von Man Investment Products Limited in dieser Kombination seit 12.96 eingesetzten Handelsstrategien.

3] MSCI World Stocks Index
4] Alle Einzelheiten zur Kapitalsicherheit erfahren Sie in den ausführlichen Unterlagen, die Sie bei apano anfordern können.

5] Stand: 31.10.2002

Fordern Sie jetzt Ihre Unterlagen an!

unter 0800 66 88 920 oder www.apano.de

apano GmbH • Lindemannstraße 79 • D-44137 Dortmund

apano
FINANZ ANLAGEN

Marcus Friedrich • Dietmar H. Bahr

Hedge Funds

Die Königsklasse der Investments

„Vor dem Hintergrund eines sich mehr und mehr öffnenden Pensionsmarktes in Deutschland gibt es eine Trillion von Gründen für die Hedge Funds-Industrie, sich den deutschen Markt im Jahr 2003 genauer anzusehen."
Andrea Zimmermann, Director Equity Finance Group,
Lehman Brothers International (Europe)

„Ein interessanter Streifzug durch eine Form der Geldanlage, die viele erst entdecken, nachdem die Träume an den Aktienmärkten geplatzt sind."
Roland Klaus, TV-Börsenreporter

„Dieses Buch stellt eine informative, didaktisch vorbildliche Einführung in das Universum der Hedge Funds dar, für Anlageberater und Portfoliomanager in Banken, Versicherungen und im Investment Banking ebenso geeignet wie für risikofreudige Anleger."
Christian Angermayer,
Mitglied des Vorstands VCH Equity Group AG

„Noch vor wenigen Jahren waren Hedge Funds im deutschsprachigen Raum weitestgehend unbekannt; durch die guten Ergebnisse der letzten Jahre, in denen insbesondere Aktieninvestoren mit der Realität konfrontiert wurden, sind Hedge Funds heute in aller Munde. Das von Marcus Friedrich und Dietmar H. Bahr verfasste Buch „Hedge Funds" gibt einen faszinierenden Einblick in die Welt der Alternativen Investments. Umfassend, präzise, spannend zu lesen; das Buch hat das Zeug, zu einem echten Standardwerk der Hedge Funds-Welt zu werden."
Georg Klein,
Geschäftsführender Gesellschafter Benchmark Capital Management GmbH,
Vorstand der Vereinigung ausländischer Investmentgesellschaften in Österreich

Hedge Funds haben in Teilen der veröffentlichten Meinung in Deutschland das Image von „Schmuddelkindern" erhalten, „mit denen man" – frei nach F. J. Degenhardt – „nicht spielt", weil sie wegen ihrer Geschäftspraktiken des „Leerverkaufs/short selling" für den Niedergang auch von „Volksaktien" verantwortlich gemacht wurden und als „Finanzhaie" und „Löwen, die sich das schwächste Tier suchen" betitelt wurden. Zur Versachlichung eines solchen Themas helfen Fakten, wie sie in diesem Buch umfassend und erfreulicherweise auch noch in gut verständlichem Deutsch geliefert werden. So kann das Buch dabei helfen, Hedge Funds als notwendige Bereicherung und Regulativ für die komplexen Finanzsysteme zu verstehen und in ihnen – ganz wie im zitierten Tierreich auch – das Positive der reinigenden Funktion von Löwen und Haien zu erkennen.
Ministerialrat Uwe Wewel,
Referatsleiter Fachbereich Investmentwesen, Einlagesicherung, Hedge Funds
Bundesfinanzministerium

Marcus Friedrich und Dietmar H. Bahr

Hedge Funds

Die Königsklasse der Investments

FinanzBuch Verlag München

Bibliografische Information der Deutschen Bibliothek
Die Deutsche Bibliothek verzeichnet diese Publikation in der
Deutschen Nationalbibliografie;
detaillierte bibliografische Daten
sind im Internet über <http://dnb.ddb.de> abrufbar.

Gesamtbearbeitung: UnderConstruction, München

Druck: Walch Druck, Augsburg

1. AUFLAGE 2003
© 2003 BY FINANZBUCH VERLAG GMBH MÜNCHEN
LANDSHUTER ALLEE 61 · 80637 MÜNCHEN
TEL.: 089/65 12 85-0 FAX: 089/65 20 96

ISBN 3-89879-035-5

Für mehr Bücher: www.finanzbuchverlag.de

„Es reicht nicht aus, etwas zu wissen, man muss es auch anwenden. Es reicht nicht aus, etwas zu wollen, man muss es auch tun.“

Johann Wolfgang von Goethe

„Das Hauptziel der Bildung liegt nicht im Wissen, sondern im Handeln.“

Aldous Huxley

FONDS ODER FUNDS

Hedge Funds sind nun auch in Deutschland ein Thema. Da kommt dieses Buch in deutscher Sprache zur rechten Zeit. Leider wird in Deutschland alles Neue zunächst als etwas Bedrohliches empfunden. So ist es mit neuen Technologien, mit anders gebrautem Bier, – und eben auch mit Hedge Funds. Zunächst einmal sind sie im Allgemeinen bedrohlich, weil sie fremd sind und dann sind sie auch noch im Speziellen bedrohlich, weil sie etablierte deutsche Strukturen zu verändern drohen und damit alte, profitable Seilschaften angreifen. Bei Hedge Funds handelt es sich um ein modernes, vielen traditionellen Investments überlegenes Produkt mit volkswirtschaftlichem Nutzen.

Die Berichterstattung über Hedge Funds in den Medien ist in den vergangenen zwölf Monaten objektiver und realitätsnäher geworden. Oft beschränken sich die Berichte aber auf die tagesaktuellen Marktaktivitäten von Hedge Funds. Eine grundsätzliche Betrachtung von Hedge Funds hat bisher in Deutschland gefehlt. Wenn dies nun in einer informativen und unterhaltenden Form geschieht wie in diesem Buch, dann leistet es einen wichtigen Beitrag zum Verständnis dieser Anlagestrategie.

Hedge Funds sind nicht nur eine neue Investmentidee, die bald wieder verschwindet, sondern sie haben das Zeug dazu, die gesamte Vermögensverwaltungsindustrie zu verändern. Das betrifft jeden – jeden, der in dieser Industrie tätig ist, aber auch jeden privaten Investor, jeden Inhaber einer Lebensversicherung und jeden Pensionär. In Ländern mit einer längeren Tradition und bedeutenden Wirtschaftszweigen für die Verwaltung von Vermögen, wie der Schweiz oder England, beschäftigen sich jeder Anleger, ob privat oder institutionell, und jeder Anbieter von Dienstleistungen für Vermögensverwaltung seit langem mit Hedge Funds. In Deutschland ist es höchste Zeit, sich mit dem Phänomen Hedge Funds zu befassen. Für institutionelle und private Anleger, für Vermögensverwaltungsunternehmen und für den Gesetzgeber.

Das wirklich Neue an Hedge Funds ist, dass ihr Auftrag auf das Erwirtschaften von positiven Renditen unabhängig von der Börsenentwicklung ausgerichtet ist. Die traditionellen Investmentfonds dagegen haben das Mandat, investiert zu sein. In guten Börsenjahren, in denen das bloße „Investiert-Sein" einen positiven Ertrag erzielte, waren die Ansätze im Ergebnis gleich. In schlechten Börsenzeiten weisen die Ergebnisse allerdings große Unterschiede auf. Nur die Hedge Funds können in jedem Marktumfeld positive Erträge erwirtschaften, und genau das ist es, was Deutschland dringend braucht.

Gesamtwirtschaftlich gesehen ist die deutsche Volkswirtschaft in den nächsten Jahrzehnten darauf angewiesen, ihr in der Vergangenheit erarbeitetes Vermögen renditewirksam zu verwalten. Zum einen müssen die in der Vergangenheit zugesagten Pensionen erfüllt, d. h. erwirtschaftet werden, wenn sie nicht über Steuern und Abgaben finanziert werden sollen. Diese gern als „off balance sheet" behandelten Verbindlichkeiten würde die Verschuldungsquote zum Bruttosozialprodukt der Bundesrepublik von knapp unter 60 % auf mehr als das Doppelte erhöhen. Insbesondere eine Volkswirtschaft mit einer immer älter werdenden Bevölkerung braucht eine effiziente Verwaltung für ihre Pensionsgelder, die dauerhaft positive Renditen erwirtschaftet, sonst wird den nachfolgenden Generationen eine unerträgliche Last aufgebürdet.

Zum anderen erwirtschaftet die Bundesrepublik Deutschaland seit der Wiedervereinigung keine positive Leistungsbilanz mehr, was bedeutet, dass kein zusätzliches Volksvermögen geschaffen wird. England hat vor langer Zeit aufgehört, eine positive Leistungsbilanz zu erzielen, aber sein Vermögen aus der kolonialen Vergangenheit durch sein starkes Finanzzentrum London gewinnbringend verwaltet und damit eine starke Vermögensaufzehrung verhindert. Deutschland muss sich der gleichen Herausforderung stellen und eine leistungsfähige Industrie für Vermögensmanagement schaffen, die das in der Nachkriegszeit erarbeitete Vermögen renditestark einsetzt.

Für Deutschland springt noch ein zusätzlicher Nutzen durch den zunehmenden Einfluss von Hedge Funds heraus: Ein Land mit einer notorisch schwachen Corporate Governance bekommt über die Hedge Funds eine Instanz, die schlechte Unternehmensgeschichten aufstöbert und über Leerverkäufe abstraft. Das deutsche System ist nicht ausreichend mit einer institutionalisierten Fehlersuche oder Kontrolle ausgestattet. Die Führungsetagen stellen ihr Unternehmen natürlich so positiv wie möglich dar, weil ihre Position sie ernährt und die Aktienoptionen sie reich machen. Die Vertreter der kreditgebenden Banken sitzen in den Aufsichtsräten, die Investmentgesellschaften der Banken sind die größten Aktionäre der Gesellschaften, und die Banken haben ein großes Interesse daran, ihre profitablen Geschäftsverbindungen gut aussehen zu lassen und zu erhalten. Die Wirtschaftsprüfer sind daran interessiert, ihr Prüfungsmandat verlängert zu bekommen. Jeder der „Stakeholder", auch Gewerkschaften und öffentliche Haushalte, haben ein Interesse daran, dass „ihr" Unternehmen gut dasteht, und deshalb herrscht in Deutschland oft eher Wunschdenken als Realismus vor. Die Börsennotierungen von Firmen wie EM.TV, Intershop, Mobilcom, Deutsche Telekom, Infineon, MLP oder Metallgesellschaft hätten nie so hoch steigen dürfen, wie sie es getan haben. Die Kontrollen haben versagt – zum Schaden der Investoren, der Gemeinden und der Sozialkassen.

Nur wer Geld damit verdient, schlechte Unternehmensgeschichten zu entdecken, sucht und analysiert diese. Das sind Angehörige zweier Berufsgruppen: Journalisten und Hedge Funds-Manager. Beide haben der unrealistischen Kursentwicklung ein Ende gesetzt. Wäre ihr Einfluss größer gewesen, hätten die Exzesse vielleicht vermieden werden können.

Die Aktionen von Hege Funds haben auch noch einen markttechnischen Vorteil: Sie agieren meistens antizyklisch, d. h. sie sind die Käufer, wenn die Kurse in den Keller fallen, weil sie ihre Short-Positionen zurückkaufen, und sie sind die Verkäufer, wenn die Notierungen nach oben getrieben werden, weil sie Aktien leer verkaufen. Damit stellen die Hedge Funds Liquidität in schwierigen Marktphasen bereit.

Der deutsche Gesetzgeber hat nun die Wahl, diese volkswirtschaftlich nützlichen Produkte, von deren zunehmender Bedeutung auszugehen ist, als Industrie nach Deutschland zu holen oder zum wiederholten Male zuzuschauen, wie andere Länder an den deutschen Anlegergeldern verdienen, indem sie Arbeitslätze schaffen, Steuern zahlen und Know-how importieren. London, Zürich und Luxemburg haben schon in der Vergangenheit viel Nutzen daraus gezogen, dass in Deutschland überholte und ineffiziente Strukturen erhalten worden sind.

rtsetzung von Seite 25

Hedge-Fonds erhöhen die Liquidität des Markts

Britische Finanzaufsicht

Diskussion über Öffnung von Hedge-Funds

Hedge Funds enttäuschen Investoren

Hedge Funds auf falschem Fuß erwischt

Hedgefonds-Zertifikate vernichten Kapital

Die Mindestforderung lautet, dass der Gesetzgeber alle deutschen Anlegergruppen in die Lage versetzt, auf einer steuerlich sicheren und attraktiven Grundlage in Hedge Funds zu investieren. Jeder Investor in Deutschland, ob privat oder institutionell, sollte sich mit der Anlageform der Hedge Funds im Interesse seiner Vermögensrendite beschäftigen.

Frankfurt a. M., im November 2002

Sy Schlüter
Managing Partner
CAI Analyse und
Beratungsgesellschaft
für Kapitalanlagen

„Wir waren alle geil darauf, Geld zu machen, Geld, Geld und nochmals Geld, und ich war der Top-Trader in Singapur", so Nicholas Leeson im Jahr 1993. Am 27. Februar 1995 wachte die britische Königin mit der Nachricht auf, dass ihre Bank, die 233 Jahre zählende und damit älteste britische Handelsbank, die Barings plc, den Bankrott erklären musste.

„Ich hatte die ehrlichsten Absichten. Ich bin mehr besorgt um meine Aktionäre und Mitarbeiter als um mich", so Michael Berger, Hedge Funds Adviser von Manhattan Capital Management Inc. (MCI) am 16. Januar 2000 in New York. „Jeder weint hier." Dann unterbrach er das Gespräch, küsste seine verängstigte Sekretärin zärtlich auf die Stirn und verabschiedete sich ins Wochenende. Am 18. Januar 2000 klagte die SEC Michael Berger, MCI und Manhattan Investment Fund (MIF) wegen Betrugs an.

„Solange es solche Leute wie sie gibt, werden wir Geld machen", so Myron Scholes, Nobelpreisträger und Partner bei LTCM, auf eine kritische Frage.

Inhalt

GEWINNER

Gewinner gewinnen, weil sie keinen Schritt zurückweichen, und Gewinner haben keine Angst vor dem Wandel. Alternative Investments sind Gewinner. Alternative Investments machen Sie zu Gewinnern. Alternative Investments sind en vogue. Was sind denn eigentlich Alternative Investments?

Alternative Investments? Das sind Hedge Funds und Private Equity. Diese Anlageklasse ist mit der Baisse an den Aktienmärkten seit dem Jahr 2000 aufgrund ihrer überlegenen Ergebnisse in den Fokus des Anlegerinteresses gerückt. Sie sind keine Modeerscheinung, von der sich die Welt bald wieder verabschieden wird, sondern sie sind zum festen Bestandteil eines modernen Wertpapier-Portefeuilles geworden.

Hedge Funds streben nach absoluten Renditen

Hedge Funds streben nach hohen absoluten Renditen, also nach Anlageergebnissen, die sich in negativen Marktphasen weitgehend unabhängig von Aktien- oder Rentenindizes entwickeln. Traditionelle Investmentfonds mit einem Index als Renditereferenz verfolgen einen relativen Renditeansatz. Ihre Aufgabe gilt als erfüllt, wenn diese Benchmark (etwa der DAX) übertroffen wird. Solange sich die relevanten Indizes in positiven Territorien aufhielten, war selbst eine Unterperformance in der Regel noch kein Grund, einem Manager das Mandat zu entziehen. Denn der traditionelle Manager hat de facto seine Aufgabe erfüllt, wenn er den Index übertrifft. Dies ist beispielsweise dann zutreffend, wenn der Indexverlust -20% beträgt und der aktive Portfoliomanager mit -18% ins Ziel kommt. Natürlich kann aber dieses Performance-Ergebnis einen Anleger nicht zufrieden stellen. Der Fairness halber muss angemerkt werden, dass der traditionelle Manager angesichts der ihm zur Verfügung stehenden Anlagetechniken bestenfalls eine indexnahe Performance erzielen kann: Der Manager kauft Aktien und hofft, das deren Kurse steigen – oder zumindest weniger verlieren als der Vergleichsindex. Außerdem hat der traditionelle Manager eines Publikumsfonds relativ hoch investiert zu sein. Die Entscheidung, Kasse zu halten, sollte der Taktik des Anlegers überlassen sein.

Eine entscheidende Anlagetechnik, die dem traditionellen Anlagemanagement untersagt ist, sind neben der unbegrenzten Kassehaltung die Leerverkäufe. So verkaufen Hedge Funds-Verwalter etwa vermeintlich überbewertete Aktien leer, sie gehen „short". Mit anderen Worten, sie verkaufen Aktien, die ihnen zunächst gar nicht gehören, indem sie sich diese gegen die Zahlung einer Gebühr am Markt „leihen". Damit sich das Geschäft lohnt, muss der Kurs durch den eigenen Verkauf und die Reaktionen der anderen Marktteilnehmer sinken. Später kauft der Hedge Funds-Manager das Papier zum niedrigeren Kurs zurück und realisiert auf diese Weise einen Gewinn in einem fallenden Markt.

Bei der T-Aktie ließ sich diese Strategie im Sommer 2002 besonders gut umsetzen, da zum einen der Leihsatz aufgrund des hohen Volumens frei handelbarer Aktien sehr niedrig war und zum anderen auch fundamentale Gründe keinen Kurs weit über 10 Euro rechtfertigten. Bei MLP, der Aktie des vor dem Hintergrund möglicher unklarer Bilanzen in die Diskussion geratenen Finanzdienstleisters, stieg der Leihsatz schnell an, und die Leerverkäufe waren nicht länger ein lohnendes Geschäft. Die Hedge Funds-Strategen stiegen blitzschnell auf die Käuferseite um und realisierten ihre Gewinne.

Mögliche Strategien

Noch bis Ende der Neunziger Jahre war es nahezu unmöglich, als Privatanleger in Hedge Funds zu investieren, denn die Mindesteinlagesummen bewegten sich ab rund 250.000 Dollar aufwärts. Neben dem Währungsrisiko kam noch eine ungünstige steuerliche Behandlung der Erträge im Rahmen des Auslandinvestmentgesetzes (AIG) hinzu, denn die meisten Hedge Funds haben ihren Sitz in überseeischen Steueroasen, den so genannten Off-Shore-Zentren. Erst mit dem Auflegen von Index-Zertifikaten öffnete sich diese Anlageklasse auch für Privatanleger in Deutschland. Jetzt kann der Einzelanleger bereits mit einer Summe von unter 1.000 Euro an dieser interessanten Anlageklasse partizipieren.

Mit der Copernicus Beteiligungs AG gibt es auch in Deutschland ansässige On-Shore-Anbieter von Hedge Funds-Produkten, die im Long/Short-Segment auf europäische Aktien spezialisiert sind.

Um dem Grundsatz der Risikostreuung und rechtlichen Beschränkungen Rechnung zu tragen, sind die Index-Zertifikate in der Regel als Dachfonds oder Fund of Funds konzipiert. Das Anlagespektrum erfasst einen Großteil aller bekannten Hedge-Strategien. Es gibt aber bereits konkrete Schritte im deutschen Markt, Produkte einer weiteren Generation aufzulegen, die eine Konzentration auf weniger Strategien vorsehen, um die Ertragsmöglichkeiten zu erhöhen sowie die „Downside-Risiken" durch eine Kapitalgarantie zu eliminieren. Die Dresdner Bank bietet seit Dezember 2002 ein Hedge Funds-Produkt mit Fokus auf die Strategie „Long/Short Equities" an, versehen mit einer Kapitalgarantie. Die Performance von Hedge Funds weist wie die Performance von Aktienindizes zyklische Schwankungen auf. Die langjährige Rendite von Hedge Funds-Indizes zeigt eine deutlich stärkere Stabilität als die Renditen von Aktienindizes, zusätzlich zu einer geringeren Volatilität.

Die ersten Zertifikatsprodukte der deutschen Großbanken wurden mit Renditeversprechen bis zu 18% p. a. angekündigt. Aufgrund der hohen Entwicklungs- bzw. Strukturierungskosten und vergleichsweise höheren laufenden Kosten erscheinen die Zertifikate der ersten Generation heute verhältnismäßig teuer.

Trotz positiver Monats- und Jahresperformance und sehr deutlicher Überperformance im Vergleich aller traditioneller Anlagen bleibt die Hedge Funds-Industrie jedoch hinter den von ihr selbst gesteckten Zielen zurück, was Anlass zu Kritik gibt. Die Branche hat große Erwartungen geschürt und betont, dass Hedge Funds in jeder Situation und in jeder Marktverfassung hohe und konstante Erträge erzielen können. Dies ist nicht der Fall und würde jeder Finanzmarktlogik widersprechen.

Bereits investierte und potenziell interessierte Anleger sollten diesen Produkten mehr Zeit lassen. Viele Hedge Funds-Manager halten in diesem schwierigen Börsenumfeld relativ hohe Kassepositionen. Strategien, die in der Vergangenheit hohe Erträge produzierten, wie Merger Arbitrage, finden ihr Betätigungsfeld völlig leergefegt, seitdem es so gut wie keine Firmenzusammenschlüsse mehr gibt. Sollten die Aktienmärkte nachhaltig in positive Bereiche zurückkehren, ist auch eine zweistellige Rendite wieder im Bereich des Möglichen.

Mit zunehmender Flaute an den Börsen wird die traditionelle Fondsindustrie immer nervöser. Angesichts schlechter relativer wie absoluter Performance scheinen ihr die Argumente gegenüber den Kunden auszugehen. Hedge Funds haben der traditionellen Industrie in den Monaten seit dem Platzen der Kursblase schwer zugesetzt. Neben der klar besseren Performance besitzen sie ein überlegenes Risiko-Ertrags-Verhältnis, bessere Argumente gegenüber den Investoren und auch höhere persönliche Verdienstmöglichkeiten für erfolgreiche Manager. Weltweit kehrt die sehr talentierte Spitze im Asset Management den traditionellen Häusern zunehmend den Rücken, um eigene Unternehmen zu gründen und Hedge Funds zu managen.

Die traditionellen Manager, die nur an steigenden Kursen partizipieren können, hoffen auf ein Wiederanspringen des Marktmotors, der in den Jahren zuvor fast jeden Fondsmanager zum Anlage-Guru gemacht hat. In der aktuellen Situation zeigen sich die wahren Qualitäten der Fondsmanager. Aber auch den besten Managern nützt es nichts, wenn der Markt nicht mitspielt und für steigende Kurse sorgt.

Hedge Funds-Manager haben mehr Möglichkeiten, mehr Instrumente, mehr Märkte und beide Marktrichtungen zur Auswahl. Kein Wunder also, dass sich in letzter Zeit kritische Stimmen häufen, die sich gegen Hedge Funds-Investments wenden und vielfach aus dem traditionellen Sektor kommen. Hier werden Intransparenz, hohe Kosten, Blasenbildung, Indexkritik, Hebelwirkung, Performance- und Risikomaße kritisiert.

Investoren sollten darauf achten, ob derartige Kritik möglicherweise nur zur oberflächlichen Rechtfertigung schwacher Leistungen der eigenen Industrie dient. Die mächtige Fondsindustrie wird auf der „relativen

Seite" von den Indexfonds in die Zange genommen, die für niedrige Gebühren die Performance des Index exakt replizieren, und auf der „absoluten Seite" machen ihr die Hedge Funds das Leben schwer. Keine leichte Position für eine erfolgsverwöhnte Branche.

Die etablierten Banken und Finanzinstitutionen sichern sich die besten Talente im Hedge Funds-Bereich durch Neugründungen von Tochtergesellschaften und Aufkäufe von etablierten Gesellschaften sowie Partnerships. Mark Holowesko, erfolgreicher Manager des Templeton Growth Fonds, und Jeff Vinik, Manager des Fidelity Magellan Fonds, haben ihre eigene Hedge Funds-Gesellschaft in 2001 gegründet. In Deutschland verwaltet Elisabeth Weisenhorn ebenfalls einen Long/-Short-Equity-Fonds.

Eines der jüngeren Beispiele ist die Schaffung des weltgrößten selbständigen Hedge Funds-Anbieters: Am 24. Mai 2002 hat die britische MAN plc die schweizerische RMF für die gewaltige Summe von 883 Millionen Dollar übernommen und verfügt nunmehr über ein aktuelles Gesamtvolumen von über 25 Milliarden Dollar. Vorher hatte die italienische Großbank Unicredito Italiano, bereits im Besitz des bekannten US-Managers Pioneer, die englische Momentum Asset Management am 15. Mai 2002 für 110 Millionen Dollar gekauft. Weitere Übernahmen, Joint Ventures und Spin-offs dürften folgen.

So verhalten sich die Großen

Großbanken wie die französische Crédit Agricole ließen das Verhalten von institutionellen Investoren in den vergangenen zehn Jahren analysieren. Befragt wurden Pensionsfonds und Versicherungen über ihre aktuelle Asset Allocation in Alternativen Investments im Allgemeinen und Hedge Funds im Besonderen sowie zukünftige Verhaltensänderungen. Das Ergebnis zeigt, dass alle Investorentypen signifikante Volumina im Bereich Hedge Funds hielten. Stiftungen und Universitäten wie Harvard und Yale halten teilweise über 20 Prozent des Anlagevolumens. Der Pensionsfonds Calpers – größter Pensionsfonds der Welt – plant, bis zu 12% zukünftig in unkorrelierte Anlagen zu investieren.

Yale University Endowment Fund Allocation

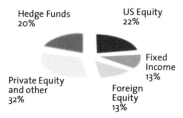

Hedge Funds
20%

US Equity
22%

Fixed
Income
13%

Private Equity
and other
32%

Foreign
Equity
13%

Quelle: David Swenson, Pioneering Portfolio Management, 2000

Aktuell investieren mindestens 18 Prozent der institutionellen Anleger, die externe Portfoliomanager zu Rate ziehen, in Alternative Investments. Diese Zahl soll in den nächsten drei Jahren auf über 38 Prozent steigen. Weltweit sind lediglich 600 Milliarden Dollar in 6.000 Hedge Funds investiert, rund 900 Milliarden betragen die Investments in Private Equity. Vor allem in Europa besteht noch großer Nachholbedarf. Hedge Funds sind in Japan beliebter als Private Equity. 2001 war ein Rekordjahr mit Mittelzuflüssen von 31 Milliarden Dollar. Bei der amerikanischen Großbank JP Morgan floss ein Drittel der neuen Gelder 2001 in Hedge Funds. Außerdem verdoppelte sich die Höhe der Kundeneinlagen, die in Hedge Funds investieren.

Steigende Allokation bei Hedge Funds

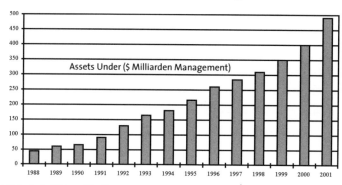

Assets Under ($ Milliarden Management)

Quelle: Crédit Agricole/Watson Wyatt

Einer Umfrage vom Herbst 2002 der US-Fondsgesellschaft Invesco zufolge, die Banken, Versicherungen und Pensionskassen umfasste, sind deutsche institutionelle Anleger bereits wie folgt in Alternativen Investments engagiert:

65% in Private Equity
35% in Hedge Funds
88% in Immobilien
12% in Futures-Produkten

In den nächsten Jahren werden 59% der Befragten ihren Anteil an Alternativen Investments erhöhen, davon 48% in Hedge Funds sowie 65% in Private Equity.

Der Grund für das massive Interesse an Hedge Funds liegt auf der Hand:

Hedge Funds haben im Zeitablauf aktienähnliche Renditen mit der Volatilität von Rentenpapieren produziert.

Die Ausgangslage für Sie als Privatanleger kann gar nicht besser sein, denn Sie können sich das zukünftige Investitionsverhalten von Pensionsfonds und Versicherungen zunutze machen. Diese suchen in Europa nach neuen Anlagestrategien. Bisher gab es eine Übergewichtung in Renten bei einer niedrigen Gewichtung in Aktien.

Schwerpunktmäßig wurden Benchmark-orientierte Produkte bevorzugt. Dabei stehen die Pensionsfonds und Versicherungen unter Druck, denn es zeichnet sich ein anhaltender Trend zu niedrigen Zinsen ab. Außerdem sind die Börsen weit von ihren Höchstständen entfernt. In immer volatiler werdenden Aktienmärkten müssen institutionelle Investoren einerseits Risikokonzentrationen vermeiden, andererseits aber reichen kurzfristig auch keine relativen Renditeziele allein aus, sondern es müssen absolute Renditeziele angestrebt werden.

Mentale Voraussetzungen

Ein sehr wichtiges Kriterium ist die Erfahrung des Hedge Funds-Managers. Hedge Funds rütteln an Zuständen und schaffen Neues. Einen

Hedge Funds zu managen erfordert außergewöhnliche mentale Fähigkeiten. Zwar korrelieren diese Eigenschaften oftmals mit einer langjährigen Erfahrung im Investmentbereich. Indes: Die Persönlichkeit eines Hedge Funds-Managers ist ein enorm wichtiges Erfolgsmerkmal.

George Soros hat diesen Vorsprung als „reflexivity" bezeichnet. Das Wichtigste, was Marktteilnehmer beachten müssten, sei, dass nicht ihre Vorstellung von der Wirklichkeit entscheide, sondern wie die anderen Marktteilnehmer Dinge bewerten. Er habe keinen festen Stil, sondern passe sich den Umständen an. Intuition sei sein wichtigstes Investment-Tool. Zwar habe er einen theoretischen Background, aber viele Entscheidungen spielten sich bei ihm unterbewusst ab, so Soros. Er versuche immer Instabilitäten zu erkennen. Daher sei er kein Security Analyst, sondern ein Insecurity Analyst. *Risk taking is painful.* Er arbeite mit Hypothesen und überprüfe, ob die aktuellen Ereignisse mit seinen Annahmen übereinstimmten. Außerdem glaube er nicht an quantitative Methoden, weil ihnen die Effizienztheorie der Märkte zugrunde liege. Soros: „Ich bin ein Anhänger der Theorie von der Ineffizienz der Märkte, und ich will gerade diese Ineffizienz ausnutzen. Die Effizienztheorie funktioniert in 99 Prozent der Fälle. Mich interessiert aber nur das eine Prozent, bei dem die Effizienztheorie nicht greift."

Ein starkes Ego ist vor allem deshalb entscheidend, weil sich Hedge Funds-Manager oftmals als *Contrarians* auszeichnen müssen, also als Investoren, die antizyklisch und damit gegen die Masse und ohne jeglichen Herdentrieb handeln. Dies erfordert ein ausgeprägtes Selbstbewusstsein sowie die Bereitschaft, Paradoxien anzunehmen und Unsicherheiten suchen zu wollen. Hedge Funds-Manager bewahren sich daher eine kritische Distanz zum Tagesgeschehen und zum Denken der breiten Masse. Sie überprüfen permanent ihre Tagesordnung. Was heute richtig ist, kann morgen falsch sein und umgekehrt. Darauf gilt es vorbereitet zu sein. Dies ist vor allem in einer Welt, in der sich Veränderungen in einem atemberaubenden Tempo vollziehen und der Informationsüberfluss rationale Entscheidungen oftmals beeinträchtigt, eine absolute Notwendigkeit.

Die Geschwindigkeit, in der sich heute alles ändert, in Kombination mit der lawinenartig anwachsenden Menge an Daten und Informationen, hat zu einem scheinbar paradoxen Zustand geführt. Ein Zustand und seine Negation, ein Satz von Daten und deren offenbares Gegenteil, eine Handlungsweise und der entgegengesetzte Kurs kommen heute nicht länger schrittweise oder nacheinander auf uns zu, sondern simultan, und weil das so ist, bleibt keine Zeit, diese Widersprüche mit Hilfe traditioneller Methoden aufzulösen.

Seit der Enron-Krise haben die Bedenken an der ordnungsgemäßen Buchführung auf alle Sektoren übergegriffen. Obwohl es sich im Grunde um das spezifische Problem eines global agierenden Energiekonzerns handelte, wurden Parallelen zu anderen Branchen gezogen und auch gefunden. Die „Enronitis" machte sich breit. Selbst das Establishment wie General Electric sah und sieht sich immer noch Vorwürfen ausgesetzt. Mit seinen am 14. Mai 2002 veröffentlichten „Measures of Corporate Earnings" will Standard & Poor's mehr Klarheit in die Ertragslage börsennotierter Unternehmen bringen. Nach diesen neuen Kriterien, die gemeinsam mit Universitäten und Portfolio-Managern erarbeitet wurden, sollen etwa zukünftig Stock Options in den Gewinn mit eingerechnet werden. Dies hätte zur Folge, dass das Kurs-Gewinn-Verhältnis steigen würde und die Aktienkurse weiter nach unten angepasst werden müssten. Am 13. Juni 2002 brach der Aktienkurs von Biogen nachbörslich um 13 Prozent ein. Hintergrund: Das Unternehmen hatte einen „Complete response Letter" von der Federal Drug Administration (FDA), der amerikanischen Gesundheitsbehörde, zu seinem Medikament Amevive erhalten, in dem die FDA noch weitere Fragen beantwortet haben wollte, bevor sie das Medikament genehmigt. Viele Investoren dachten aber offensichtlich, die FDA habe mit dem Verweis auf weitere Fragen bereits ihre Ablehnung erklärt. Das Sentiment für Biotechnologiewerte hat sich seit den falschen Angaben von Imclone Inc. zu seinem Darmkrebsmedikament Erbitux stark eingetrübt. Die FDA hatte am 28. Dezember 2001 weitere Angaben zu Erbitux von vorbezeichnetem Krebsforschungsunternehmen verlangt, sie aber nicht bekommen, woraufhin die Zulassung zunächst versagt wurde und der Kurs in den Folgemonaten um mehr als 80 Prozent einbrach. Mit dieser Situation gehen Hedge Funds-Manager souverän um und schaffen aus diesen Situationen positive Erträge für die ihnen anvertrauten Kundengelder.

Der Raum zwischen scheinbaren Gegenpolen – physischer Raum, psychologischer Raum, Raum in Zeit, Emotion und Logik – ist Ende der Neunziger Jahre dermaßen dramatisch geschrumpft, das jeder Zustand, jede Handlungsweise, jede Möglichkeit permanent im Spannungsverhältnis ihrer eigenen Polaritäten steht. Noch nie hatten wir Zugriff auf so viele Informationen. Die Große Bibliothek von Alexandria in Ägypten, die 47 v. Chr. von Julius Cäsars Truppen niedergebrannt wurde, soll 600.000 Papyrusrollen umfasst haben, also praktisch das gesamte festgehaltene Wissen der damaligen Zeit. 1.500 Jahre später bestand die gesamte Sammlung der Bibliothek am Queen's College, Cambridge, aus 199 Bänden. Thomas Jeffersons Sammlung von 6.000 Büchern, eine der größten Bibliotheken seiner Zeit, wurde zum Grundstock der Library of Congress. Diese umfasste Ende der Neunziger Jahre 113 Millionen Bände, und es kamen täglich 20.000 weitere hinzu. Die Anzahl der Weltraumsatelliten wird sich Schätzungen zufolge im Laufe des nächsten Jahrzehnts verzehnfachen. Zu Beginn der zweiten Dekade des 21. Jahrhunderts werden jedem Individuum zu einem bestimmten Zeitpunkt 100.000-mal mehr Informationen zur Verfügung stehen als heute. Die Börsen werden immer enger vernetzt. Schon wird über eine Börse „Nasdaq Europe" ernsthaft diskutiert. Täglich kommen neue Indikatoren aus dem Bereich der Technischen Analyse auf den Markt. Der *Point of the Balance*-Indikator überführt die Erkenntnisse des Behavioral Finance in die Technische Analyse. Mit Wetterderivaten wird der Energiemarkt völlig umstrukturiert.

Vielfach kommt es zu falschen Einschätzungen von Werten und Unternehmensbewertungen: Im Jahr 1998 zahlten CBS, Fox und ABC gemeinsam 12,8 Milliarden Dollar für die Übertragungsrechte der Spiele der National Football League (NFL) bis ins Jahr 2005. Zu dieser Zeit betrug der Preis, der für den aktuellen Verkauf eines Teams erzielte wurde, 250 Millionen Dollar. Für die Summe, welche die Netzwerke gemeinsam auf den Tisch gelegt hatten, hätten sie alle 30 Teams der NFL kaufen können, sich selbst zum Nulltarif Übertragungsrechte bis in die Ewigkeit einräumen und noch Milliarden Dollar übrig behalten können. Aber sie taten es nicht, weil ihr Vorstellungsvermögen nicht ausreichte.

Ihr größter Konkurrent ist Ihre eigene Sicht der Zukunft. Lernen Sie von den Investment-Stars, wie das Kommende besser einzuschätzen ist. Je erfolgreicher Sie dabei sind, die Zukunft vorherzusagen, desto stärker destabilisieren Sie die Gegenwart. Sie müssen das anstreben, von dem Sie niemals erwarten, dass es Wirklichkeit werden wird. Je konstanter die Veränderung wird, desto weniger wird sie von Tag zu Tag erkennbar. Lernen Sie, mit dieser Paradoxie zu leben.

I can smell it

I can smell it in the air. Hedge Funds-Manager lassen sich mehrheitlich nicht vom aufkommenden Herdenverhalten anstecken.

.... aus einem Gespräch zwischen einem traditionellen Publikums-fondsmanager und einem Hedge Funds-Strategen:

New York, Anfang Februar 2000: Hey Peter, schön, dass du Zeit gefunden hast. Ja, Marc, im Moment lasse ich eigentlich sehr viele Lunch-Termine platzen, weil wir regelrecht unter Wasser stehen. Wir wollen schließlich nach einige Index-Publikumsfonds auflegen. Aber bei einem bekannten Hedge Funds-Manager wie dir sage ich natürlich nicht ab. Hey, zu viel der Ehre. Wie läuft's denn so? Die Zeiten könnten nicht besser sein. Unsere Experten erwarten die Nasdaq bis Anfang Mai dieses Jahres bei 6.000 Punkten. Es herrscht echte Goldgräberstimmung. Ich nehme ein Chateaubriand, als Reminiszenz an meinen letztjährigen Frankreich-Urlaub, und Du? I take ... italienische Gambas grandes ... Ich esse mittags nicht so viel. Hast Du eigentlich schon Zeit gefunden, das Buch zu lesen, dass ich dir geschenkt habe? Hey, nein. Aber vielen Dank. Was war es denn nochmal? Es war ein kleines Bändchen mit zwei Storys: „Extraordinary Delusions and the Madness of Crowds" von Charles Mackay und „Confusión des Confusiones" von Joseph de la Vega. Ach ja, stimmt. Aber etwas antiquiert, finde ich, wir leben doch in anderen Zeiten.

Eine Stunde später (das Handy klingelt):

Was, ein *Sell-off* am Markt? Okay, ich komme sofort. Marc, könntest Du bitte meine Rechnung zahlen? Geht klar. Ciao Peter. Viel Glück.

Zwischen dem 1. Februar 2000 und dem 16. April 2000 halbierte sich die Nasdaq von knapp 5.000 Punkten auf gut 3.000 Punkte und erreichte am 9. Oktober 2002 einen Tiefststand von 1.100 Punkten. Damit hatte der Markt eine 23-monatige Baisse hinter sich. Nur zwischen 1929 und 1931 war die Baisse mit 34 Monaten länger.

Warum geht's in dem Buch, das Marc zu Weihnachten verschenkt hatte? Es geht um Übertreibungen an Kapitalmärkten im 17. Jahrhundert, denn beeindruckende Beispiele für Blasen und Übertreibungen gibt es nicht erst seit den Zeiten des Neuen Marktes, also von 1997 bis 2003, der Millenniums-Rallye, sondern bereits in der Vergangenheit, etwa in den Niederlanden des 17. Jahrhunderts.

Stock Prices and Earnings, 1872 – 2000
Real S&P Composite Stock Price Index – Real S&P Composite earnings

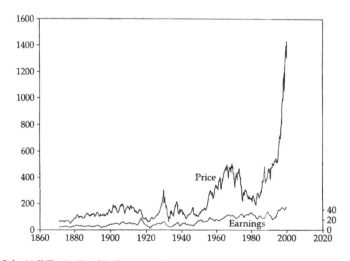

Quelle: Robert J. Shiller: Irrational Exuberance, p.6

In den Niederlanden war zwischen 1633 und 1637 eine regelrechte Tulpenzwiebelhysterie ausgebrochen. So kostete ein Semper Augustus, der als die wertvollste Tulpe galt, in der Spitze bis zu 5.500 Floriner, was umgerechnet 660.000 Dollar waren. Viele Niederländer hatten trotz des Wissens um die irrationalen Kurssteigerungen Haus und Hof verpfändet, um am Ende völlig verarmt dazustehen. Im November 1636 war der Preis nämlich auf 300 Floriner eingebrochen. So konnte es auch passieren, dass ein ausländischer Matrose in Amsterdam des Sommers 1637 einen gesalzenen Hering bestellte und hinterher in den Kerker geworfen wurde. Warum? Der Matrose bevorzugte pikante Speisen, und um den Hering zu würzen, hatte er die auf der Theke liegende Zwiebel mitgenommen und sich an den Tisch gesetzt. Der Wirt geriet kurze Zeit später in Panik, als er sah, wie der Matrose die letzte Scheibe seiner Semper-Augustus-Zwiebel verspeist hatte. Er rief die Polizei und ließ den Nichtsahnenden in den Kerker werfen.

Peter hätte sich die Zeit nehmen sollen, um in dem Buch von Marc nachzulesen.

Im Venture-Capital-Bereich

Im Venture-Capital-Bereich, d. h. bei *Risikofonds*, zeichnet sich ein Bild wie bei den Hedge Funds ab. Mit dem am 6. Juni 2002 erfolgreich durchgeführten Börsengang der VCH Best-of VC KGaA können sich Privatanleger erstmals für einen überschaubaren Kapitalbetrag an Venture Capital Funds beteiligen. Die als Dachfonds konzipierte VCH Best of VC investiert nur in die besten Funds, in die so genannten Top Quartile. Vorher war eine Direktinvestition in die besten VC- und Private Equity Funds nur bei einer Mindesteinlagesumme von bis zu zehn Millionen Euro möglich. Um an einer Investition in Dachfonds teilnehmen zu können, mussten Privatanleger hohe Mindesteinlagesummen von ca. 25.000 Euro und eine feste Laufzeit von teilweise mehr als zehn Jahren akzeptieren. VCH Best of VC bietet Ihnen eine täglich handelbare Aktie an. Auch die Neuemission von AIG Real Estate im Juli 2002 wurde positiv vom Markt aufgenommen. Dabei handelt es sich um einen opportunistischen, global agierenden Immobilienfonds, der sich strategisch wie ein Private Equity Funds verhält.

Unter *Private Equity* werden Venture Capital, Mezzanine-Finanzierungen und Buy-outs zusammengefasst.[2] *Venture Capital* wird als voll haftendes Eigenkapital jungen technologie- und wissenschaftsorientierten Unternehmen zur Verfügung gestellt, die in den Wachstumsmärkten der Biotechnologie, Medizintechnik, Medien, Informations- und Kommunikationstechnologie agieren. Nach Lebensphasen wird differenziert. *Seed Financings* ist die frühest denkbare Phase, in der oftmals lediglich die Geschäftsidee eines Wissenschaftlers oder Technikers vorliegt und der Venture Capitalist Eigenkapital, aber auch seine finanz- und betriebswirtschaftliche Expertise zur Verfügung stellt, um ein Unternehmenskonzept mit einem aussagefähigen Businessplan zu entwickeln und die zur Gründung eines Unternehmens notwendigen formalen und administrativen Maßnahmen zu ergreifen. Die *Start-up-Finanzierung* und die *Early-Stage-Expansions- und Wachstumsfinanzierung* setzen zu einem späteren Zeitpunkt an, bewegen sich aber ebenfalls in einem Umfeld, in dem die unternehmensinternen Risiken hoch sind.

Durch *Mezzanine-* oder *Bridge-Finanzierungen* (Teil/Misch- oder Zwischenfinanzierungen bzw. Überbrückungskapital) werden Unternehmen Finanzmittel zur Verbesserung der Kapitalstruktur und der operativen Handlungsfähigkeit zur Verfügung gestellt. Mezzanine-Finanzierungen sind hybride Formen mit Eigen- und Fremdkapitalkomponenten. Dabei wird die Vergabe von Fremdkapital mit *Equity Kicker*, also mit Options- und Handlungsrechten, verbunden. Finanziert werden Investitionen des Anlagevermögens, der Ausbau des Vertriebs oder Übernahmen. Häufig werden grundsätzlich börsenreife Unternehmen finanziert, die nach zwölf bis 18 Monaten mit deutlich höherem Umsatz und Ertrag – und damit Börsenbewertung – ein IPO durchführen wollen. Während Venture-Capital-Pools keine laufenden Erträge, etwa Dividenden, ausschütten, vereinnahmen Mezzanine Funds Zinserträge und sind somit in der Lage, ihren Investoren laufende Ausschüttungen zukommen zu lassen.

Das nach Volumen mit Abstand bedeutendste Private-Equity-Segment sind Eignerwechselfinanzierungen, d. h. die Beteiligung an oder die Übernahme von reifen Unternehmen, die nicht selten eine führende

Position in ihrem Markt besitzen. Von einem *Management-Buy-out (MBO)* wird gesprochen, wenn das bisherige Management – zumindest teilweise – verantwortlich bleibt und am zukünftigen Erfolg partizipiert, in der Regel durch Aktienoptionen. Analog hierzu ist ein *Management-Buy-in (MBI)* die Übernahme eines Unternehmens durch einen Private Equity Funds bei gleichzeitigem teilweisen Ersatz des Vorstandes oder der Geschäftsführung durch ein neues Management.

Private-Equity-Kategorien

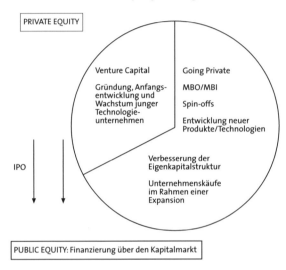

Quelle: Weitnauer Rechtsanwälte

Jetzt ist die Zeit, in VC-Gesellschaft zu investieren. Prominente Namen wie Cisco Systems, Amgen, Immunex, Dell Computers und Double-click sind jeweils am Ende einer Rezession gegründet worden. Venture Capital ergänzte in den Neunziger Jahren das Anlagespektrum am oberen rentablen Ende. Die Beimischung von Venture Capital kann den Ertrag Ihres Portfolios erhöhen:

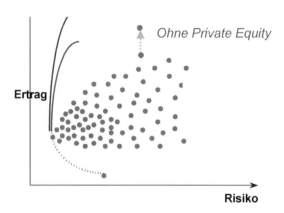

Quelle: Unigestion

Auf das Jahr der Exzesse (2000) folgte das Jahr der Ernüchterung (2001). In der zweiten Jahreshälfte 2002 war wieder ein guter Einstiegszeitpunkt gekommen. Denn: Technologie bleibt ein wichtiger Motor ökonomischen Wachstums, und Venture Capital bleibt die wichtigste Finanzierung von technologischen Innovationen. Venture Capital wurde im Jahr 2000 in den Bereichen Hardware (starkes Wachstum der Verkäufe von Halbleitern (+30%), von PCs (+12%) und Software (neue IT-Applikationen), Telekommunikation (Breitband-Netzwerke und UMTS in Europa, Biotechnologie (Dekodierung des Gencodes) und Internet (Explosion des Internetverkehrs um 220 Prozent und erste mobile Internetanwendungen) investiert. Es gab aber immer mehr erfundene Bewertungsmethoden, fragwürdige Geschäftspläne und -modelle wurden akzeptiert. Der Investitionszeitraum wurde massiv verkürzt. Managementqualitäten waren nicht mehr das Schlüsselkriterium. Somit entstand eine Spekulationsblase, die letztendlich platzen musste.

Zurück in die Realität. Im Jahr 2001 häuften sich die Probleme von Private Equity Funds. Disziplin und Genauigkeit bei Beteiligungsanalysen waren und sind nun wieder gefragt. Das in Private Equity investierte Kapital ging um 50 Prozent zurück. Beteiligungsbewertungen fielen auf vernünftige Niveaus:

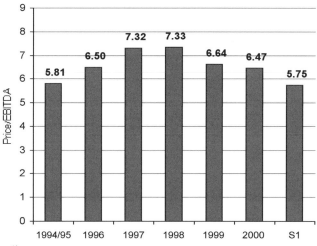

Bewertungs-Multiples (USA)

Quelle: Unigestion

Im Jahr 2001 stieg die Anzahl der Konkurse von IT-Unternehmen im Tech-Sektor, es kam zu einer Invasion von amerikanischen *Buy-out-Funds*. Derzeit bieten sich Chancen vor allem im Bereich der Überbrückungsfinanzierung. Denn für viele Banken sind die Venture-Firmen aufgrund der Neuregelungen im Bereich Unterlegung Eigenkapital durch die internationale Bankenaufsicht sehr viel schwieriger geworden und geben daher weniger Kredite frei.

Investoren in Private-Equity-Dachfonds sind derzeit vermögende Privatkunden, Pensionskassen, Versicherungen und andere institutionelle Anleger.

Investoren in Private Equity Fund of Funds (FoF)

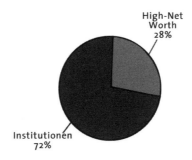

High-Net
Worth
28%

Institutionen
72%

Quelle: CAM Private Equity

Lobby-Arbeit

Der Bedarf, alternative Investmenttechniken den Gesetzgebern und Behörden durch seriöse Lobby-Arbeit zu erklären, ist nicht zuletzt auch wegen zunehmender Reglementierungen des nationalen wie auch des internationalen Umfeldes nach wie vor steigend. So legte die Alternative Investment Management Association (AIMA), die globale Interessenvertretung der Branche, 2001 eine Wachstumsrate von 40 Prozent hin, und auch der kleine Bruder aus Deutschland, der Bundesverband Alternative Investments (BAI) in Bonn, kann deutlich steigende Mitgliederzahlen verzeichnen. So sind nahezu alle namhaften Finanzhäuser dem BAI beigetreten, so dass auch aus diesem Grunde mit einem steigenden Einfluss dieses Verbandes in Deutschland zu rechnen ist. Der konkrete Dialog mit den gesetzgebenden Aufsichtsbehörden und Ministerien läuft bereits intensiv.

Wie das Buch Ihnen hilft

Das Buch ist ein Plädoyer für das Nebeneinander der Ihnen bekannten traditionellen Anlageklassen überwiegend in Form von Publikumsfonds und der – zumindest in Deutschland – neuen Alternativen Investments. Das Gros eines jeweiligen Portfolios wird nach wie vor aus gehaltenen Aktien und Renten bestehen, daran wird und soll sich auch nichts ändern. Eine Beimischung von Alternativen Investments sollte jedoch von jedem Anleger angestrebt werden. In welcher Höhe, sollte jeder Anleger gemäß seines persönlichen Risikoprofils selbst entscheiden.

Dieses Buch wird Sie dabei unterstützen, die Komplexität von Hedge Funds zu verstehen, Ihnen anhand von Finanzskandalen zeigen, wo die Risiken in der Vergangenheit lagen, und dokumentieren, welche Konsequenzen gezogen wurden, welche Verbesserungen stattgefunden haben, damit Sie als Investor aufgeschlossener und mündiger werden. Denn Hedge Funds und Private Equity haben eines gemeinsam: Sie können aufgrund ihrer Flexibilität und ihrer erlaubten Werkzeuge deutliche Gewinne dort erzielen, wo es den traditionellen Anlageformen versagt ist. Sie kommen am besten mit der komplexer gewordenen Investmentwelt zurecht. Sie decken ökonomische Schieflagen auf. Sie sind mithin volkswirtschaftlich notwendig und werden daher weiter ihren Weg machen. Als Anleger werden Sie über Jahre hinweg eine solide Performance erzielen, weitestgehend unabhängig von Marktverläufen.

In medias res

Über Hedge Funds zu referieren wäre unvollständig, wenn nicht auch Schieflagen und Skandale von durchaus namhaften Marktteilnehmern skizziert werden.

Wir beginnen mit der Story des sagenumwobenen Hedge Funds Long-Term Capital Management (LTCM). Der Hype um die Superstars aus Greenwich fand im Jahr 1998 sein jähes Ende. Daran schließen wir die Fälle von Barings plc und der Metallgesellschaft an als Beispiele dafür, wie Anlagetechniken, die auch von Hedge Funds-Experten angewendet werden, in den Händen von Amateuren zu finanziellen Desastern geführt haben.

I. Finanzskandale

1. Long-Term Capital Management

a) Offene Fragen

Der Aufstieg und Fall von LTCM ist auch Jahre nach der spektakulären Rettungsaktion immer noch nicht ganz verständlich. Wie kam es dazu, dass der absolute Star unter den Hedge Funds im Herbst 1998 ein derartiges Desaster erlebte? Warum griff die Federal Reserve ein? Welche Faktoren sind für ein optimiertes Risikomanagement in Zukunft zu berücksichtigen?

Die Extremsituation an den weltweiten Finanzmärkten im Herbst 1998 fügte LTCM desaströse Verluste zu, die ebenso spektakulär waren wie die brillanten Gewinne der vorhergehenden drei Jahre. Am 23. September 1998 kam es zu der von der New Yorker Federal Reserve organisierten Rettungsaktion durch ein Konsortium. Diesem gehörten 14 Großbanken an, darunter Union de Banques Suisse (UBS), Merrill Lynch, Goldman Sachs, Chase Manhattan, Deutsche Bank, Salomon Smith Barney, Bear Stearns und Credit Suisse First Boston. Die Institute stellten 3,65 Milliarden Dollar zur Verfügung. Damit konnte der Funds seine Positionen halten. Die Gefahr eines erheblich negativen Einflusses auf den globalen Finanzmarkt war somit gebannt. Die nachfolgende Grafik illustriert den Kursverlauf von LTCM von März 1994 bis Oktober 1998. Mit einem Einstiegsbetrag von einem Dollar im März 1994 bekam man in der Spitze im April 1998 rund vier Dollar, im September 1998 dagegen nur noch 50 Cent.

LTCM
Wertveränderung eines Dollars von März 1994 – Oktober 1998, der in LTCM investiert wurde.

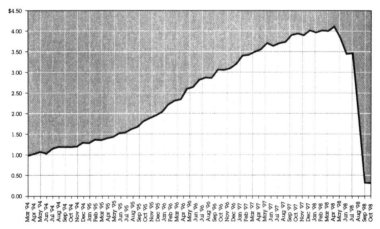

Quelle: Lowenstein, Roger, When Genius failed, p. 3

b) Start me up

LTCM war ein Hedge Fund, der sich zunächst als Relative Value Fund auf Arbitragegeschäfte im Anleihenmarkt konzentrierte, später jedoch alle Spekulationsmöglichkeiten über Rohstoffe und Aktien bis hin zu Währungen ausschöpfte. Dabei untersuchte LTCM zwei mehr oder weniger zusammenhängende Positionen hinsichtlich ihrer Bewertungsunterschiede.

Einleuchtend wird das Prinzip, wenn man sich vorstellt, dass es zum Beispiel zwei Sorten von Dollar gibt: einen blauen und einen roten. Der eine wird im Ausland, der andere im Inland gehandelt. Dabei ist der blaue im Augenblick 1,05 und der rote nur 0,95 wert. Es ist allerdings sehr wahrscheinlich, dass beide nach einer gewissen Zeit im Wert 1 betragen. Daher verkauft man den blauen Dollar und kauft den roten Dollar. Unvorhergesehene Faktoren können den Prozess aber unterbrechen und in die andere Richtung lenken. So führte im Herbst 1998 die Vertrauenskrise in die russische Regierung dazu, dass der Green Back, also der blaue Dollar, dramatisch an Wert gegenüber dem Rubel, in unserem Beispiel dem roten Dollar, gewann, sich also genau entgegen den Erwartungen von LTCM verhielt. Investoren verkauften den roten und kauften den blauen Dollar. Der blaue war plötzlich drei, der rote Dollar nur noch 0,25 wert. LTCM hatte ein Problem.

c) I feel fine

LTCM ging im März 1994 mit einem Vermögen von 1,25 Milliarden Dollar an den Start und war das ambitionierte Projekt von John Meriwether (J. M.).

In der Spitze sollte der Funds, an dem sich Investoren nur mit einer Mindesteinlage von zehn Millionen Dollar beteiligen konnten und der eine Mindestlaufzeit von drei Jahren hatte, ein Vermögen von 130 Milliarden Dollar kontrollieren und über ein Derivate-Portfolio von über einer Milliarde Dollar verfügen, das buchmäßig dem gesamten Staatshaushalt der Vereinigten Staaten von Amerika entsprach. Ende September 1998 war das Vermögen allerdings auf weniger als eine Milliarde Dollar zusammengeschmolzen.

J. M. hatte sich bei Salomon Brothers als Kopf der Arbitrage-Gruppe einen Namen gemacht, musste dort aber aufgrund der Verfehlung eines Rentenhändlers im Jahre 1992 seinen Hut nehmen In der Folgezeit war es ihm gelungen, die besten Trader der Arbitrage-Gruppe von Salomon Brothers abzuwerben. So wurden Larry Hilibrand, Victor Haghani und Eric Rosenfeld Partner bei LTCM. Als besonderer Coup darf das Engagement der akademischen Stars, der Professoren Myron Scholes und Robert Merton, gewertet werden. Letztgenannte bekamen im Jahr 1998 den Nobelpreis für Wirtschaftswissenschaften für ihre Arbeiten am Optionspreismodell verliehen. Damit war das „Dream Team" komplett. Dem bereits verstorbenen Fischer Black wurde der Nobelpreis posthum verliehen.

d) Gelungener Auftakt

In den Anfangsjahren konzentrierte sich LTCM fast ausschließlich auf den Anleihenmarkt. Die Trades bestanden darin, zufällige Bewertungsunterschiede im Bonds-Markt auszunutzen.

So wurde etwa die US-Anleihe mit einer Laufzeit von 29,5 Jahren und einer Rendite von 7,24 Prozent (A) aufgrund ihrer Illiquidität mit einem leichten Abschlag gegenüber der US-Anleihe mit dreißigjähriger Laufzeit und einer Rendite von 7,36 Prozent (B) gehandelt. Daher ging LTCM in B short und in A long. Durch die hohe Kreditfinanzierung der Käufe ließen sich exorbitante Gewinne erzielen. Das Geschäft hatte ein Volumen von zwei Milliarden Dollar. Nach Ablauf von sechs Monaten erzielte LTCM darin einen Gewinn von 25 Millionen Dollar.

Diese Trades wurden in der Regel noch mit einem Repurchase Agreement (Repo) verknüpft, das zum Standardrepertoire von LTCM gehörte. Beim Repo-Geschäft werden die zeitweise benötigten Wertpapiere nicht wie bei der Wertpapierleihe durch Abschluss eines Darlehensvertrages, sondern durch einen Kassa-Verkauf und einen Terminrückkauf zur Verfügung gestellt. Der Repo-Verkäufer hat also die verkaufte Anzahl von Wertpapieren zu übereignen und vereinbart gleichzeitig einen Terminrückkauf von Wertpapieren derselben Art und Stückzahl. Der Terminrückkauf ist erst zu dem späteren Zeitpunkt zu erfüllen.

c) Die Pizza-Connection

Auch in Europa ließen sich beeindruckende Gewinne im Anleihenmarkt erwirtschaften. Insbesondere Italien eignete sich mit seiner damaligen fiskalpolitischen Ausnahmesituation gut dazu.

Im Jahre 1992 war die Lira wegen der hohen Staatsschulden der Regierung in Rom aus dem Europäischen Währungssystem verbannt worden. Allerdings war mit dem Vertrag von Maastricht vom 7. Februar 1992 auch wiederum klar, dass über kurz oder lang eine gemeinsame Währung geschaffen werden würde. Dann wären aber die Europäische Zentralbank für die Festsetzung des Zinssatzes als eines Leitzinssatzes zuständig und eine europaweite Angleichung der Zinsen die logische Konsequenz. Mitte der Neunziger Jahre lag der italienische Zinssatz aber acht Prozentpunkte über dem deutschen. Die Angst, die italienische Regierung werde ihren Zahlungsverpflichtungen bald nicht mehr nachkommen, wurde allerdings Anfang der Neunziger Jahre erst einmal noch größer, als Kommunisten in die Regierung gewählt wurden. Gleichzeitig waren viele Anleihen – Buoni del Tesoro Poliennali (BTP) – emittiert worden, mit denen die Regierung in Rom ihre Staatsschulden senken wollte. Diese konnten aber wegen der Skepsis ob der Bonität des italienischen Staates nur mit hohen Zinsen erfolgreich emittiert werden. Rom musste höhere Zinsen zahlen als die normalen Swap rates. Es trat ein doppelter Hebeleffekt ein: LTCM profitierte bei der Kreditaufnahme zum einen von seinem höheren Rating gegenüber dem italienischen Staat, zum anderen vom Anstieg des variablen Zinssatzes bei kurzlaufenden, zehnjährigen Anleihen gegenüber den langlaufenden, dreißigjährigen Bonds.

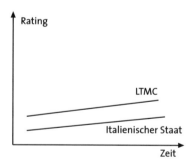

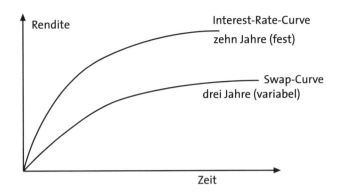

Im Jahr 1994 wurde es als risikoloser erachtet, einen italienischen Lira-Swap mit einer Londoner Investmentbank einzugehen, als Bonds-Coupons von der italienischen Regierung zu kaufen. Die Swap Curve wurde daher vom Markt höher bewertet und lag deshalb unter der Bonds-Kurve des italienischen Staates. LTCM wollte sich diese irrationalen Befürchtungen des Marktes zunutze machen. Dabei erhielten die Superstars aus Greenwich über einen Mittelsmann – Alberto Giovanni – Informationen und arbeiteten mit der Bank of Italy zusammen.

Dies sah wie folgt aus: Alberto Giovanni, ehemaliger MIT-Absolvent unter Merton, war vom italienischen Staat damit beauftragt, die Staatsverschuldung zu senken. Giovanni hatte sich 1993 für die Auszeichnung Mertons mit dem Preis der *Accademia Nazionale Dei Lincei* [1] eingesetzt. Merton war Giovanni offensichtlich immer noch dankbar, und so kam es zu einer strategischen Partnerschaft mit LTCM. Im Oktober 1994 investierte die Bank of Italy über ihre Tochter, die Italian Foreign Exchange Office, 100 Millionen Dollar in den Funds. Dafür kaufte LTCM italienische Anleihen, damit die Regierung in Rom ihre Verschuldung reduzieren und damit die Konvergenzkriterien erfüllen konnte. Gleichzeitig musste Italien weniger Zinsen zahlen.

Im Einzelnen: LTCM erwarb Bonds durch eine Bank, die berechtigt war, an der alle drei Monate in Mailand stattfindenden Auktion für BTP mitzubieten – z. B. durch Morgan Stanley (MS). Dann übereignete LTCM die Bonds an Morgan Stanley und erhielt dafür Cash. Als Bonds-Inhaber bekam LTCM den Coupon und bezahlte dafür den Lira Libor an Morgan Stanley. Danach ging LTCM einen Lira Interest Rate Swap mit der Deutschen Bank ein. LTCM erhielt den Lira Libor und bezahlte der Deutschen Bank (DB) die Swap Rate.

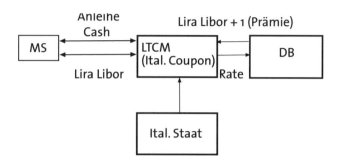

Geht man bei einer italienischen Anleihe mit kurzer Laufzeit von einem Zinssatz von sechs Prozent aus, dann liegt ein fairer Lira Libor bei 5 + 1 Prozent. LTCM hat den Gewinn letztlich aus dem Interest Rate Swap mit der Deutschen Bank gezogen und darauf spekuliert, dass sich der variable Zinssatz besser entwickelt. Haghani kaufte italienische Anleihen mit einem festen Zinssatz und ging in den langlaufenden Swaps short. Zudem stieg Haghani in den kurzlaufenden Anleihen ein und ging auch hier mit einer Swap-Position short. In dem Moment, als die Swap Curve und die Yield Curve sich aufeinander zubewegen, wurden die Swaps glattgestellt und die BTP verkauft. LTCM verdiente an der Differenz zwischen BTP und den Swap Rates. Wäre der Trade nicht erwartungsgemäß verlaufen, hätte LTCM nach Angaben eines Insiders die Hälfte seines Kapitals verlore.[6]

e) Unsicheres Terrain

In den Jahren 1995, 1996 und 1997 erwirtschaftete LTCM einen Gewinn von 43, 41 und 17 Prozent. Allerdings wurden die Geschäfte immer schwieriger, denn die Konkurrenz hatte die Bonds-Arbitrage ebenfalls als lukrative Einnahmequelle entdeckt. Zudem nahm die Europäische Währungsunion immer mehr Gestalt an, so dass sich unterbewertete Anleihen ohnehin nur noch sehr selten finden ließen.

Daher wandte sich LTCM auch dem im Verhältnis zum Anleihenge-schäft viel riskanteren Aktien- und Optionshandel zu. Einigen Investo-ren missfiel dieser Strategiewechsel. Vor allem deshalb, weil LTCM seine Klientel nicht rechtzeitig über die höheren Risiken aufgeklärt hatte. Auch im weiteren Umfeld von LTCM nahm die Skepsis zu. „You're picking up nickels in front of bulldozers", merkte ein befreundeter Tra-der damals orakelnd an.

In Greenwich war man dagegen von den eigenen Konzepten mehrheit-lich überzeugt, wenngleich vor allem Myron Scholes warnte. Für ihn, Merton und Mullins waren Aktien eine zu informationssensitive Anla-geform, deren Volatilität sich durch die LTCM-Modelle nicht richtig ab-schätzen ließ. Welchen Informationsvorsprung hatte man vor anderen Tradern? Was passiert, wenn man seine Positionen glattstellen musste? Es gab auch keine mathematische Regel, die besagte, dass avisierte Über-nahmen auch tatsächlich stattfinden.

Dagegen waren die aggressive Strategien bevorzugenden Hilibrand, Haghani und Rosenfeld von ihren Konzepten überzeugt und glaubten, un-gerechtfertigte Bewertungsunterschiede bei den Papieren von BMW, VW, Telecom Italia/Telecom Italia Mobile, Royal Dutch Shell/Shell Trans-porter entdeckt zu haben, die sich aber bald aufheben würden. Zudem spe-kulierte der Funds auf den tatsächlichen Vollzug angekündigter Übernah-men, insbesondere bei den Übernahmekandidaten Ciena, CBS und MCI Communications. Nicht zuletzt aber der geplatzte Take-over von Ciena durch Tellbas führte zu einem herben Verlust von 150 Millionen Dollar.

f) Die Liaison mit UBS

Im Juni 1997 stimmte UBS zu, einen Warrant europäischen Typs auf LT-CM zu emittieren. Hintergrund: Die Partner wollten ihre Steuerlast min-dern, denn sie hatten in den Jahren 1995 und 1996 ihre Gewinne aus den Beteiligungen wieder in den Funds investiert. Diese Gewinne – so genann-te Deferrals – unterliegen erst dann der Einkommensteuer, wenn die Investition beendet ist. Zudem war die Einkommensteuer geringer, als wenn sie sofort gezahlt wird. Daher mussten die Kapitalgewinne in

Deferrals umgewandelt worden. Vor diesem Hintergrund konstruierte LTCM mit UBS eine Option. Das Geschäft sah wie folgt aus: UBS beteiligt sich mit einer Milliarde Dollar in Aktien im Fund. Dafür zahlte LTCM eine Prämie von 320 Millionen Dollar und erhielt die Option, innerhalb von sieben Jahren für 800 Millionen Dollar zu einem ermäßigten Zinssatz von 2,65 Prozent von UBS diese Funds-Anteile zurückzukaufen.

Den Schweizern wurde zudem eingeräumt, die LTCM-Anteile bei Wertverlust nach einem Jahr mit einem Zinssatz, der ein halbes Prozent über dem Libor lag, in eine siebenjährige Anleihe umzuwandeln. UBS konnte an der Wertsteigerung der Funds-Anteile während der siebenjährigen Laufzeit verdienen und sein Risiko etwa über eine Dachfunds-Konstruktion reduzieren. Die Schweizer wollten vor diesem Hintergrund die Anteile weiterverkaufen. Die nachfolgende Abbildung fasst den Trade nochmals zusammen.

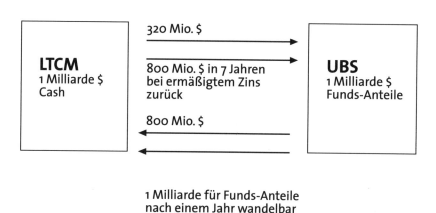

Zwei Szenarien waren denkbar: Im ersten Fall steigt der Kurs von LTCM. Dann übt LTCM nach sieben Jahren die Kaufoption aus, kauft die Anteile zum Originalpreis von 800 Millionen Dollar zurück und profitiert dabei vom Wertanstieg der Funds-Anteile. UBS konnte mit diesem Trade in der Summe wenigstens 1,32 Milliarden Dollar verdienen. Im zweiten Fall sinkt der Kurs von LTCM. Dann wird UBS die Funds-Anteile in eine Anleihe umwandeln und tauscht damit das Marktrisiko gegen das Kreditrisiko ein. LTCM dagegen zahlt mehr für die Funds-Anteile, als sie am Ende wert sind.

g) In love with leverage – a love supreme

Auf Dauer konnten Renditen von über 40 Prozent nur erwirtschaftet werden, wenn der Leverage deutlich erhöht wurde. Da LTCM in nicht liquiden Märkten agierte, bestand die Gefahr, das Verhältnis von Angebot und Nachfrage negativ zu beeinflussen oder außer Kraft zu setzen. Dennoch überwiesen die Superstars aus Greenwich Ende 1997 2,7 Milliarden Dollar an die Investoren unter deren deutlichem Protest zurück und erhöhten damit den Anteil des Fremdkapitals von 18:1 auf spektakuläre 28:1. Allerdings löste LTCM einzelne Positionen nicht auf. Doch damit wurde das Risikoprofil des Funds massiv gesteigert. Später trat jedoch die Situation ein, in der LTCM seine Positionen nur noch zu einem starken Abschlag verkaufen konnte, um sich Liquidität zu besorgen. Meriwether & Co. unterstanden bei Derivaten lediglich der Commodities Futures Trading Commission (CFTC). Der CFTC wurde in der Folgezeit vorgeworfen, nicht rechtzeitig interveniert zu haben.

h) No risk, no fun

Die Partner verfolgten die Stress-Testing-Methode nicht ernsthaft. Über Stress-Testing werden die schlechtmöglichsten und unwahrscheinlichsten Szenarien simuliert. Der in Greenwich konstruierte „Risk Aggregator" errechnete im Jahr 1997, dass bei einem Ein-Tages-Crash der US-Märkte um 35 Prozent LTCM nur 2,5 Milliarden Dollar verlieren würde. Das wäre die Hälfte des Kapitals gewesen. Meriwether & Co. waren aber davon überzeugt, dass diese außergewöhnlichen Ereignisse nur mit einer zu vernachlässigenden Wahrscheinlichkeit eintreten würden, und konzentrierten sich daher auf typische VaR-Szenarien. Im April 1998 ergab eine VaR-Berechnung, dass nicht mehr als 339 Millionen Dollar verloren gehen konnten, das waren zehn Prozent des Kapitals. In der Folgezeit wurde das VaR-Limit allerdings mehrmals überschritten, ohne dass es die Superstars gestört hätte. Da LTCM als Hedge Funds aber nicht der Aufsicht des Basler Ausschuss für Bankenaufsicht unterlag, blieb dies ohne Sanktionen.

Im Juni 1998 konnten Scholes und Merton ihre Idee, den Anteil von liquideren Positionen in den Fund als Sicherheit in das Portfolio einzubauen, gegen Rosenfeld, Haghani und Hilibrand nicht durchsetzen. Unter liquideren Positionen sind solche Engagements zu verstehen, die sich ohne großen Diskont schneller auflösen und in Cash umwandeln lassen. Darunter fielen etwa Euro-Dollar/Futures-Kontrakte. Genau diese Position stellte LTCM Positionen allerdings glatt, weil sie nicht so profitabel waren wie die hochspekulativen, aber illiquiden Kerninvestments.

Die Lage an den Finanzmärkten schien sich im Sommer 1998 zu entspannen. Zwar war es in den Tigerstaaten zu politischen Unruhen gekommen, und in Indonesien hatte ein Volksaufstand den Rücktritt von Präsident Suharto am 21. Mai erzwungen. Allerdings hatte der Internationale Währungsfonds (IWF) dem Land ein Hilfspaket mit einem Volumen von 43 Milliarden Dollar nach dem Rücktritt Suhartos zur Verfügung gestellt. Man glaubte sich in Greenwich der Unterstützung des IWF auch in anderen Emerging Markets sicher sein zu können und unternahm deshalb keine zusätzliche Absicherung. Alles andere hätte den Anschein der Ängstlichkeit erweckt und auch der Philosophie des Funds widersprochen.

i) Borschtsch statt Kaviar

In Russland war 1997 eine Krise unwahrscheinlicher geworden. Die Reformer hatten westliche Banken zu Aufwendungen überzeugen können. Nur durch hohe Investitionen seien die Wirtschaft und die Demokratie in Russland anzuschieben und dauerhaft zu sichern, lautete die politische Argumentation der Chubais und Kiriyenkos damals. Der IWF stellte Moskau daher großzügige Kredite zur Verfügung, und westliche Investoren kauften russische Staatsanleihen. Diese Bonds mit einer kurzen Laufzeit hießen GKO. Sie waren Rubel-dominiert und hatten einen Zinssatz von 40 Prozent. Russische Anleihen waren indes gefährlich. Ihre Rentablität beruhte auf der Annahme, dass es Moskau gelingen werde, die avisierten Steuereinnahmen auch zu erhalten, um so den Staatshaushalt zu sanieren und die Zinszahlungen zu senken. Sollte sie es nicht schaffen, würden die Bonds einbrechen.

Die Lage in Russland schien sich in der Tat zu entspannen: Im Mai hatte der Präsident der Russischen Zentralbank, Sergei Dubinin, noch eine Abwertung des Rubel ausgeschlossen. Allerdings drehte der Wind im Juli 1998. Großteile der russischen Wirtschaft waren von der Mafia unterwandert. Der Aktienmarkt schwächte sich stark ab, und die Renditen schossen auf 70 Prozent nach oben. Dennoch war LTCM davon überzeugt, dass selbst im Fall eines Scheiterns der GKO-Trades immer noch Profite über die Forwards zu erzielen seien. Am 17. August 1998 erklärte Russland jedoch ein Schuldenmoratorium. Die russische Regierung kündigte an, die einheimischen Arbeiter zu bezahlen, anstatt ihren Zahlungsverpflichtungen gegenüber den Anleihenschuldner nachzukommen. Dies bedeutete eine faktische Abwertung des Rubels. Der Dow Jones stieg um 150 Punkte. Auch im Anleihenmarkt kam es zu einer Rallye. Es fand eine Flucht in Qualität statt. Investoren verkauften russische Anleihen und Emerging-Markets-Bonds.

Hintergrund: Moskau hatte zwei Arten von Bonds ausgegeben, einen Rubel- und einen Dollar-dominierten Bond. LTCM witterte eine günstige Arbitragegelegenheit und konstruierte eine Geldmaschine. Dieses Repo-Geschäft war mit einem Swap folgendermaßen aufgebaut:

Eine Investmentbank (IB1) kauft für LTCM Bonds. LTCM erhält den Coupon in Rubel und zahlt im Gegenzug den variablen Satz in Dollar. Der Coupon kann hinterher in Dollar umgewandelt werden. Daher schloss LTCM einen Forward mit einer zweiten Investmentbank ab (IB2). Damit konnte die Rubel-Zahlung in Dollar zum aktuellen Kurs umgewandelt werden. Hintergrund: Sollte Russland den Rubel abwerten, wäre LTCM auf der sicheren Seite. Die nachfolgende Abbildung fasst die GKO-Trades nochmals zusammen.

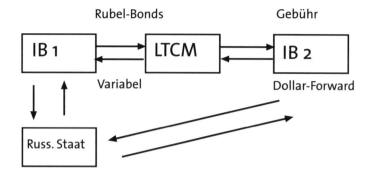

LTCM schien auf der sicheren Seite zu sein, denn Meriwether & Co. hatten sich durch den Dollar-Forward gegen eine Rubel-Abwertung abgesichert. Was sie allerdings nicht berücksichtigen konnten, war das Verbot des russischen Ministerpräsidenten Sergei Kiriyenko. Dieser untersagte am 17. August 1998 den russischen Banken, die Dollar zurückzuzahlen. Bis dahin hatten die Banken Dollar von den Investoren erhalten und dafür Staatsanleihen ausgegeben. Dieses Geld durfte sie nun dank der Intervention ihrer Regierung behalten. LTCM wurde zudem entscheidend negativ beeinflusst durch den Zusammenbruch des High-Risk Opportunities Fund (HRO). Dieser war im russischen Markt mit den Rubel/Dollar-Trades wie folgt positioniert:

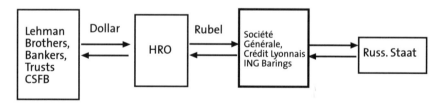

Nach der Rubel-Abwertung war die Dollar-Seite von HRO ein so starkes Verlustgeschäft, dass der Hedge Funds praktisch pleite war. Auf der Rubel-Seite war auch kein Gewinn zu erzielen, da der russische Staat keine Rubel liefern wollte. Dies machten sich Juristen der Banken (SG, CL, ING), die auf der Rubel-Seite standen, zunutze. Sie beriefen sich auf ein Rechtsprinzip, wonach es statthaft ist, Zahlungen an bankrotte Trading-Partner zu verweigern. Die Liquidation von HRO beeinflusste das Sentiment negativ. Daher sprangen auch viele Trading-Partner von

LTCM in den Folgetagen ab aus Angst, LTCM könne sich in einer ähnlich ungünstigen Situation befinden wie HRO und keine Rubel liefern. Meriwether & Co. verloren in kurzer Zeit in den Emerging Markets 400 Millionen Dollar.

j) Sympathy for the devil

Am 20. August 1998 brachen die Börsen in den Emerging Markets ein. Venezuela klappte um 9,5 Prozent zusammen, Brasilien fiel um sechs Prozent. Der Dow Jones rutschte zu Handelsbeginn um 280 Punkte nach unten, erholte sich dann aber im Handelsverlauf und ging beinahe unverändert aus dem Handel. Diese drastische Zunahme der Volatilität an der Wall Street kostete LTCM Millionen von Dollar.

Im September 1998 verschärfte sich die Lage weiter dramatisch. Am 10. September legten die Swap spreads nochmals um sieben Punkte zu, nachdem die Deutsche Bank aus den Swap Trades ausgestiegen war. LTCM büßte 145 Millionen Dollar ein. Am 11., 14. und 15. September verlor LTCM 120, 55 und 87 Millionen Dollar. Am 16. und 24. September betrug der Verlust 122 und 155 Millionen Dollar.

k) A hard day's night

Daher gerieten die Käufer von Optionen, die LTCM auf den DAX und den CAC 40 angeboten hatte, in Panik und spekulierten auf einen baldigen Konkurs des Hedge Funds. Zudem betrieb Goldman Sachs einen doppeltes Spiel: Auf der einen Seite beteiligte sich das Investmenthaus an dem Rettungsplan, den die New Yorker Federal Reserve für LTCM auszuarbeiten begonnen hatte. Auf der anderen Seite hatte Goldman Sachs den Auftrag von seinem Kunden Warren Buffett, die Übernahme des LTCM-Portfolios zu arrangieren.[7] Dabei soll sich Goldman Sachs illegalen Zugriff auf Daten verschafft haben – was Goldman Sachs aber sofort bestritt. LTCM wollte von Goldman Sachs einen Kredit, um seine Positionen halten zu können. Im Gegenzug sollte der Investmentbank begrenzter Zugang zu den Büchern gewährt werden.

l) Ticket to ride

Am 23. September 1998 kam es zu der von der New Yorker Federal Reserve organisierten Rettungsaktion. 14 Wall-Street-Banken stellten 3,65 Milliarden Dollar zur Verfügung. Damit konnten die Positionen des Funds gehalten und Schaden vom globalen Finanzmarkt abgewendet werden. In der Folgezeit wurden die Partner mit einem Redeverbot belegt.[8] Im Jahr 1999 gründeten Meriwether & Co. aber schon die JWM Partners und legten den „Relative Value Opportunity Fund" auf. Dieser Funds verfolgt die gleiche Anlagestrategie wie der frühe LTCM und konzentrierte sich vornehmlich auf das Arbitragegeschäft im Anleihenmarkt.

m) As tears go by

Als Konsequenz aus dem LTCM-Debakel wurden die Risikokontrollen weiter verschärft und neue Ansätze entwickelt. Der Basler Ausschuss für die Bankenaufsicht hat nach 1988 einen zweiten Entwurf (Basel II) herausgebracht, der ab 2005 in Kraft treten soll und die Revision der Eigenkapitalunterlegung enthält. Während nach dem alten Abkommen die Banken pauschal acht Prozent des neuen Kreditvolumens als Eigenkapital vorzeigen müssen, wird in dem neuen Entwurf stärker nach Risikoklassen differenziert. Nach Basel II ist die Höhe der Eigenkapitalsicherung von der Bonität des Kreditnehmers abhängig. Diese Bonität soll durch interne Rankings der Banken oder durch externe Ratingagenturen festgestellt werden. Am 9. April 2001 wies die Federal Reserve nochmals auf die Notwendigkeit stärkerer Transparenz hin.

n) LTCM-Portfolio

LTCM machte vom 1. Januar bis zum 24. September 1998 mit folgenden Assets Verluste. Dabei waren es vor allem die Swap und Volatility Trades, die LTCM schließlich das Genick brachen.

Geschäft	Verlust in Milliarden US-Dollar
Swaps	1,6
Equity Volatility	1,3
Russland und Emerging Markets	0,43
Direkte Geschäfte in Industrieländern (Japanische Bonds)	0,371
Equity Pairs (VW, Royal Dutch/Shell, etc)	0,286
Yield Curve Arbitrage	0,215
S&P 500	0,203
Junk-Bonds Arbitrage	0,1
Merger Arbitrage	fast ausgeglichen
Insgesamt	4,5

Zahlen aus einer Präsentation von LTCM, Februar 1999

Quelle: Roger Lowenstein, When Genius failed, p. 234

2. Barings plc – Nick Leeson

a) Sorry, but ...

Wir waren alle geil darauf, Geld zu machen, Geld, Geld und nochmals Geld, und ich war der Top-Trader in Singapur, so Nicholas Leeson im Jahr 1993. Am 27. Februar 1995 wachte die britische Königin mit der Nachricht auf, dass ihre Bank, die 233 alte und damit älteste britische Handelsbank, die Barings plc, durch die Spekulationen eines 28 Jahre alten Traders, eben jenes Nicholas Leeson, den Bankrott erklären musste.

Wie war es dazu gekommen? Leeson hatte höchst riskante Anlagen getätigt.[10] Als die Verluste immer größer wurden, erhöhte Leeson seine Positionen im festen und unerschütterlichen Glauben, richtig zu liegen. Als er dann Geld nachschießen musste und es nicht mehr konnte, machte er sich davon und floh nach Borneo. Vorher hatte er noch ein letztes Fax an seine Vorgesetzten nach London geschickt mit der „aufrichtigen

Entschuldigung für die Umstände, die Sie jetzt in Singapur antreffen werden". Wie konnte es dazu kommen? Barings wurde von der Financial Community als konservative Bank eingeschätzt. Umso mehr verwunderte es die Finanzwelt, dass das Derivategeschäft ihr einen so großen Schaden zugefügt hatte. Offensichtlich wurden gravierende Fehler im Risikomanagement gemacht: Leeson hatte sowohl über das Trading Desk als auch über das Back Office Kontrolle. In einer soliden Organisation schränkt das Back Office die Möglichkeiten der Trader ein, indem es bei Verlusten die Liquidität begrenzt. Gerüchten zufolge sollen Leesons Vorgesetzte von Art und Umfang seiner Geschäfte gewusst und Margins auch dann noch nachgeschossen haben, als sie längst hätten skeptisch werden müssen. Das „*Wall Street Journal*" machte in seinem Artikel vom 27. Februar 1995 die zu starke Konzentration der Macht bei Leeson als Hauptursache für den Bankrott von Barings aus. Handel, Back Office und Risk Management lagen in seiner Hand.

Ein Grund dafür, warum Leeson nur oberflächlich kontrolliert wurde, war sein Track-Rekord. Leeson hatte bis 1994 eine exzellente Performance hingelegt und zehn Prozent des Gesamtgewinns von Barings erwirtschaftete. Im Jahr 1994 soll er sogar 20 Milliarden Dollar erzielt haben. Leeson hatte die Verluste auf einem Konto mit den Chiffren 88888 eingebucht. Das Konto war nur seiner braven Assistentin bekannt, die Revision speiste er mit einem gefälschten Eintrag ab. Hintergrund: Bei Barings schaute man nur auf den Saldo der Gewinn- und Verlustrechnung. Zahlungsströme, Forderungen und Verbindlichkeiten waren bei Barings nicht von Interesse. Mit seinem direkten Vorgesetzten in Singapur unterhielt sich Leeson über Fußball statt über Margins. Um die Einhaltung der Grenzvorgaben, bis zu welchem Betrag Verluste erlaubt sind, ging es nie. Einen Risk-Manager aus London setzte er Abend für Abend mit Kneipen- und Bordelltouren außer Gefecht. Dazu kam Glück, denn eine peinlich genaue Controllerin wurde frühzeitig nach London zurückgerufen.

Allerdings wurde man an der Themse zunehmend skeptisch. Alarmiert durch ständig neue Anfragen unternahmen seine Vorgesetzten im Februar 1995 ein Audit und mussten zu ihrem Entsetzen feststellen, dass die

Verluste auf 800 Millionen britische Pfund angewachsen waren. Als die Verluste entdeckt wurden, versuchten sich Leeson und seine Frau nach Borneo und von dort nach Deutschland abzusetzen. In Frankfurt wurden sie allerdings verhaftet und nach Singapur zurücküberstellt. Der Star-Trader erhielt eine Freiheitsstrafe von sechs Jahren, wurde aber nach 43 Monaten wieder aus dem Gefängnis entlassen. Heute verdient Leeson u. a. mit Vorträgen, für die er mit jeweils 100.000 Dollar entlohnt wird, sein Geld und trägt damit seine Schulden ab, die sich auf insgesamt 165 Millionen Dollar belaufen. Er bekam übrigens nach seiner Haft genügend Stellenangebote – auch im Risk Management. Leeson entschied sich aber für ein Psychologiestudium. Barings plc wurde für den Symbolpreis von einem Dollar vom niederländischen Versicherungskonzern ING Groep übernommen.

b) Fantasy versus Facts

Barings kollabierte, weil die Bank die enormen Margins für die Positionen nicht mehr erfüllen konnte, die Leeson im Namen der Bank eingegangen war. Am 27. Februar 1995 betrugen die offenen Futures auf japanische Aktien und Zinsen 27 Milliarden Dollar: sieben Milliarden Dollar auf Nikkei-225-Kontrakte und 20 Milliarden auf japanische Staatsanleihen sowie Euro/Yen-Kontrakte. Leeson verkaufte zudem 70,892 Nikkei-Put- und -Call-Optionen mit einem Nominalwert von 6,68 Milliarden Dollar. Der Umfang der Geschäfte ist deshalb so atemberaubend, weil die Bank lediglich über einen Kapitalbestand von 615 Millionen Dollar verfügte. Die Größe der Positionen wird durch den Umstand deutlich, dass Barings im Januar und im Februar von London und von Tokyo aus 835 Millionen Dollar nach Singapur schickte, um die Margins an der Singapore International Monetary Exchange (SIMEX) zu erfüllen.

Leeson hatte nach dem Erdbeben in Kobe vom 17. Januar 1995 angefangen, diese Positionen in exorbitante Höhen aufzubauen. Davor hatte sich der Nikkei in einer Range zwischen 19.000 und 19.500 Punkten bewegt. Leeson war long in ca. 3.000 Futures an der Osaka Stock Exchange (OSE).[F1] Wenige Tage nach dem Erdbeben fing Leeson an, die Kontrakte aggressiv zu kaufen, und akkumulierte bis zum 17. Februar 19,094 Kontrakte.

Positionen zwischen Wahrheit und Legende

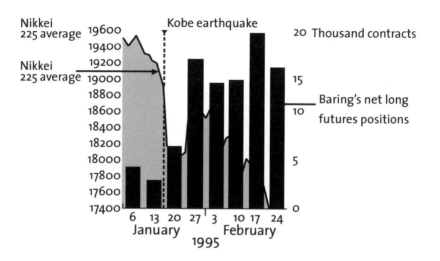

Long-Positionen von Barings gegen den Nikkei 225

Quelle: Datastream and Osaka Securities Exchanges

Leeson dazu: „Am Mittwoch, den 17. Januar, als die Bilder des Erdbebens alle Fernsehschirme beherrschten, war im Börsensaal die Hölle los. Jeder in Japan hatte Angehörige oder Freunde in Kobe, und sie verkauften Anteile, um für den Schaden aufzukommen. Der Markt wurde geschlachtet. Ich befand mich am Stand von Barings und beobachtete das Chaos. Alle Japaner sprachen über die Risse in ihren Wänden, aber so lustig das klingt, ich war ziemlich ruhig; ich sah dies als Möglichkeit für weitere Engagements."

Aber Leesons Osaka-Position, die durch die wöchentliche Veröffentlichungen der OSE bekannt war, reflektierte nur die Hälfte seiner sanktionierten Geschäfte. Wenn Leeson long an der OSE war, musste er in doppelter Höhe an der SIMEX short sein. Warum? Leesons offizielle Trading-Strategie bestand darin, die temporären Preisunterschiede zwischen der SIMEX und den OSE-Nikkei-225-Kontrakten auszunutzen. Diese Arbitrage nannte Barings „Switching". Sie konkretisierte sich im gleichzeitigen Kauf des billigeren und dem Verkauf des teureren Kontrakts und in der Umkehrung, wenn der Preisunterschied sich verkleinert hatte oder verschwunden war. Diese Arbitrage hatte kein Marktrisiko, weil die Positionen gehedged waren.

Aber Leeson war nicht short im SIMEX. Er war in der gleichen Anzahl Kontrakten long, in denen er eigentlich hätte short sein müssen. Das waren unauthorisierte Trades, die er auf dem vielzitierten Konto 88888 verbuchte, das nur ihm und seiner braven Sekretärin bekannt war. Er nutzte dieses Konto auch, um seine absprachewidrigen Geschäfte in den japanischen Staatsanleihen und Euro/Yen-Futures sowie Nikkei-225-Optionen zu kaschieren. Diese Trades hat zusammen ein so großes Volumen, dass sie Barings das Genick brachen.

c) Fake

„Das ganze Geld, mit dem wir handelten, war unwirklich: abstrakte Zahlen, die auf den Bildschirmen aufleuchteten oder im Börsensaal von Hand zu Hand wanderten. Unsere Kunden machten oder verloren Tausende Pfund, wir machten nur Kommissionen ... Das wirkliche Geld waren unsere Gehälter und unsere Bonusse, aber selbst diese waren künstlich: Es wurde alles mit telegrafischen Anweisungen bezahlt, und weil wir von den Spesen lebten, gingen die Zahlen unserer Bankkonten einfach in die Höhe. Das wirkliche Geld waren die 100 Dollar, mit denen ich jeden Tag gegen Dany über den Ausgang des Börsenschlusses gewettet habe, oder das Geld, das wir für den Kauf von Überraschungseiern ausgegeben haben, um mit dem Plastikspielzeug herumzuspielen, die wir in ihnen fanden", so Leeson später.

Leeson hatte offensichtlich den Bezug zur Realität verloren und war immer tiefer in seine verlustreichen Trades abgerutscht, die er nur über eine kreative Buchführung decken konnte. Der erstaunlichste Punkt der untenstehenden Tabelle ist, dass Leeson 70.892 Nikkei-225-Optionen im Wert von sieben Milliarden Dollar ohne Wissen seiner Vorgesetzten in London verkauft hatte.

Barings Long-Position gegen den Nikkei 225

Tabelle 1 Fantasy versus Facts: Leesons Positionen Ende Februar 1995

	Anzahl der Kontrakte in Dollar im Nominalwert	Aktuelle Position in Bezug auf den Open Interest der relevanten Kontrakte	
	Berichtet	**Aktuell**	
Futures			
Nikkei 225	3.0112 zu 2.809 Millionen Dollar	Long 6.1039 zu 7.000 Millionen Dollar	49 Prozent März-1995-Kontrakte und 24 Prozent Juni-1995-Kontrakte
JGB	15.940 zu 8.980 Millionen Dollar	Short 28.034 zu 19.650 Millionen Dollar	85 Prozent März-1995-Kontrakte und 88 Prozent Juni-1995-Kontrakte
Euroyen	601 zu 26.5 Millionen Dollar	Short 6.845 zu 350 Millionen Dollar	5 Prozent Juni-1995-Kontrakte, 1 Prozent September-1995-Kontrakte und 1 Prozent Dezember-1995-Kontrakte
Options			
Nikkei 225	Nil	37.925 Calls zu 3.580 Millionen Dollar	
		32.967 Puts zu 3.100 Millionen Dollar	

1. Ausgedrückt in der Größe der SIMEX-Kontrakte, die halb so groß waren wie die Kontrakte der OSE und der TSE. Euroyen waren an der SIMEX und der TIFFE gleich groß.
2. Open-Interest-Zahlen für jeden Monat und jeden gelisteten Kontrakt. Der Open Interest ist die Anzahl ausstehender (offener) Kontrakte einer bestimmten Option an der Börse. Er ist ein Maß für die Liquidität des Marktes und damit ein Maß für eine Auf- oder Abwärtsbewegung. Für den Nikkei-225-JGB und Euroyen-Kontrakte sind die Verfallsmonate März, Juni, September und Dezember.
3. Leesons Futures-Positionen waren gematcht, weil sie Teil der Switching-Aktivitäten von Barings waren.
4. Die aktuellen Positionen beziehen sich auf Trades im Konto 88888.

Quelle: The Report of the Board of Banking Supervsion Inquiry into the Circumstances of the Collapse of Barings, Ordered by the House of Commons, Her Majesty's Stationery Office, 1995

Leeson verkaufte Straddles, d. h. er verkaufte Puts und Calls mit gleicher Basis und gleicher Laufzeit. 37.000 Straddles[F2] konnte er innerhalb von 14 Monaten mit Gewinn verkaufen. Diese Trades waren unter der Voraussetzung sehr profitabel, dass der Nikkei 225 den Options-Strike am Ende der Laufzeit trifft und Call wie auch Put am Ende der Laufzeit wertlos verfallen. Leeson hätte dann die volle Optionsprämie bekommen.

Wenn sich der Nikkei in der Nähe des Optionspreises am Verfallstag bewegt, ist der Straddle profitabel, wenn die Prämie den Verlust überwiegt, der durch den Call bei einem Anstieg des Nikkei oder durch den Put bei einem Fall des Nikkei entsteht.

Prämien beim Verkauf von Put- und Call-Optionen

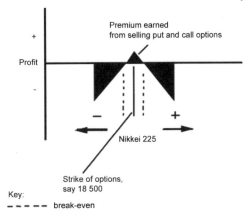

Strike-Preis von Optionen bei 18.500 Punkten/Break-even/Renditeprofil eines Straddles

Der Strike-Preis der meisten Positionen bewegte sich in einer Range zwischen 18.500 und 20.000 Punkten. Es war daher entscheidend für Leeson, dass sich der Nikkei 225 in einer Bandbreite zwischen 19.000 und 20.000 Punkten hielt. Das Erdbeben in Kobe machte aber seine Strategie zunichte. Am Tag des Erdbebens, am 17. Januar 1995, lag der Nikkei 225 bei 19.350 Punkten. Am Ende der Woche schloss der Index nur leicht tiefer und stand bei 18.950 Punkten. Das reichte schon, um Leesons Straddle-Positionen zu erschüttern. Die Calls verloren immer mehr an Wert, dagegen wurden die Puts für die Käufer immer wertvoller, wenn sich der Nikkei weiter abschwächte. Leesons Verluste bei den Puts waren unbegrenzt und völlig abhängig vom Nikkei-Stand am Ende der Laufzeit, dagegen waren die Gewinne beim Call durch die mögliche Prämie begrenzt.

Dieser Punkt ist entscheidend, um Leesons Strategie zu verstehen. Denn vor dem Erdbeben in Kobe war seine Position in Nikkei-225-Futures auf dem geheimen Konto 88888 ausgeglichen. Am 20. Januar, also drei Tage nach dem Erdbeben, kaufte Leeson 10.814 März-1995-Kontrakte. Klar ist allerdings nicht, ob er diese Kontrakte erwarb, weil er meinte, der Markt habe auf den Kobe-Schock überreagiert, oder ob er seine Long-Positionen, die durch die Straddle-Positionen entstanden waren, absichern wollte. Leeson hatte keine Hedge-Position vor dem Erdbeben, und seine Nikkei-225-Positionen können nicht als Hedging-Strategie aufgefasst werden, denn er hätte andernfalls mehr verkaufen als kaufen müssen.

Als der Nikkei am 23. Januar 1995 um 1.000 Punkte gefallen war, musste Leeson schwere Verluste in seinen erst zwei Tage alten Long-Futures-Positionen hinnehmen und sah sich zudem mit einem starken Verlust in seinen Puts konfrontiert. Es gab kein Zurück mehr. Leeson griff in das fallende Messer. Am 27. Januar zeigte das Konto 88888 eine Long-Position von 27.158 März-Kontrakten. In den nächsten drei Wochen verdoppelte Leeson seine Long-Position, die am 22. Februar 1995 auf 55.206 März-Kontrakte und 5.640 Juni-Kontrakte ansteigen sollte.

Mit dem durch das Erdbeben in Kobe angefachten Niedergang des japanischen Aktienmarktes nahm auch die Volatilität zu. Auch dadurch wurde Leesons Short-Strategie durchkreuzt. Der Verkäufer einer Option profitiert von der Volatilität, denn dadurch fällt der Wert der Option. Bei steigender Volatilität zeigten Leesons Short-Positionen also Verlust, auch als der Nikkei wieder leicht anzog.

Leeson fing mit seinen nicht autorisierten Geschäften schon kurz nach seiner Ankunft in Singapur im Jahr 1992 an. Er ging an der SIMEX Positionen in Futures- und in Optionskontrakten ein. Aus London hatte er dagegen nur den Auftrag, Engagements zu beginnen, wenn sie für das Switching notwendig waren oder um Kundengeschäfte auszuführen. Es war ihm zu keinem Zeitpunkt erlaubt, Optionen zu verkaufen. Leeson verlor von Beginn an Geld mit seinen nicht autorisierten Geschäften. Aber an der Themse galt er als das Wunderkind und Turbo-Arbitrageur, der im Jahr 1993 im Alleingang die Hälfte der Singapur-Gewinne von Barings und im Jahr 1994 sogar die Hälfte des Gesamtertrages von Barings erwirtschaftet hatte. Der eklatante Unterschied zwischen Traum und Wirklichkeit wird durch Tabelle 2 illustriert, die nicht nur den Umfang von Leesons Verlusten anzeigt, sondern auch belegt, dass er immer Geld verloren hatte. Allein im Jahr 1994 verlor Barings durch Leeson 208 Millionen Dollar. Seinen Vorgesetzten suggerierte er dagegen, 29 Millionen Dollar Gewinn erzielt zu haben. Daher zahlten sie ihm einen Bonus von 720.000 Dollar.

Leesons Positionen Ende Februar 1995

Tabelle 2	Profitablilität von Leesons Trades		
Periode	Berichtet In Millionen Britischer Pfund	Insgesamt In Millionen Britischer Pfund	Aktuell In Millionen Britischer Pfund
1. Jan. 1993 bis 31. Dez. 1993	+ 8,83	-21	-23
1. Jan. 1994 bis 31. Dez. 1994	+28,529	-185	-208
1. Jan. 1995 bis 31. Dez. 1995	+18,567	-619	-827

Quelle: The Report of the Board of Banking Supervsion Inquiry into the Circumstances of the Collapse of Barings, Ordered by the House of Commons, Her Majesty's Stationery Office, 1995

d) Der Cross-Trade

Wie gelang es Leeson, sein Umfeld zu täuschen? Wie war er in der Lage, Gewinne einzubuchen, wenn er Verluste machte? Wie konnte er ein ausgeglichenes Handelsbuch vorweisen, obwohl er enorme Long-Positionen auf den Nikkei 225 und Short-Positionen auf japanische Zinssätze eingegangen war? Der britische Bankenkontrollausschuss, das Board of Banking Supervision (BoBS) der Bank of England, der die Untersuchung durchgeführt hat, sieht in den Cross-Trades das Instrument, mit dem Leeson seine Umgebung getäuscht hat.

Ein Cross-Trade ist ein Geschäft, das ein Floor-Trader (Parketthändler) ausübt, der zugleich Käufer und Verkäufer ist. Wenn ein Floor-Trader also Kauf- und Verkaufsorders von zwei unterschiedlichen Parteien für den gleichen Preis und den gleichen Kontrakt zusammengeführt und abgewickelt hat,[F3] ist es ihm gestattet, einen Cross-Trade auszuüben, also die Trades umgekehrt auf die Konten einzubuchen. Hierzu ist er allerdings nur berechtigt, wenn er Geld- und Briefkurs auf dem Parkett erklärt und kein anderes Mitglied die Order übernommen hat. Nach der Börsenordnung der SIMEX war der Floor-Trader verpflichtet, den Preis dreimal auszurufen. Ein Cross-Trade muss zum Marktpreis ausgeführt werden. Leeson nahm in einem hohen Volumen Cross-Trades zwischen dem 88888er- und dem 92000er-Konto (Barings Securities Japan – JGB Arbitrage), dem 98007er-Konto (Barings London – JGB Arbitrage) und dem Konto 98008 (Barings-Euroyen Arbitrage) vor.

Nach Ausführung der Cross-Trades wies Leeson sein Personal an, die Gesamtzahl der Geschäfte in verschiedene Trades aufzuteilen. Außerdem wurden die Preise geändert, um die Trades als Erfolgsgeschäfte aussehen zu lassen, die durch das Switching entstanden waren. Die Verluste wurden in das Konto 88888 eingebucht. Wenn auch die Cross-Trades, die an der Börse auftauchten, sich scheinbar im Rahmen der Börsenordnung bewegten, hatte es doch starke Abweichungen zum Orderbuch gegeben, welches das Contac-System, ein System der SIMEX-Mitglieder, dokumentierte. Dieses System gab die tatsächlichen Transaktionen und solche wieder, die in keiner Beziehung zu den Transaktionen auf dem Parkett standen. Alternativ ging Leeson eine geringere Anzahl von Cross-Trades ein als diejenigen, die im Contac-System registriert wurden. Danach änderte er den Preis und verbuchte damit wieder einen durch Switching erzeugten Gewinn.

Profitabilität von Leesons Trade

Tabelle 3 zeigt ein Beispiel, wie Leeson die Bücher manipuliert und einen Gewinn durch künstliches Switching erzeugt hat.

Tabelle 3	Kontrakte Im Konto 88888 *		SIMEX Preis	Durch-schnitt je Kontrakt	SIMEX JPC in Millionen	Wert pro Kontrakt	Gewinn/ Verlust 92.000 JPY Millionen
	Kaufen	Verkaufen					
20. Januar	6.984		18.950	19.019	6.6173	6.6413	240
23. Januar	3.000		17.810	18.815	26.715	28.223	1.508
23. Januar		8.082	17.810	18.147	(71.970)	(73.332)	(1.362)
25. Januar	10.047		18.220	18.318	91.528	92.020	492
26. Januar	16.276		18.210	18.378	148.193	149.560	1.367
							2.245

* Diese Darstellung repräsentiert den Umfang der Nikkei-225-Cross-Trades, die an der SIMEX abgewickelt worden sind.

Manipulation der Bücher durch Switching

In seinem Report stellt das BOBS fest, dass die Eingänge in das Contac-System eine Anzahl von Pseudokontrakten enthielten, die vom tatsächlichen Preis auf dem Parkett abwichen, die Übereinstimmung der Transaktionen aber wiederherstellten. Dies wiederum suggerierte, dass die Trades, die in die oben genannten Barings-Konten bei 92000, 98007 und 98008 eingebucht waren, tatsächlich zu unterschiedlichen Zeitpunkten stattgefunden haben. Dies war notwendig, um Barings Securities Japan im Glauben zu lassen, die Trades seien profitabel und durch genehmigte Arbitrage durchgeführt worden. Das Resultat dieser Buchungen war, dass die Gewinne auf den anderen Konten zunahmen und sich die Verluste auf dem 88888er-Account häuften. Neben den SIMEX-Crossing-Trades buchte Leeson auch Trades ein, die niemals auf dem Parkett abgewickelt worden waren, sondern bei denen es sich um OTC-Geschäfte handelte. Die Einbuchung solcher Trades verstieß gegen die Börsenordnung der SIMEX.

Zum Schluss buchte Leeson Trades ein, bei denen Barings In-sich-Geschäfte abgeschlossen hat. Leeson kaufte von der einen und verkaufte in die andere Hand. Dabei setzte er die Firma einem Marktrisiko aus. Denn Barings nahm keine Arbitrage zwischen SIMEX und japanischen Börsen vor, sondern ging offene und sehr große Positionen ein, die im Konto 88888 versenkt wurden. Die Gewinn- und Verlustrechnung dieses Kontos war der einzige Maßstab für Leesons Erfolg oder Misserfolg. Details dieses Kontos und Zahlungsströme wurden aber niemals nach London weitergegeben.

Abbildung 3 zeigt die Nikkei-Position im Konto 92000. Es werden die Cross-Trades dargestellt. Es ist die Differenz zwischen der schwarzen Linie, die alle Nikkei-Trades im Konto 92000, die nicht auf das Konto 88888 eingebucht worden waren, wiedergibt, und der gestrichelten Linie, die die Anzahl der von Leeson an Barings weitergegebenen Trades reflektiert. Das Management von Barings glaubte demnach, dass die Firma am 24. Februar 1995 eine Short-Position in 30.112 Kontrakten an der SIMEX hatte. Tatsächlich war sie aber in 21.928 Kontrakten long, was aber aufgrund der auf das Konto 88888 vorgenommenen Cross-Trades nicht zu erkennen war.

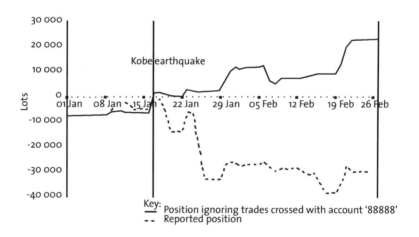

Cross Trades

Quelle: The Report of the Board of Banking Supervsion Inquiry into the Circumstances of the Collapse of Barings, Ordered by the House of Commons, Her Majesty's Stationery Office, 1995

e) Lessons from Leeson

Zahlreiche Darstellungen sind in den vergangenen Jahren zur Implementierung eines guten Risk Managements publiziert worden. Barings hat fast jede Empfehlung ignoriert. Dem Management an der Themse gelang es nicht, saubere Kontrollmechanismen auf der administrativen, operativen und auf der Finanzebene einzurichten. Das System der Checks and Balances war nur schwach begründet. Daher ist es nicht verwunderlich, dass es praktisch auf allen Ebenen versagt hat. Die aus dem Barings-Untergang zu ziehenden Lehren lassen sich unter fünf Gesichtspunkte subsumieren:

Trennung von Handel und Back-Office

Das Management von Barings verletzte die zentrale Regel bei Trading-Operationen: London überließ Leeson die Kontrolle über den Handel als auch über das Back-Office.

Das Back-Office bestätigt und überprüft die vom Handel durchgeführten Trades, indem zusätzliche Informationen der beteiligten Parteien wie Kaufpreis und Rechnungslegungsvorschriften eingebaut werden. Dadurch sollen Betrug und Unterschlagung im Ansatz her ausgeschlossen werden. Indem Leeson auch das Back-Office kontrollierte, konnte er aber Informationen zurückhalten.

Leeson nutzte seine Position aus und buchte Trades auf das Konto 88888 ein. Dieses Konto war im Juli 1992 eingerichtet worden und ursprünglich als Fehlerkonto in Barings-Futures-System in Singapur gedacht, nicht als Barings-London-Kundenkonto im SIMEX System. Aber das Management an der Themse wusste nichts von der Existenz dieses Kontos, nachdem Leeson einen EDV-Spezialisten mit der Änderung beauftragt hatte: Dr. Edmund Wong entfernte das Konto 88888 aus den Daily Reports, die von Singapur täglich nach London geschickt wurden. Dieser Zustand bestand vom 8. Juli 1992 bis zum Kollaps von Barings am 26. Februar 1995. Informationen zum Konto 88888 waren allerdings immer in den Margin-Anfragen enthalten, die Leeson nach London sandte.

Fehlerkonten werden in der Regel eingerichtet, um Trades einzubuchen, die nicht sofort abgeglichen werden können. Die Compliance-Abteilung untersucht dann die Trades, registriert sie und analysiert, inwiefern sie das Marktrisiko sowie Gewinn und Verlust der Gesellschaft beeinflussen. Reports über Fehlerkonten werden normalerweise dem Senior Management zugeleitet.

Das Management von Barings machte von Anfang an den Fehler, Leesons Einfluss auf das Back-Office nicht zu unterbinden, und ignorierte viele Warnungen. Der interne Audit Report vom August 1994 stellte fest, dass die Kontrolle über Handel und Back-Office eine exzessive Macht bedeutet hatte. Es habe von Anfang an ein enormes Risiko bestanden, dass Leeson seinen Einfluss missbrauchen würde. Ein Jahr vor dem Kollaps gab es also schon eine warnende Stimme.

Der Audit Report empfahl, Leeson vier Kompetenzen zu entziehen: Er sollte keine Kontrolle mehr über das Back-Office haben, über die Ausgabe von Cheques, die Kontrolle von SIMEX-Geschäften und von Bankgeschäften insgesamt. Leeson gab allerdings niemals eine Kompetenz ab, obwohl Simon Jones, der regionale Operations Manager von Südostasien und Chief Operating Officer von Barings Securities Singapur, das Audit Team mit Nachdruck darauf hingewiesen hatte, Leeson sofort von diesen Kompetenzen zu entbinden.

Einflussnahme des Managements

Ein entscheidender Punkt für den Zusammenbruch von Barings ist auch die gleichgültige Einstellung des Senior Managements in London, den von Leeson in Singapur betriebenen Derivatehandel verstehen zu wollen. Jeder Bericht hat unterstrichen, wie wichtig es für das Senior Management ist, das Risiko von Derivaten zu verstehen, um die Risikoexponiertheit festzustellen, sowie seine Strategien und seine internen Kontrollen anzupassen.

Das Senior Management von Barings hat sich um keinen dieser Aspekte gekümmert. Zwar war man an der Themse hoch erfreut über die Erfolge der Singapur Branch. Allerdings war man nicht daran interessiert, adäquate und damit kostspielige Risikokontrollsysteme einzubauen, um den Erfolg auch in Zukunft sicherzustellen. Im Audit Report erklärte das Management, es habe keine Notwendigkeit bestanden, eine Vollzeitkraft in das Back-Office in Singapur einzustellen, weil nicht genügend Arbeit vorhanden gewesen wäre. Man kontrollierte an der Themse aber auch nicht, ob andere Empfehlungen des Audit Report in Singapur umzusetzen waren.

Barings Top-Management hatte nur ein sehr oberflächliches Verständnis vom Derivategeschäfte und wollte auch nicht tiefer in die komplizierte Materie einsteigen. Das Arbitrage-Geschäft zwischen zwei Futures-Kontrakten ist eine Strategie mit geringem Risiko und damit notwendigerweise auch nur moderatem Return. An der Themse hätten sich daher zwei Fragen aufdrängen müssen: *Erstens:* Warum konnte Leeson dann derart hohe Gewinne erwirtschaften? Hohe Gewinne korrelieren doch in der Regel mit hohen Risiken. *Zweitens:* Wenn das Arbitrage-Geschäft eine Goldquelle war, warum verfolgte nicht die stärker kapitalisierte Konkurrenz von Barings die gleiche Strategie?

Über die Profitablität des Derivategeschäfts wunderte man sich im gesamten Top-Management. Allerdings unternahm man keine Recherche, um die Zahlen besser beurteilen zu können. Die Senior Manager wussten absolut nicht, wie Leeson zu den Gewinnen kam. Sie nahmen irrtümlich an, dass der Großteil der durch das „Switching" erzeugten Gewinne durch Arbitrage-Geschäfte auf den Nikkei 225 zustande kamen, was im Jahr 1994 ein Profit von 7,36 Millionen Dollar war, gegenüber 37,5 Millionen Dollar durch JGB-Arbitrage. So war es kaum verwunderlich, dass Peter Baring, Ex-Chairman von Barings, erklärte, dass er die Erträge als sehr angenehm empfand, aber keine Ahnung über ihr Zustandekommen gehabt habe. Andrew Tuckey, Ex Deputy Chairman, äußerte sich in die gleiche Richtung: „Ja, in groben Umrissen. Wir schienen Geld mit den Derivaten zu machen. Ich stellte mir aber die Fragen, warum nur wir unsere Position schützen konnten und wie es uns das gelang.

Über Ron Baker, Head of the Financial Products Group, und über Mary Walz, Global Head of Equity Financial Products, zwei von Leesons Vorgesetzten im Derivatebereich, heißt es im Bericht der BoBS: Keiner von beiden war mit den Geschäften auf dem SIMEX-Parkett vertraut. Beide waren der Auffassung, es habe an der sehr guten Organisation in Singapur gelegen, mit der Leeson mehr Aufträge bearbeiten und damit mehr Gewinn erzielen konnte als seine Konkurrenz. Diese Annahme dokumentiert wiederum fehlendes Verständnis für das Risiko, wenn Eigen- und Fremdhandel kombiniert werden.

Auch die hohen Beträge, die Barings sich leihen musste, um seine Margins zu erfüllen, rüttelten das Senior Management nicht wach und bewegten London nicht, detaillierte Informationen anzufordern. Dabei hatten Mitarbeiter des Asset and Liability Committee (ALCO), die das Marktrisiko der Bank kontrollierten, Bedenken hinsichtlich der Größe der eingegangenen Positionen angemeldet. Allerdings beruhigte man sich in der ALCO auch wieder mit dem Gedanken, dass die Nikkei-225-Positionen gehedged sei. Daher ignorierte das Management am 27. Januar 1995 auch eine Anfrage der Bank for International Settlement in Basel.

Barings schoss weiter Cash nach und kümmerte sich nicht um die Hintergründe. Man ging an der Themse davon aus, dass Leeson im Interesse der Kunden handele und wisse, was er tue. Diese Selbstzufriedenheit ist allerdings erschreckend. Barings hatte in Singapur mit der Banque Nationale des Paris Tokio nur einen eigenen Drittkunden. Der Rest waren Kunden aus den Filialen London und Tokio. Weder in London oder in Tokio waren die Kunden aber plötzlich aktiver geworden, noch hatte Leeson weitere Kunden hinzugewonnen, noch gab es in London selbst einen Salesman, der eine Vielzahl von Geschäften mit ihm abwickelte. Es wurden keine Nachforschungen angestellt, woher das Geld kam.

Kapitalbedarf

Zwei Aspekte sind hier von Bedeutung: Eine Bank muss genügend Kapital haben, um erstens gegenläufige Marktbewegungen in ihren offenen

Positionen zu überstehen und um zweitens ihre Positionen zu halten. Das Management von Barings dachte, Leesons Positionen seien marktneutral gewesen. Daher schoss London gerne Geld nach in der Annahme, die Positionen bis zum Ende der Laufzeit halten zu können. Am Ende überstieg das Volumen dieser Positionen mit 27 Milliarden den Kapitalbestand von Barings, der bei 615 Millionen Dollar lag, in exorbitanter Weise. Es war das Finanzierungsrisiko, das Barings aufschreckte. Der Todesstoß kam aber vom Volumen der Positionen, die nicht gehedged waren.

Selbst wenn es Barings gelungen wäre, sich genügend Geld zu leihen, um die Margins der Kontrakte bis zum Ende der Laufzeit zu erfüllen, hätte Barings trotzdem schwere Verluste hinnehmen müssen.

Die Untersuchungen haben ergeben, dass Barings die Positionen mit einem Verlust von 1,4 Milliarden Dollar hätte schließen können. Barings Untergang wurde durch den Umstand beschleunigt, dass die Bank Ende Februar nicht ihre Margins zahlen konnte. Die Würfel waren aber bereits Ende Januar gefallen, als Leeson ein weiteres Engagement in 30.000 Nikkei-Kontrakten eingegangen war.

Schwache Kontrollprozeduren

In vielen Häusern gibt es nicht nur eine Trennung zwischen operativen Pflichten. Daneben existiert auch noch eine unabhängige Einheit, die beide kontrolliert. Bei Barings dagegen war weder das eine noch das andere der Fall.

Finanzierung

Barings Kontrollmechanismen waren schlampig. In keinem anderen Punkt wird diese deutlicher als in der Art und Weise, wie Leeson seine nicht autorisierten Positionen aufgebaut hat. Barings wies Leeson weder an, bei der Variation Margin zwischen den Barings-Positionen und denen der Kundschaft zu unterscheiden, noch musste Leeson einen Report über die Positionen abgeben. Hätte London das Standard-Portfolio-

Analysis-of-Risk (SPAN)-Programm zur Kalkulation von Margins verwendet, wäre schnell deutlich geworden, dass Leeson deutlich mehr Geld anforderte, als nötig war, um die eingebuchten Margins zu schließen. London schickte Leeson aber immer wieder neues Geld, wenngleich im Senior Management Zweifel an der Richtigkeit der Daten laut wurden.

Die Tatsache aber, dass niemand aus der Führungsebene Leeson jemals anwies, sich zu rechtfertigen, ist vielleicht noch frappierender als die ungeheure Höhe des angeforderten Geldes. Ende Dezember 1994 beliefen sich die Leeson aus London und Tokio zur Verfügung gestellten Mittel auf 354 Millionen Dollar. In den ersten beiden Monaten 1995 war die Summe auf 1,2 Milliarden Dollar angewachsen.

Der Report der BoBS merkte dazu an: Tony Railton, Futures and Options Settlement Senior Clerk, entdeckte im Februar 1995, dass die Aufgliederung sämtlicher Dollar-Anfragen von Leeson gefaked waren. Railton machte dann seine eigene Aufstellung und traute seinen Augen nicht: Seit November 1994 hatte Leeson immer Dollar angefordert, die zur einen Hälfte für die Margins der Barings-Positionen, zur anderen Hälfte für die Positionen der Kunden vorgesehen waren. Tony Hawes, Group Treasurer, bestätigte diese Aufstellung. Dies sei der Grund gewesen, warum er im Februar 1995 zweimal nach Singapur geflogen sei. „Wenn die Dollar-Anforderungen in irgendeiner Relation zu den originären Positionen der Kunden oder unseres Hauses gestanden hätten, wäre es unwahrscheinlich gewesen, dass die Margins in gleichem Verhältnis zueinander standen. Es war aber nur ein Faktor von vielen, der mich misstrauisch gemacht hat", so Tony Hawes.

David Huges bemerkte zum 50:50-Split: „Das war ein Grund für uns zu zweifeln. Wir sagten: Das kann nicht richtig sein. Denn ich war der Überzeugung, dass wir nicht unsere eigenen Positionen und gleichzeitig die unserer Kunden hatten." Brenda Granger, Managed Futures and Options Settlement, bestätigte, sie habe die gleichen Zweifel wie Hughes gehabt. An der Themse konnte man sich keinen Reim aus den Zahlungsanforderungen von Leeson machen. Aber es wurde auch keine Maßnahme getroffen. Die unbekümmerte Einstellung wird in Abbildung 4 verdeutlicht. Die durchgezogene Linie zeigt das Gesamtvolumen der Transaktionen von Baring Securities London (BSL) nach BFS – der Einheit, in die alle Kunden-Trades von London eingebucht werden. Die gestrichelte Linie stellt das von Barings Securties Group Treasury (BSGT) in London zur Verfügung gestellte Geld dar. Dieses Verfahren wurde bei Barings Top-up-Balance genannt. Der Group Treasurer gab das Geld für die Kunden frei, weil es nicht immer für die Kunden möglich war, Geld schnell genug zu Barings zu überweisen, um die SIMEX-Intra-Day Margin Calls zu erfüllen. Tabelle 4 zeigt auch, wie BSGT kontinuierlich mehr Geld zur Verfügung stellen musste. Vom 1. Januar bis zum 24. Februar fiel der originäre Transfer von Geld, das für die Kunden bestimmt war, proportional zu den Gesamttransfers. Am 21. Februar 1995 musste BSGT alle Kunden-Margins auf 440 Millionen Dollar aufstocken. Am 24. Februar 1995 waren lediglich 50 Millionen Dollar der 540 Millionen Dollar, die für Kunden-Margins vorgesehen waren, auch den Kunden zugeteilt worden. Barings Kontrollmechanismus sah keine Top-up-Zahlungen zu individuellen Kundenpositionen vor. Wäre dies der Fall gewesen, wäre schnell klar geworden, dass man viel zu viel Geld an Leeson überwiesen hatte.

Geld von London nach Singapur

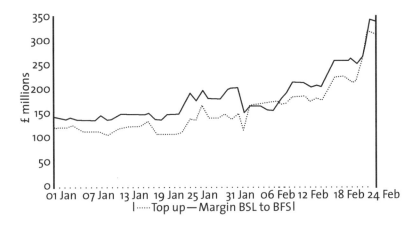

Quelle: The Report of the Board of Banking Supervsion Inquiry into the Circumstances of the Collapse of Barings, Ordered by the House of Commons, Her Majesty's Stationery Office, 1995

Kreditrisiko

Das Kreditrisiko wäre weiter angestiegen, wenn das Geld wirklich für Kunden bestimmt gewesen wäre. Allerdings interessierte sich das Credit Risk Department in London nicht dafür, warum Barings über 500 Millionen Dollar an angebliche Kunden lieh, um an der SIMEX handeln zu können, dabei allerdings nur zehn Prozent zurückerhielt. Es schien keine Vorstellung davon gehabt zu haben, wer diese Kunden waren, obwohl Barings Verluste enorm gewesen wären, wenn einer dieser Kunden Pleite gegangen wäre.

Das Credit Committee unter George MacLean nahm den Standpunkt ein, jede Margin-Finanzierung für Kunden sei in Ordnung, solange Barings sein Geld zurückbekommen werde; auch wurde kein Limit für die Kunden gesetzt. Außerdem hatte man die Kunden, die derart viel Geld bekommen hatten, keiner Kreditwürdigkeitsprüfung unterzogen.

Das Credit Committee hielt sich zu keinem Zeitpunkt an die Grundsätze des Top-up-Balance, obwohl MacLean & Co. sehen konnten, dass die Darlehen ein immer größeres Volumen erhalten hatten. Alles in allem war die Kontrolle des Credit Risk bei Barings nur auf dem Papier vorhanden.

Marktrisiko

Das Marktrisiko wurde nur unzureichend erfasst. Denn *erstens* hatte Leeson in Singapur die Kontrolle über das Back-Office. *Zweitens* gab es in London keine unabhängige Einheit, die den Alco-Report über das Marktrisiko kontrollierte. Leesons Futures-Positionen zeigten auch kein Marktrisiko an, weil es so aussah, als seien sie über gegenläufige Positionen an anderen Börsen abgesichert.

Mangel an Überwachung

Theoretisch hatte Leeson eine Vielzahl von Vorgesetzten, die ihn kontrollieren mussten. In Wirklichkeit hatte aber niemand Einfluss auf ihn. Barings war in einem Matrix-Management-System strukturiert, bei dem

Manager, die außerhalb Londons eingesetzt waren, nur ihrem lokalen Administrator und Product Head unterstanden. Leesons Vorgesetzte in Singapur waren James Bax, Regional Manager für Südostasien und Direktor des BFS, sowie Simon Jones, Regional Operation Manager für Südostasien, Direktor des BFS und Chief Operating Officer von Baring Securities Singapur. Jones und Bax waren zwar formal angewiesen, von Leeson Reports anzufordern. Jedoch fühlte sich keiner von beiden zuständig für ihn. Bax dachte, Leeson würde Baker und Walz über seine Trades unterrichten und das Settlement/Treasury in London über das Back-Office informieren. Jones war der Meinung, seine Aufgabe beschränke sich auf administrative Dinge, und beschäftigte sich daher in erster Linie mit der Anlageseite von Barings in Südostasien.

Zudem waren Leesons Reporting-Pflichten für Produkt-Profitablität nicht klar, nachdem seine Vorgesetzten sich über ihre Zuständigkeit für ihn seit dem 1. Januar 1994 uneins waren. Die oberste Instanz, sein ultimativer Vorgesetzter, war Ron Baker, Head of Financial Products Group. Aber wer hatte die tägliche Kontrolle über ihn? Mary Walz, Global Head of Equity Financial Products, gab an, sie dachte, es sei Fernando Gueler gewesen, Head of Equity Derivatives Proprietary Trading in Tokio. Dagegen stellte Gueler fest, dass Baker ihm im Oktober 1994 gesagt habe, dass Leeson direkt London unterstehe. Daher habe er angenommen, dass Walz für Leeson zuständig sei. Telefonmitschnitte belegen jedoch, dass Leeson sowohl Gueler als auch Walz Report erstattete. Damit hat Leeson wohl sowohl Walz als auch Gueler unterstanden.

Zwei wichtige Ereignisse belegen deutlich, wie fahrlässig Barings Leeson kontrollierte. Den ersten Vorfall belegen zwei Briefe von der SIMEX. Im ersten Brief vom 11. Januar 1995 kritisierte Yu Chuan Soo, Senior Vice President für Audit und Compliance an der SIMEX, das Fehlen einer Margin in Höhe von 116 Millionen Dollar im Konto 88888. Damit habe Barings gegen die SIMEX Rule 822 verstoßen, so Yu Chuan Soo. Die SIMEX stellte zudem fest, dass die Initial Margin noch mit 342 Millionen Dollar offen war. BFS wurde aufgeforderte, eine schriftliche Stellungnahme zum Vorfall abzugeben. BFS war jedoch in Abwesenheit Leesons dazu nicht in der Lage.

Es kam keine Reaktion aus Singapur. Niemand untersuchte, wer der Kunde war und warum er sich in Schwierigkeiten befand, die Margin zu erfüllen, oder warum er überhaupt so eine große Position eingegangen war. Auch das Kreditrisiko, dass auf Barings wegen des enormen Volumens seiner Position zukam, interessierte niemanden. Letztlich wurde auch keine Kopie des Briefes nach London geschickt. Simon Jones forderte von Leeson keine Erklärung, er gestattete es Leeson sogar, der SIMEX zurückzuschreiben.

Der zweite Vorfall kam London zu Ohren, wurde aber wieder unzureichend bearbeitet, weil Barings offensichtlich selbst im Unklaren war, was eigentlich passiert war. Anfang Februar 1995 erklärte Coopers & Lybrand, 83 Millionen Dollar von der amerikanischen Investmentgruppe Spear, Leeds & Kellogg nicht wie erwartet erhalten zu haben. Niemand in London konnte sich erklären, wo sich das Geld befand. Eine Version war, Leeson hätte einen Trade oder ein Kundenauftrag als OTC-Geschäft zwischen Spear, Leeds & Kellogg und der BNP Tokio abgewickelt. Die zweite Version war, dass im Zahlungsverkehr ein operationaler Fehler aufgetreten und das Geld irrtümlicherweise an einen Dritten überwiesen worden sei.

Wir schaffen das

Die Nikkei-225 und JGB-Future-Kontrakte, die Leeson eingesetzt hat, gehören zu den einfachsten derivativen Instrumenten. Sie waren auch die transparentesten. Denn Leeson bekam und zahlte täglich Margins mit Geld, das er aus London erhalten hatte. Im Januar und im Februar 1995 hatte er allein 835 Millionen Dollar bekommen. Er konnte seine Positionen auch nicht verstecken, denn die OSE veröffentlichte wöchentlich die Transaktionen. Jeder seiner Trading-Partner konnte also seine Positionen sehen, jedoch nahm jeder an, dass die Positionen abgesichert waren, denn für ungehedgede Positionen war das Kapital von Barings einfach zu gering.

Auch das Senior Management in London ging von gehedgden Positionen aus. Im Gegensatz zu Außenstehenden hätte man in London allerdings diese Annahme leicht überprüfen können. Nichts dergleichen tat man jedoch. Von Ende 1994 bis Anfang 1995 ignorierte man konsequent die Warnsignale.

Vor allem aber versagten die internen Kontrollsysteme. Der Zusammenbruch der ältesten englischen Handelsbank ist mithin ein extremes Beispiel für die fehlende Kontrolle des operativen Risikos.

3. Metallgesellschaft

Im Dezember 1993 erklärte die Metallgesellschaft AG, dass ihre „Energy Group" einen Verlust von fast 1,5 Milliarden Dollar verursacht hatte. Hintergrund waren Cashflow-Probleme, die aus langlaufenden Ölkontrakten resultierten.[11]

a) Background

Die Metallgesellschaft AG (MG) war ein deutsches Konglomerat, das größtenteils der Deutschen Bank AG, der Dresdner Bank AG, der Daimler Benz AG, der Allianz AG und der Kuwait Investment Authority gehörte. MG war ursprünglich eine Gesellschaft, die ausschließlich im Metallgeschäft tätig war, sich aber über die Jahre zu einem Anbieter von Risk Management Services entwickelt hatte. Sie hatte zahlreiche Untereinheiten in ihrer „Energy Group", unter anderem die MG Refining and Marketing Inc. (MGRM), die sich mit der Raffinerie und der Vermarktung von Ölprodukten in den Vereinigten Staaten befasste. Im Dezember 1993 wurde bekannt, dass die Energy Group für einen Verlust von fast 1,5 Milliarden Dollar in Derivategeschäften verantwortlich ist. MGRM hatte 1991 sukzessiv damit begonnen, mit Derivaten zu handeln, nachdem Arthur Benson von Louis Dreyfus Energy Inc. zu MGRM gewechselt war. Die massiven Cashflow-Probleme zwei Jahre später gingen allerdings auf Bensons Strategie zurück.

b) Die Deals

MGRM verkaufte im Jahr 1992 Öl-Forwards mit einer Laufzeit von zehn Jahren und einem fixen Preis. Diese Kontrakte waren anfangs sehr profitabel, da der Forward-Preis über dem aktuellen Ölpreis lag. In einigen Fällen ergab sich eine Profit-Marge von fünf Dollar pro Barrel. Im September 1993 übernahm sich MGRM jedoch. Benson & Co. verkauften Forwards, die die Lieferung von 160 Millionen Barrel garantierten. Dieses Engagement übertraf die Förderkapazitäten von MGRM aber deutlich, denn es hatte das Volumen der Ölförderung Kuwaits von 85 Tagen. Das Besondere an diesen Geschäften war, dass sie in einer Vielzahl von Fällen eine Optionsklausel enthielten, die es den Käufern erlaubte, die Kontrakte früher zu verkaufen, wenn die Futures-Kontrakte an der New York Mercantile Exchange (NYMEX) höher lagen als der Preis, zu dem MGRM das Ölprodukt verkaufen wollte. Im Fall der Ausübung dieser Option musste MGRM die Hälfte der Differenz zwischen dem Futures-Preis und dem fixen Preis zahlen, und das ganze Volumen blieb aufgrund des Kontraktes weiter zu liefern.

Diese Option machte es für die Käufer im Falle eine Rückgangs des Ölpreises attraktiv, oder wenn sie sich in Zahlungsproblemen befanden oder kein Öl mehr benötigten. Die Sell-Back-Option war nicht immer eine Option, weil MGRM einige Male die Kontrakte dahingehend ergänzt hatte, die Kontrakte schließen zu können, sollte der Vier-Monats-Preis über einen spezifischen Exit-Preis steigen.

c) Strategie von MGRM

MGRM stellte seinen Kunden eine Methode zur Verfügung, mit der sie ihr Marktrisiko verlagern oder beseitigen konnten. Denn der Petroleummarkt ist ein Markt mit großen Preisschwankungen. MGRM war davon überzeugt, dass seine finanziellen Mittel ausreichen würden, in großem Stil zu handeln und die Preisunterschiede zu managen.

MGRM betonte in seiner Werbung die Effizienz des eigenen Risikomanagements als Schlüssel für zukünftigen Erfolg und weitere Akquisitionen. MGRMs Hedge-Strategie, das Preisrisiko in den Griff zu bekommen, bestand darin, Futures-Kontrakte an der NYMEX mit einer

Laufzeit von vier Monaten einzugehen. Um sich gegen einen möglichen Anstieg des Ölpreises abzusichern, hätte MGRM idealerweise einen langlaufenden Forward eingehen sollen, um die Fälligkeit der Kontrakte und die Engagements zu matchen. MGRM ging stattdessen in kurzlaufende Kontrakte und implementierte einen Rolling Hedge, d. h. das langlaufende Risiko wurde durch eine Serie von Kontrakten mit einer Laufzeit von drei Monaten gehedged, die dann in die nächste Periode gerollt werden konnten.

Die Futures-Kontrakte, die MGRM für den Hedge einsetzte, waren auf unverbleites Benzin und auf Heizöl geschrieben. Daneben hielt MGRM einen Teil West-Texas-Intermediate-Sweet-Crude-Kontrakte. MGRM war long in den Futures und ging zusätzlich OTC Energy Swaps ein, um Dollar zu bekommen und die fixen Energiepreise zu bezahlen. Ausgehend von den NYMEX-Positionen hielt MGRM Futures im Wert von 55 Milliarden Barrel Benzin und Heizöl. Die Swap-Positionen hätten mindestens 110 Millionen Barrel groß sein müssen, um die Forward-Kontrakte völlig abzusichern. Die Swap-Positionen führten zu einem Kreditrisiko für MGRM.

d) Was lief schief?

MGRM hat das im enormen Volumen seines Engagements enthaltene Risiko völlig falsch eingeschätzt. Die Gesellschaft hielt in einem so großen Umfang Open-Interest-Positionen an der NYMEX, dass allein schon deren Liquidierung schwierig war. Ohne ausreichende Barmittel für die Margins war die Strategie von Anfang an zum Scheitern verurteilt. Der MGRM-Forward-Liefer-Kontrakt blieb anfällig gegen Preisanstiege. Daher ging MGRM den oben dargestellten Hedge ein. Allerdings brach der Rückgang des Ölpreises MGRM das Genick.

Ein anderes Problem war das Timing des Cashflow. Er hätte über die gesamte Laufzeit der Kontrakte ausgeglichen sein müssen. Das Problem war, dass MG kein Cash mehr zur Verfügung stellen wollte. Daher stellt sich die Frage, ob das Management von MGRM überhaupt wusste, was es tat.

e) Analyse der Methoden von MGRM

Die Verluste von MGRM im Futures- und im Swap-Geschäft haben die Frage aufgeworfen, ob die Gesellschaft überhaupt eine Hedging-Strategie betrieben hat oder ob sie bloß spekulierte.

Als sich die Nachricht von den enormen Verlusten verbreitete, ging das Gerücht um, dass MGRM auf einen steigenden Ölpreis gesetzt habe. Wenn sie das Geschäft wirklich so abgesichert hätte, wie es ursprünglich in der Presse berichtet worden war, wäre sie gegen einen etwaigen Anstieg immun gewesen. MGRM war aber nicht immun gegen die Richtung der Ölpreisbewegungen, weil es in einem indirekten Hedge ihrer Forward-Positionen engagiert war.

Die enormen Verluste resultierten nicht von seinen nackten Futures, mit denen MGRM auf einen Anstieg des Ölpreises spekulierte. Die Position war komplexer: MGRMs Futures- und Swap-Positionen waren Hedges auf die mittelfristigen Ölprodukte, auf die es einen Forward eingegangen war. Die Hedge-Szenarien sahen wie folgt aus: Fällt der Ölpreis, so verliert der Hedge Geld, die fixen Positionen gewinnen aber an Wert. Steigt der Ölpreis, gewinnt der Hedge gegenüber den fixen Positionen. Wenn das also solch ein Hedge war, stellt sich die Frage: Warum hat MG so viel Geld verloren?

MGRM Hedge transferierte das Marktrisiko. Bei fallenden Ölpreisen gab zwar auch der Preis der Hedge-Position nach, der Wert der Forwards nahm jedoch zu. MGRM ging jedoch durch diese Positionen ein Liquiditätsrisiko ein. In diesem Zusammenhang war es durchaus eine Spekulation, denn es ging eine mittelfristige fixe Forward-Position im Volumen von 160 Millionen Barrel Öl ein. Die Größe bedeutete ein enormes Risiko. Wenn die Preise also fielen, verlor MGRM Geld in seinen Hedge-Positionen, erhielt aber Margin-Calls von seinen Futures-Positionen. Obwohl die Gewinne in den Forward-Kontrakten die Verluste in den Hedge-Positionen ausglichen, tauchte ein negativer Cashflow kurzfristig auf, weil kein Geld für den Gewinn im Futures-Kontrakt ankam, solange das Öl nicht verkauft wurde. Obwohl eigentlich kein wirtschaftlicher Verlust wegen des Hedge-Geschäfts auftauchen sollte, war die enorme Größe ein Problem, die zu Verlusten führen musste.

f) Backwardation und Contango

Ein weiteres Problem war, dass der Ölpreis anstieg. Im Öl-Futures-Markt ist der Kassapreis normalerweise höher als der Futures-Preis. In diesem Fall befindet sich der Markt im Zustand der Backwardation. Wenn dagegen der Futures-Preis höher als der Kassapreis ist, wird der Markt Contango[F4] genannt.

Seit MGRM in den Futures long war, entstanden im Contango-Markt Roll-over-Verluste, von denen sich MGRM nicht mehr erholte. MGRM ging daher geschichtete Futures-Positionen in den Front-Monat-Kontrakten ein und rollte diese Position vor Ende der Laufzeit jedes Kontraktes. Solange der Markt sich im Contango-Zustand befand, rollte MGRM seine Verluste vom einen in den anderen Kontrakt.

Es wäre allerdings verfehlt zu sagen, dass Bensons Wette auf einen Markt, der bald wieder in den Zustand der Backwardation eintreten sollte, die Cashflow-Probleme hervorgerufen hat. Der Contango-Markt kam zu den Schwierigkeiten hinzu. Das eigentliche Problem war aber, dass MGRM den Cashflow nicht sicherstellen konnte, der bei ihm durch den Fall des Ölpreises im Zusammenspiel mit dem hohen Volumen der Futures-Kontrakte entstanden war. Das Roll-over-Risiko, dass der Ölmarkt möglicherweise in Contango übergehen sollte, hätte in dem Preis der Call-Option von MGRM fixen Kontrakten enthalten sein sollen. In der Presse wurde darüber berichtet, dass der Contango-Markt der entscheidende Faktor für den Untergang von MGRM war. Im Ergebnis war es ein wesentliches, aber nicht das alles entscheidende Element.

Wenn der Markt in seinem normalen Backwardation-Zustand geblieben wäre, wie Benson es angenommen hatte, hätte MGRM Gewinne von seinen Roll-over-Hedge-Positionen generiert. Im speziellen Fall des Rohöls kann die Backwardation als Urteil des Marktes darüber angesehen werden, dass die Preissetzung der OPEC nicht von Dauer sein konnte und auf lange Sicht der Ölpreis wieder stark nachgeben sollte. Als sich die OPEC-Manager Ende 1993 nicht über eine Festsetzung der Fördermenge einigen konnten, gab der Kassapreis erwartungsgemäß stark nach. MGRMs Roll-over-Gewinne verwandelten sich in Roll-over-Verluste.

g) Amerikanische und deutsche Rechnungslegung

Deutsche Rechnungslegungsvorschriften belasteten MGRM zusätzlich. Lower-Cost-of-Market (LCM)-Bilanzierung wurde in Deutschland vorgeschrieben. In den Vereinigten Staaten erfüllte MGRM die Voraussetzung eines Hedges und konnte wie ein Hedge Funds bilanzieren. Daher zeigte MGRM in seiner amerikanischen Bilanz auch Gewinne. Seine Verluste im Hedge-Geschäft wurden zurückgestellt, weil sie mit den Gewinnen in seinem Forward-fixed-rate-Positionen verrechnet wurden. Bei der Anwendung von LCM jedoch war MG verpflichtet, die aktuellen Verluste einzubuchen, ohne die Gewinne im Fixend Rate Forward zu berechnen, bevor sie nicht realisiert worden waren. Da die deutsche Rechnungslegung nicht die Saldierung dieser Positionen erlaubte, war die Bilanz ein Desaster. Vor diesem Hintergrund wurde die Kreditwürdigkeit von MG überprüft, und man begann über ein baldiges Einstellen des Geschäftsbetriebs zu spekulieren. Dies wieder hatte einen negativen Einfluss auf MGRM. Die Swap-Counterparties verlangten zusätzliches Kapital, um ihre Positionen halten zu können, und die NY-MEX verlangte von MGRM Super-Margins, die dem Doppelten ihrer Anforderungen für Bonds entsprachen. MGRM konnte seine Positionen nicht ohne große Verluste glattstellen.

h) Wer war Arthur Benson?

Arthur Benson kam 1991 zu MG und brachte die Empfehlung mit, große Gewinne durch seine Backwardation-Strategie im Kerosin-Markt erzielt zu haben. Er fand aber ein Marktumfeld vor, das gegen ihn lief. Der Golfkrieg hatte ihm einen Gewinn von 500 Millionen Dollar beschert. Seine Dienste standen daher hoch im Kurs. Bensons Karriere kann aber kaum als traumhaft beschrieben werden. Selbst sein Track-Rekord bei MG war bestenfalls durchwachsen. Seine Trading-Partner haben ihn häufig als „Cowboy without cattle" bezeichnet. Es war von Anfang an offensichtlich, dass er am Markt wieder einen fixen Abschluss für MG erzielen sollte. Aufgrund fehlender Dokumentation bleibt es jedoch unklar, ob Benson von MG den Auftrag hatte, eine derart große Hedge-Position einzugehen. Der Supervisory Board lehnt jedenfalls jede Verantwortung dafür ab.

Benson erklärte später, dass er auch über eine Put-Strategie nachgedacht habe, um einigen Druck von der Hedge-Position zu nehmen. Die Put-Strategie wäre profitabler gewesen, wenn die Futures-Preise weiter gefallen wären. Warum hat er damit aber bis Dezember 1993 gewartet? Er hätte diese Strategie leicht einige Monate früher umsetzen können.

i) Wer ist schuld?

Obwohl die deutsche Rechnungslegung und der Contango-Markt beide MGRM-Probleme verschärft haben, war der entscheidende Faktor die enorme Größe der Positionen. Das durchschnittliche Trading-Volumen im Markt für Heizöl und unverbleites Benzin bewegte sich durchschnittlich zwischen 15.000 und 30.000 Kontrakten pro Tag. Dadurch, dass MGRM in den Reports mit einer 55.000-Kontrakt-Position auftauchte, wussten die Marktteilnehmer an der NYMEX, wer long war. Der Markt konnte einfach nicht eine derart große Position umgehen. Es entstand zudem ein enormes Finanzierungsrisiko für MGRM. Arthur Benson wurde für diesen Umstand zu Recht verantwortlich gemacht. Er glaubte fälschlicherweise fest an die Backwardation des Ölmarktes, und er glaubte auch daran, einen Weg gefunden zu haben, aus diesem Umstand Profit zu schlagen. Allerdings müssen das Management Board und das Supervisory Board auch zur Verantwortung gezogen werden. Wenn sie wirklich die Fakten ignoriert haben oder nicht wussten, was Benson eigentlich tat, haben sie ihren Job nicht gemacht. Wenn sie sich über Bensons Strategie im Klaren waren, gingen sie ein hohes, ein zu hohes Risiko ein.

j) Späte Erkenntnis

MG hätte von der Umsetzung der Empfehlungen der Group of Thirty Derivatives Study profitiert. Die Empfehlungen dieser Studie sind entscheidend, ihre Nichtumsetzung kostete MG 1,5 Milliarden Dollar.

Wenngleich das Ausmaß der finanziellen Krise bei MG eine Ausnahme darstellt, so treten doch immer mehr qualitativ vergleichbare Fälle auf. Machen die enormen Gewinne der Unternehmen im Derivategeschäft ihr Management blind für die vorhandenen Risiken? Wöchentlich hört man von einer neuen Gesellschaft, die sich im Derivatemarkt ohne Hedge-Position engagiert hat. Da die Derivatemärkte weiter wachsen werden, wird auch die Zahl der Unternehmen, die sich die Finger verbrennen, weiter zunehmen.

Das Desaster der MG kann daher die Financial Community nur daran erinnern, sorgfältig ihre Strategien zu überprüfen. Es sollte nicht zum Anlass genommen werden, grundsätzlich dem Derivategeschäft fernzubleiben. Der Swap- und Futures-Markt ermöglichte es MGRM, sein Marktrisiko erfolgreich zu verlagern. MGRM hatte sich aber in Bezug auf die Größe des Engagements und der daraus entstehenden Finanzierungsprobleme schwer geirrt.

II. Definition, Geschichte und Anlagestrategien von Hedge Funds

1. Definition

Die Bezeichnung Hedge Funds steht für eine heterogene Gruppe von Investmentgesellschaften. Da es keine Legaldefinition gibt, haben sich empirische, Hedge Fund-typische Merkmalskategorien herausgebildet.

Danach ist ein Hedge Fund ein flexibles Investment für wohlhabende Anleger und institutionelle Investoren. Die Mindesteinlage beträgt bei sehr hohen Gebühren in der Regel eine Million Dollar. Die Funds-Manager erhalten typischerweise ca. 20 Prozent vom Gewinn, sind aber auch mit hohen Summen im Fund selbst investiert.

Als „Hedge" wird im Englischen eine Absicherung einer Investition vor Risiken, wie gegenläufigen, negativen Entwicklungen, verstanden. Eine solche Entwicklung kann ein Börseneinbruch, eine negative Wechselkursveränderung oder eine ungewollte Zinsänderung sein. Mit Hilfe von derivativen Instrumenten wie Optionen und Futures kann eine Finanztransaktion abgesichert werden.

**Definition des Universums Alternativer Investments
was sind Alternative Investments**

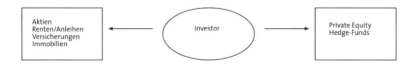

Hedge Funds haben damit wenig zu tun. Sie stellen keine Absicherung dar, sondern zielen auf eine absolute Rendite ab. Sie streben eine jederzeitige positive Rendite unabhängig vom jeweiligen Marktumfeld an.

Dieses Ziel verfolgen sie durch den Einsatz unterschiedlicher Anlagestrategien unter Verwendung verschiedenster Anlageinstrumente, die auch leer verkauft werden können. Bei einigen Strategien kommt auch Fremdkapital zum Einsatz, was zu höheren Gewinn- und Verlustmöglichkeiten führen kann (Hebelwirkung, Leverage)

In der Regel profitieren Hedge Fund-Manager aufgrund ihrer gewinnabhängigen Entlohnungsstruktur mehr von einer guten Wertentwicklung als vom Wachstum des Vermögens.

Darüber hinaus ist der Manager meist mit eigenem Kapital zu identischen Konditionen wie die Anleger im Fonds investiert – ebenfalls zielkongruent mit dem Anleger.

Obwohl erst seit wenigen Jahren in Deutschland in Erscheinung getreten, reicht die Geschichte der ersten Fonds bis ins Jahr 1949 zurück. Alfred Winslow Jones, geboren 1901, fügte den traditionellen Portfolios seiner Anlagefirma zwei zusätzliche Elemente hinzu: *Fremdkapital* und *Leerverkäufe*. Jones wählte zusätzlich eine private Anlagegemeinschaft als Rechtsform, um sich einen größtmöglichen Handlungsspielraum zu sichern.

Sein Grundgedanke war, dass durch die Kombination von Plus- und Minus-Positionen (long/short) im Aktienportfolio die Rendite erhöht und gleichzeitig das Gesamtrisiko wegen des geringeren Netto-Marktrisikos reduziert werden kann. Der Leverage, der Hebel des zusätzlichen Fremdkapitals, sollte diese positiven Effekte zusätzlich verstärken.

Jones' Erfolg und die damit verbundene Werbewirkung bescherten den Hedge Funds während der 60er-Jahre eine Periode großen Wachstums. Ihr verwaltetes Vermögen stieg auf zwei Milliarden US-Dollar. Diese Entwicklung fand jedoch ein abruptes Ende mit den Markteinbrüchen von 1969, 1971 und 1973/1974. Ab den 80er-Jahren konnten Hedge Funds jedoch wieder ein stetes, in der zweiten Hälfte der 90er-Jahre sogar ein explosionsartiges Wachstum verzeichnen.

Von ihrer Größe her lassen sich im Wesentlichen drei Gruppen von Hedge Funds klassifizieren: Erstens Small Boutiques mit einem Volumen zwischen fünf Millionen und 50 Millionen Dollar. Zweitens mittelgroße In-House Hedge Funds, d. h. von Asset-Managern gegründete Hedge Funds, und drittens Larger independent hedge fund groups.

2. Anlagestrategien

Hedge Funds lassen sich in die Kategorie der alternativen Investmentformen einordnen werden. Die alternativen Investmentformen können in drei große Gruppen von Anlagestrategien unterteilt werden:

Public-Market-Strategien

Hierbei handelt es sich um Strategien, bei denen börsennotierte Wertpapiere zum Einsatz kommen, die täglich an verschiedenen Märkten der Welt gehandelt werden. Da der Marktwert solcher Papiere jederzeit bestimmt werden kann, haben diese Strategien einen quantifizierbaren Preis.

Private-Market-Strategien

Bei diesen Strategien werden Wertpapiere eingesetzt, für die es keine amtlichen Märkte gibt. Ihr Preis kann daher nicht laufend ermittelt werden; er ist erst bekannt, wenn der jeweilige Vermögenswert tatsächlich verkauft wird. Preisschätzungen anhand des Buchwertes oder von Ersatzindikatoren für den Zeitwert – z. B. dem Preis vergleichbarer Anlagen – sind allerdings möglich.

Immobilien/Natürliche Ressourcen

Im Gegensatz zu den beiden vorherigen Strategien basiert das Anlagemanagement in diesem Bereich auf dem Kauf und Verkauf von materiellen Vermögenswerten wie Grundstücken, Gebäuden und natürlichen Ressourcen und nicht auf reinen Finanzanlagen wie beispielsweise Aktien oder Anleihen.

Das Spektrum der alternativen Anlageformen

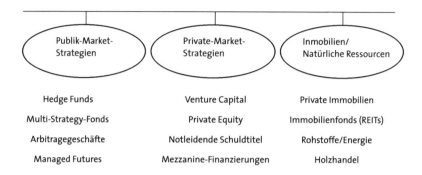

Publik-Market-Strategien	Private-Market-Strategien	Inmobilien/Natürliche Ressourcen
Hedge Funds	Venture Capital	Private Immobilien
Multi-Strategy-Fonds	Private Equity	Immobilienfonds (REITs)
Arbitragegeschäfte	Notleidende Schuldtitel	Rohstoffe/Energie
Managed Futures	Mezzanine-Finanzierungen	Holzhandel

Konsequenzen

Eine Reihe weiterer wichtiger Ergebnisse kann folgendermaßen zusammengefasst werden:

In den USA haben alle Anlegerkategorien Engagements in alternativen Investmentformen. Ihr Umfang schwankt zwischen 5% für Unternehmens- und Publikumspensionsfonds und über 20% für Stiftungen.

Aus der Analyse des Anlegerverhaltens in den USA geht hervor, dass durchschnittlich 80% dieser Investitionen auf Private-Market-Strategien und 20% auf Public-Market-Strategien entfallen.

Bei den europäischen Pensionsfonds dürfte sich diese Art der Asset-Allokation in den kommenden drei Jahren von derzeit unter 1% auf 10% erhöhen.

Die Hauptgründe für den Einsatz alternativer Investmentprodukte sind die geringe Korrelation mit den Aktien- und Rentenmärkten sowie die Möglichkeit, höhere risikoberichtigte Renditen zu erzielen. Eine Korrelation zeigt, wie stark die Entwicklung der Hedge Funds-Strategien im Einklang mit der von traditionellen Anlagen ist. Hedge Funds sollen auch in solchen Marktumfeldern positiv abschneiden, in denen das traditionelle Portfolio leidet.

Das Hauptkriterium für die Wahl eines externen Vermögensverwalters ist die Qualität des Anlageprozesses, der beispielhaft im Verlauf des Buches erklärt wird.

a) Public-Market-Strategien

Public-Market-Strategien gelten gemeinhin als eine neuere Erscheinung.

Die begabtesten Vermögensverwalter verlassen die großen Finanzunternehmen, nachdem sie dort ihr Talent als Fonds-Manager traditioneller Publikumsfondsprodukte oder Spitzen-Trader unter Beweis gestellt haben, um eigene Anlagen oder das Vermögen ausgewählter Investoren zu verwalten. Sie schaffen flexible eigene Unternehmensstrukturen, die sich auf spezielle Marktsektoren konzentrieren, legen Fonds auf oder gründen Kommanditgesellschaften. Oberstes Gebot ist die Erzielung einer maximalen risikoadjustierten Rendite. Durch die Begrenzung des Anlagevolumens können sie schnell auf neue Ereignisse in der Finanzwelt reagieren und ihre Transaktionen ohne nennenswerte Rückwirkungen auf den Marktpreis tätigen.

Die zunehmende Technologisierung hat die internationalen Märkte leichter zugänglich gemacht. Dadurch kam es zu einem beispiellosen Wachstum der weltweiten Kapitalmärkte, deren Bild sich radikal gewandelt hat. Hedge Funds implementierten diese Internationalisierung der Märkte, indem sie ihren Anlageschwerpunkt von den USA auf Europa, Japan und die Emerging Markets in Asien und anderen Regionen verlagern. Sie spiegeln daher heute die weltweiten Vermögensbewegungen genauer wider. Die Probleme von LTCM und anderen High-Profile Hedge Funds, die 1998 ein beliebtes Thema in der Presse waren, haben dem Wachstum der Hedge Funds keinen Abbruch getan.

Auch die Anlegerbasis hat sich in den vergangenen Jahren erheblich verändert. Jüngste Studien belegen, dass auf sehr vermögende Privatpersonen mittlerweile rund 40% der Anlagen, auf Banken rund 10% und auf Pensionsfonds sowie Versicherungsgesellschaften jeweils 5% entfallen; die beiden anderen wichtigen Investorengruppen sind Stiftungen und

Familien-Trusts. Ein großer Teil dieser Anleger tätigt seine Investitionen über Dachfonds, um so die Ressourcen für Research und Anlagemanagement einzusparen, die anderweitig zur Erzielung der gewünschten Diversifikation erforderlich wären. Die Zahlen machen deutlich, dass das Kapital der Hedge Funds von hochprofessionellen Investoren zur Verfügung gestellt wird, die zur stärkeren Diversifikation ihrer Portfolios inzwischen auf alternative Investmentformen zurückgreifen, um auf diese Weise die Volatilität gering zu halten und die gesamtrisikoadjustierte Rendite zu steigern.

Für die Anlage in Hedge Funds gelten jedoch besondere Regeln. Zwar gibt es auf den ersten Blick keine wirklichen Zugangsbeschränkungen. Dafür bestehen signifikante Unterschiede gegenüber der traditionellen Anlage in Aktien und Anleihen. Folgende Punkte sind in diesem Zusammenhang zu beachten:

- Liquidität – Die Anlage in Hedge Funds kann in der Regel frühestens binnen Monatsfrist aufgelöst werden; bei vielen Hedge Funds ist die Kündigung nur zum Quartals-, manchmal sogar nur zum Jahresende möglich.

- Preisinformationen – Es gibt keine Datenbank, die beispielsweise mit derjenigen von Standard & Poor's Micropal vergleichbar wäre, sondern nur eine Reihe unabhängiger Datenbank-Anbieter, von denen keiner eine erschöpfende Erfassung gewährleistet. Manche Hedge Funds bleiben zudem privat und sind in keiner öffentlich zugänglichen Datenbank zu finden. Seit kurzem gibt es jedoch verschiedene Indizes, mit denen die Performance von Hedge Funds gemessen werden kann.

- Performance – Der Renditeunterschied zwischen Funds, die im unteren, und solchen, die im oberen Viertel rangieren, kann bis zu 20% pro Jahr betragen. Daher ist es von entscheidender Wichtigkeit, Funds auszuwählen, die dauerhaft eine überdurchschnittliche Rendite bieten können.

- Gebühren – Da eine maximale Rendite oberstes Anlageziel ist, sind die

Gebühren bei allen Hedge Funds leistungsbezogen: Im Allgemeinen werden bis zu 20% des Gewinns in Rechnung gestellt.

- Domizil – Um bei der Wahl der Anlageinstrumente und -strategien möglichst großen Freiraum zu haben, sind Hedge Funds meist in Off-Shore-Finanzzentren domiziliert. Die Anlagemanager selbst unterstehen allerdings normalerweise der Aufsicht regulärer Behörden. Einige Funds sind inzwischen auch in Dublin oder Luxemburg notiert und unterwerfen sich den an den dortigen Börsen geltenden Regeln.

- Reporting – Hedge Funds veröffentlichen ihre Ergebnisse höchstens einmal monatlich. Je komplexer die Anlagestrategien sind, umso so größer sind die Abstände, in denen der Inventarwert bekannt gegeben wird.

- Transparenz – Die meisten Hedge Funds liefern nur begrenzte Informationen über ihre Positionen, da sie der Ansicht sind, dass sich ihr Handelsvorsprung verringert, wenn ihre Positionen bekannt sind.

- Zeichnungsfähigkeit – Die meisten Hedge Funds begrenzen das Volumen ihres verwalteten Vermögens auf ein Niveau, das ihnen einen größtmöglichen Handlungsspielraum zur Umsetzung ihrer Strategien lässt. Der Trend geht derzeit dahin, dass sie nur bekannten, nachweislich verlässlichen – hinsichtlich Halteperioden der Fondsanteile – Investoren Anteile anbieten.

- Mindestanlagebetrag – Wegen ihres Off-Shore-Status ist den Hedge Funds die öffentliche Platzierung ihrer Anteile untersagt. Die Mindesteinlage ist daher noch immer hoch; sie variiert zwischen Dollar US 100.000 und mehr als fünf Millionen US-Dollar.

Diese Faktoren haben dafür gesorgt, dass die Gruppe der Anleger stark begrenzt war. Durch die insbesondere in Deutschland erhältlichen Zertifikate wird dem Privatanleger schon für Summen unter 1.000 Euro ein täglich handelbares und damit hochliquides Anlageinstrument angeboten. Die meisten Zertifikate basieren auf Dachfonds – damit bereits gut diversifiziert, in verschiedenen Strategien – mit bereits vorhandenen Performance-Historien.

Ein anderer Grund für die Zurückhaltung der Investoren ist die Komplexität der von Hedge Funds eingesetzten Strategien, die eine abschreckende Wirkung zu haben scheint. Auch hier soll das vorliegende Buch mehr Klarheit schaffen.

Für den Investor ist es daher von entscheidender Bedeutung, dass er die Komplexität des Hedge Funds-Universum versteht. Es gibt nicht nur einen Stil, sondern eine Vielzahl unterschiedlicher Hedge Funds-Arten. Die Unterschiede sind so groß wie die Unterschiede in der traditionellen Asset-Klasse. Die Stilunterschiede von Hedge Funds sind allein schon im Aktienbereich groß. Bei Aktien haben alle Sektoren und Stilindizes ein Beta (exposure) zum Markt von rund eins. Das Beta der unterschiedlichen Stilrichtungen variiert von minus ein Multiple von 1 (Short-seller mit Leverage) zu einem Multiple plus 1 (long biased fund mit Leverage). Die nachfolgende Abbildung zeigt die Stilrichtungen der Hedge Funds auf. Dabei lassen sich drei Grundrichtungen herausarbeiten: *Relative Value, Event Driven* und *Opportunistic.*

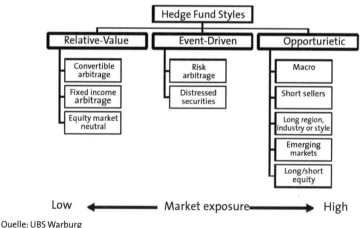

Hedge Funds Style Classifikation

Quelle: UBS Warburg

Hedge Funds-Strategien-Mix – 1990 versus 2000

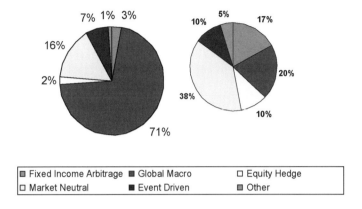

| Fixed Income Arbitrage | Global Macro | Equity Hedge |
| Market Neutral | Event Driven | Other |

Relative Value – Convertible Arbitrage

Dieser Stil versucht Preisanomalien von Wandelanleihen (Convertible Bonds) auszunutzen und in Portfolio-Performance umzusetzen. Wandelanleihen sind festverzinsliche Wertpapiere, die dem Anleger das Recht geben, als Kapitalrückzahlung eine fest definierte Anzahl von Aktien eines Unternehmens zu erhalten. Im Gegenzug akzeptiert der Anleger für dieses Recht einen unter dem allgemeinen Marktzins liegenden Coupon. Das Preisverhalten von Wandelanleihen ist davon abhängig, ab welchem Preis sich der Tausch der Anleihe in Aktien für den Anleger lohnt.

Dieses Preisverhalten von Wandelanleihen führt dazu, dass bei aktuellen Aktienkursen, die in der Nähe des Wandlungspreises liegen, ein asymmetrisches Profil auftritt: Die Wandelanleihe reagiert weniger stark auf Preisrückgänge der Aktie, als sie auf Preisanstiege reagiert. Diese Besonderheit von Wandelanleihen erlaubt es, unabhängig von der Aktienkursentwicklung positive Erträge zu erwirtschaften. Kombiniert der Manager den Kauf einer Wandelanleihe mit dem Leerverkauf einer bestimmten Aktienzahl, erzielt er unabhängig von der Aktienkursentwicklung einen Gewinn. Dies gelingt jedoch nur dann, wenn das Zinsniveau nicht stark schwankt oder die Zinsentwicklung separat abgesichert wurde.

Preisverlauf einer Wandelanleihe in Abhängigkeit von der zugrunde liegenden Aktie

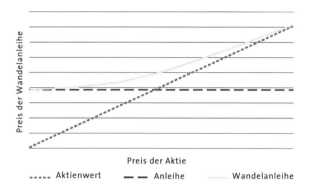

Ein gutes Beispiel liefert Amazon.com. Am Ende des zweiten Quartals 1999 hatte der Internet-Buchverkäufer zusätzlich zu seinem Aktienkapital zwei Tranchen von langlaufenden Anleihen emittiert, eine Anleihe im Wert von 530 Millionen Dollar mit Laufzeitende 2008 und eine Wandelanleihe im Wert von 1,25 Milliarden Dollar mit einer Laufzeit bis Ende 2009. Die Kapitalstruktur von Amazon.com sah am 30. Juni 1999 daher wie folgt:

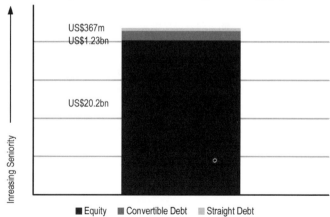

Aktien – Wandelanleihen – Schulden

Quelle: UBS Warburg

Trotz fehlender Gewinne in der Vergangenheit und nicht vorhandener Erträge in der Zukunft waren die Investoren der Auffassung, amazon.com sei ein extrem wertvolles Unternehmen. Die Marktkapitalisierung betrug im Jahr 1999 20,2 Milliarden Dollar. Im Jahr 2002 lag sie indes lediglich noch bei knapp sechs Milliarden.

Die Inhaber festverzinslicher Schuldtitel waren weniger optimistisch ob der Zukunft von Amazon.com, was im Yield Spread dieser Anlagen und im Credit Rating zum Ausdruck kam. Der Yield Spread lag bei 450 bp gegenüber vergleichbaren Staatsanleihen und enthielt somit ein deutliches Risiko. Da die Inhaber der Aktien euphorisch, die Inhaber der festverzinslichen Titel skeptisch in Bezug auf die Aussichten des Unternehmens waren, hätte man annehmen können, dass die Käufer der Wandelanleihen leicht optimistisch hätten sein können. Erstaunlicherweise waren sie jedoch diejenigen Anteilseigner, die am pessimistischsten waren. Der Credit Spread lag bei über 1.500 bp und deutete auf bevorstehende Kursverluste von amazon.com hin. Bei einem normalen Credit Spread von 600 bp wurde die Wandelanleihe zu einem niedrigen Niveau mit impliziter Volatilität gehandelt. Entweder war die Wandelanleihe zu preiswert oder die Aktie zu teuer. Um diese Ineffizienz auszunutzen, verkauften die Hedge Funds die Aktie teuer und kauften die Wandelanleihe preiswert ein. Grundsätzlich gilt: Wenn die Aktie an Wert verliert, fällt auch die Wandelanleihe. Um Profit zu erzielen, geht der Hedge Funds-Manager einen Put auf die Wandelanleihe ein.

Ein weiteres Beispiel für Convertible Arbitrage ist der Kauf des Siemens Exchangeable 2005. Der Käufer erwirbt das Recht, diese Anleihe in Infineon-Aktien umzuwandeln. Während die Infineon-Aktie deutlich an Wert verlor, bewegte sich die Wandelanleihe relativ stabil seitwärts. Der Reiz an Exchangeables bestand zudem darin, dass Siemens das Kreditrisiko trug und es dem ausgegliederten Unternehmen Infineon möglich ist, sich günstiger zu finanzieren.

Infineon gegen Wandelanleihe Siemens/Infineon Exchangeable, 2005

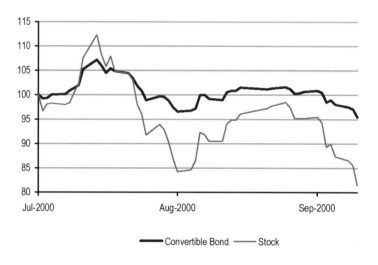

Quelle: Bloomberg

Relative Value – Fixed Income Arbitrage

Das Grundprinzip der Fixed-Income-Arbitrage ist das Ausnutzen von Preisungleichgewichten zwischen verschiedenen Zinsinstrumenten. Fixed Income Arbitrage macht gut fünf Prozent aller Hedge Funds aus und repräsentiert knapp acht Prozent aller Assets under Management.

Fixed-Income-Arbitrageure liefern in der Regel Returns mit geringer Volatilität. Sie reduzieren das direktionale Risiko durch Hedges gegen Zinsänderungen. Leverage ist ein oft eingesetztes Mittel. Die Bewertung festverzinslicher Wertpapiere und insbesondere von Zinsderivaten ist ein analytisch sehr anspruchsvolles Terrain. Dies gilt insbesondere dann, wenn die Emissionsbedingungen einer Anleihe besondere Kündigungs- und Zinsanpassungsklauseln vorsehen. Die Komplexität derartiger Klauseln wird von einigen Anlegern nicht korrekt bewertet und führt ebenfalls zu Arbitragemöglichkeiten. Als besonders komplex gelten die in den Vereinigten Staaten gängigen Anleihen, die auf Hypothekenfinanzierungen basieren, so genannte Mortage Backed Securities.

LTCM hatte in seinen Anfangsjahren großen Erfolg mit Fixed Income Arbitrage. So wurde etwa die US-Anleihe mit einer Laufzeit von 29,5 Jahren und einer Rendite von 7,24 Prozent (A) aufgrund ihrer Illiquidität mit einem leichten Abschlag gegenüber der US-Anleihe mit 30-jähriger Laufzeit und einer Rendite von 7,36 Prozent (B) gehandelt. Daher ging LTCM in B short und in A long. Durch die hohe Kreditfinanzierung der Käufe ließen sich exorbitante Gewinne erzielen. Das Geschäft hatte ein Volumen von zwei Milliarden Dollar. Nach Ablauf von sechs Monaten erzielte LTCM darin einen Profit von 25 Millionen Dollar.

Diese Trades wurden in der Regel noch mit einem Repurchase Agreement (Repo) verknüpft, das zum Standardrepertoire von LTCM gehörte. Beim Repo-Geschäft werden die zeitweise benötigten Wertpapiere nicht wie bei der Wertpapierleihe durch Abschluss eines Darlehensvertrages, sondern durch einen Kassa-Verkauf und einen Terminrückkauf zur Verfügung gestellt. Der Repo-Verkäufer hat die verkaufte Anzahl von Wertpapieren zu übereignen und vereinbart gleichzeitig einen Terminrückkauf von Wertpapieren derselben Art und Stückzahl. Der Terminrückkauf ist erst zu dem späteren Zeitpunkt zu erfüllen.

Event Driven Strategies

Diese Investmentstrategie ist darauf ausgerichtet, Anlagen zu identifizieren und zu analysieren, die von außergewöhnlichen Ereignissen profitieren können. Event-driven-Strategien sind auf Unternehmen konzentriert, denen eine Restrukturierung, ein Merger, eine Liquidation, ein Bankrott oder andere Spezialsituationen bevorstehen. Die Aktien dieser Unternehmen sind stärker durch das bevorstehende Ereignis beeinflusst als durch die Einstufung der Schuldensituation oder den Aktienmarkt.

Risk Arbitrage (Merger Arbitrage)

„Wenn ein Deal durchgeht, was gewinnst du? Wenn ein Deal nicht stattfindet, was verlierst du? Es ist ein High-Risk-Business. Aber ich sage dir, es spornt dich an, über das Leben nachzudenken. Das Leben in den Begriffen von Chancen anstelle von Festgeschrieben zu denken. Du kannst nicht in

dem Geschäft erfolgreich sein, wenn Du nicht diesen Approach einatmen und umsetzen kannst. Das ist eigentlich das, was wir die ganze Zeit tun. "
(Robert Rubin, Partner bei Goldman Sachs)

Spezialisten in Risk Arbitrage (Merger Arbitrage) investieren gleichzeitig in Long- und Short-Positionen beider Unternehmen, die in eine Übernahme oder in eine Fusion involviert sind. Bei einem Aktientausch sind Risk-Arbitrageure typischerweise long in den Aktien des Unternehmens, das übernommen wird, und short in dem Unternehmen, welches das Übernahmeangebot ausgesprochen hat. Im Fall eines Barangebots versucht der Risk Arbitrageur die Differenz zwischen dem Barangebot und dem Preis auszunutzen, zu dem die Aktie des zu übernehmenden Unternehmens gehandelt wird.

Ein gutes Beispiel für einen Risk-Arbitrage-Deal ist die Übernahme von Mannesmann durch Vodafone.[15]

Der Deal wurde am Sonntag, den 14. November 1999, angekündigt. Vodafone bot 53,7 seiner Aktien für jede Mannesmann-Aktie. Am Handelsschluss des folgenden Montags war das eine Prämie von 22,5 Prozent. Am 4. Februar 2000 erhöhte der Vodafone-Vorstand sein Angebot auf 58,9646 Aktien für jedes Mannesmann-Papier. Am 10. Februar wurde das Angebot für obsolet erklärt. Die Übernahmeprämie schmolz daraufhin auf Null zusammen. Hedge Funds erzielten enorme Gewinne, indem sie die Aktie von Vodafone verkauften und die Aktie von Mannesmann kauften.

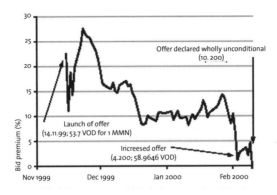

Vodafone/Mannesmann Bid Spread

Offer declared wholly unconditional (10. 200)

Launch of offer (14.11.99; 53.7 VOD for 1 MMN)

Increased offer (4.200; 58.9646 VOD)

Bid premium (%)

Nov 1999   Dec 1999   Jan 2000   Feb 2000

Quelle: Bloomberg

Distressed Securities

Distressed Securities sind Wertpapiere notleidender Unternehmen und keine Anlageklasse im eigentlichen Sinn. Sie entstehen erst, wenn sich die Kreditqualität eines Wertpapiers verschlechtert und im Markt Zweifel aufkommen, ob das Unternehmen seine finanziellen Verpflichtungen erfüllen kann. Im engeren Sinn zählen dazu Anleihen, Kredite oder Kreditorenforderungen von Unternehmen, die kurz vor oder bereits in einem Konkursverfahren oder in einer außergerichtlichen Restrukturierung stehen. In einer erweiterten Definition gehören dazu auch Aktien solcher Unternehmen sowie alle Wertpapiere, deren implizite Verzinsung mehr als 10% über der Verzinsung von Regierungsanleihen liegt. Ob der Investor jemals in den Genuss dieser hohen Verzinsung kommt, ist ungewiss und hängt stark von der Besicherung der Verpflichtungen und den wirtschaftlichen Aussichten des Unternehmens ab.

Die Hauptattraktivität von Distressed Securities als Anlagekategorie liegt in der teilweise krassen Ineffizienz des Marktes. Diese Ineffizienz ist auf das Verhalten eines großen Teils der Anleger zurückzuführen. Unternehmen, die sich in finanziellen Schwierigkeiten befinden, werden von den Analysten der Investmentbanken und traditionellen Vermögensverwaltern wie heiße Kartoffeln fallengelas-

97

sen und nicht weiterverfolgt. Die meisten Anleger verfügen weder über die Möglichkeit noch das Know-how, sich die notwendigen Informationen selber zu beschaffen, und werfen die Papiere ungeachtet des Preises auf den Markt. Ein großer Teil der institutionellen Anleger ist aufgrund von Weisungen und Richtlinien gezwungen, sich von Papieren zu trennen, die ihr Investment Grade Rating verlieren. Herabstufungen durch die Ratingagenturen auf „Junk"-Niveau (BB oder tiefer) führen zu Zwangsverkäufen. Dabei spielt der Preis praktisch keine Rolle. Dieses panikartige Anlegerverhalten wird zurzeit durch die Verunsicherung bezüglich der Buchhaltungspraxis zahlreicher Unternehmungen verstärkt.

Die Preise von Distressed Securities liegen deshalb häufig weit unter dem effektiven Wert. Spezialisierte Investment-Manager, insbesondere Hegde Funds im Distressed-Securities-Bereich, sind bestrebt, diese Markationeffizienzen auszunützen. Kredit-Standards und die Anleger legen ihre Risikoaversion zunehmend ab. Dadurch wird es für einen großen Kreis von Unternehmen zusehends einfacher, sich über die Kapitalmärkte zu finanzieren. Das erhöhte Ausfallrisiko wird bereitwillig in Kauf genommen resp. vernachlässigt. Risikoreiche Expansionspläne oder Akquisitionen werden durch High Yield Bonds, Unternehmensanleihen mit hoher Verzinsung und tiefem Rating (tiefer als BBB-), finanziert. Die Verschuldung der Unternehmen im Verhältnis zur Ertragskraft und zu den eigenen Mitteln steigt und führt zu erhöhter Anfälligkeit auf konjunkturelle Rückschläge. Abnehmende volkswirtschaftliche Wachstumsraten führen in der Regel zu sinkenden Cashflows. Gleichwohl muss freilich die volle Schuldenlast bedient werden. Unternehmen, welche die konjunkturelle Entwicklung nicht antizipiert und sich während des Aufschwungs übernommen haben, können ihren Verpflichtungen nicht mehr nachkommen, und ihre Wertpapiere mutieren zu Distressed Securities.

Das Volumen an neu emittierten High Yield Bonds ist deshalb einer der wichtigsten Indikatoren für die zukünftig zu erwartenden Kreditausfälle. Während des Aufschwungs der späten 80er-Jahre wurden relativ zum Gesamtmarkt große Volumen von High Yield Bonds emittiert, und die Rezession anfangs der 90er-Jahre führte zu außerordentlich hohen Ausfallraten. Ab der zweiten Hälfte der 90er-Jahre wurden erneut große Volumen an High Yield Bonds emittiert, insbesondere von Technologie-, Telecom- und Medienunternehmen, und die Ausfallraten steigen seit Mitte 1998 stark an. Die konjunkturelle Abkühlung und das Platzen der Technologieblase ab dem Frühjahr 2000 führten zu einer explosionsartigen Zunahme des Volumens von Distressed Securities. Gegenwärtig befindet sich das Angebot auf einem absoluten Rekordniveau.

Neuemissionen und Ausfallraten von High Yield Bonds 1980 – 2001 (in Mrd. USD)

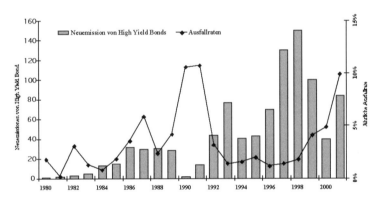

Quelle: CS First Boston, NYU Salomon Center

Distressed-Securities-Volumen 1990 – 2001 (in Mrd. USD)

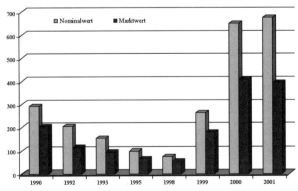

Quelle: CS First Boston, NYU Salomon Center

Sonstige Arbitragen

Zusätzlich zu den oben vorgestellten Arbitrage-Strategien können durch eine Reihe weiterer Strategien Vorteile aus spezifischen Fehlbewertungen einzelner Märkte oder Wertpapiere gezogen werden:

- *Aktienindex-Arbitrage:* Kauf oder Verkauf eines Aktienkorbes, der durch ein gleichzeitiges Engagement in entsprechende Aktienindex-Futures- oder -Optionen glattgestellt wird, um die Differenz zwischen dem Marktpreis und dem impliziten „fairen" Wert der Aktien abzuschöpfen.

- *Split-Strike Conversions:* Kauf/Verkauf einzelner Aktien oder eines Aktienkorbes bei gleichzeitigem Verkauf/Kauf der entsprechenden OTM-Call-Optionen (Kaufoptionen, deren Ausübungspreis über dem Kurs der zugrunde liegenden Aktie liegt) und Kauf/Verkauf der entsprechenden ATM- oder OTM-Put-Optionen (Verkaufsoptionen, deren Ausübungspreis geringer oder identisch mit dem Kurs der Aktie ist).

- *Statistische Arbitrage:* Ausgehend von Modellrechnungen, mit denen ihre kurzfristigen Kursbewegungen vorausgesagt werden sollen, werden Plus- und Minus-Positionen in bestimmten Aktien eingegangen. Die eingesetzten Modelle basieren in der Regel auf Änderungen technischer Faktoren, die zu kurzfristigen Variationen der Preise einzelner Emissionen führen können.

Opportunistische Strategien

„Ich spiele das Spiel nicht nach einer festen Abfolge von Regeln. Ich suche nach Änderungen der Regeln."
(George Soros)

Der Hauptunterschied der opportunistischen Strategien zu den vorherigen liegt in der Volatilität und dem Market exposure. Die hohe Volatilität resultiert in erster Linie aus dem Beta als einer hohen Korrelation mit der zugrunde liegenden Anlageklasse. Aufgrund dieser hohen Volatilität sind risikoadjustierte Renditen niedriger als bei den Relative-Value- und bei den Event-Driven Strategien. Nachfolgend werden Short und Long-Short und Macro dargestellt. Emerging Markets und Long Region sind mehr oder weniger in den vorgenannten enthalten.

Short Sellers

Short Selling hat eine Aktien- und eine Fixed-Income-Komponente. In diesem Fall geht der Manager nur Short-Positionen auf überbewertete Papiere ein, indem er entweder geliehene Wertpapiere verkauft oder Derivate einsetzt. Obwohl bei dieser Strategie nur Leerverkäufe getätigt werden, können bei Short-Strategien kurzfristig auch Long-Positionen eingegangen werden. Der besondere Charme besteht darin, dass der Hedge Funds seinen Kapitaleinsatz relativ klein halten kann und nur die Leihgebühr sowie die Marginlinien finanzieren muss. Nach Tremont machten Short-Seller 0,5 Prozent aller Hedge Funds aus und repräsentierten 0,4 Prozent aller Assets under Management. Der nachfolgende Chart zeigt die Performance der Short-Seller gegenüber dem MSCI.[17]

Short Sellers gegenüber MSCI World Index von 1990 bis April 2000

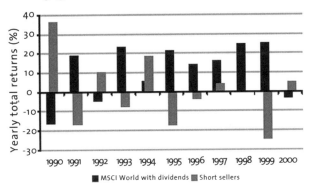

Quelle: Datastream

Vor dem Hintergrund der dramatischen Kursverluste an den globalen Finanzmärkten in den beiden Wochen nach dem 11. September 2001 nahmen vier britische Investmenthäuser am 25. September Abstand vom Short Selling. Legal & General, HSBC und Foreign & Colonial wiesen ihre Mitarbeiter an, grundsätzlich keine Aktie mehr an Dritte zu verleihen, Prudential verlieh keine Aktien mehr von besonders stark getroffenen Unternehmen wie etwa von Fluglinien. Kritiker sehen durch das Short Selling den Grundsatz des fairen Handels bedroht. Der Kleinanleger habe keine Chance mehr, seine Positionen in volatilen Marktphasen rechtzeitig zu schließen. Zudem werde die Preisbildung zunehmend intransparent. Dem halten Befürworter entgegen, dass es zwar wünschenswert sei, wenn sich die Märkte wieder beruhigten. Aber dies könne nur durch Investitionen geschehen. Short Seller würden dem Markt viel Liquidität zuführen. Hedge Funds seien außerdem wieder die ersten Käufer am Markt gewesen, so Michael Browne von Sofaer Global Research.

In Bezug auf Leerverkäufe existieren also zahlreiche Mythen.[17] Hedge Funds wurden und werden regelmäßig für die Einbrüche an den Weltbörsen verantwortlich gemacht. Dass falsche Bewertungen und Bilanzskandale viele Investoren zum Verkauf bewegt haben, wird dabei völlig vergessen. Außerdem ist das von Hedge Funds verwaltete Volumen viel zu klein. Auf Hedge Funds entfallen nur rund 500 Milliarden Dollar. Selbst wenn man eine Hebelwirkung miteinrechnet, ist der Betrag aus Hedge Funds im Gesamtmarkt gering. Der Anteil der Short Seller war nach Beginn der Tech-Bubble im September 1998 deutlich zurückgegangen, hatte einen Tiefstpunkt nach Platzen der Technologie-Blase markiert und erst im Januar 2002 vor dem Hintergrund der Bilanzskandale amerikanischer Unternehmen wieder das Niveau vom September 1998 erreicht.

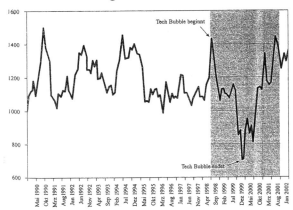

Short Selling Index – 1/1990 bis 4/2002

HFRI Short Selling Index

Nun zu den beiden entscheidenden Vorteilen des Short Selling, nämlich der Schaffung von Marktliquidität und der Effizienz bei der Kursfestlegung.

Durch Leerverkäufe wird eine deutliche Anhebung der Marktliqudität erzielt. Leerverkäufe gleichen temporär Angebots- und Nachfrageschwankungen aus. Gleichzeitig erhöht sich die Handelsnachfrage nach Aktien, die für Käufer zur Verfügung stehen, und verringert dadurch das Risiko, dass der Kurs, der von den Anlegern gezahlt wird, wegen eines zeitweiligen Nachfragerückgangs künstlich hoch ist. Leerverkäufe können auch zu einer effizienteren Kursfestlegung an den Aktienmärkten beitragen: Effiziente Märkte erfordern, dass sich in den Kursen sämtliche Kauf- und Verkaufsinteressen widerspiegeln. Wenn ein Short Seller auf eine Abwärtsbewegung eines Wertpapieres spekuliert, stellt seine Transaktion ein Spiegelbild der kaufenden Position dar, die dieses Wertpapier kauft, in der Annahme, dass der Kurs wieder steigt.

Ein gravierender Fehler ist, die Hedge Funds als homogene Masse gleichgesinnter Anleger zu bezeichnen. In der Praxis existiert eine ganze Reihe unterschiedlicher Hedge Funds-Typen, jeder mit anderen Anlagekriterien und unterschiedlichsten Risiko-/Ertragszielen. Im Allgemeinen kann die Mehrheit der Aktienanleger jedoch in zwei Kategorien unterteilt werden: Arbitrage und Long/Short-Positionen.

Arbitrageure tragen zur Effizienz bei der Kursfestlegung bei, indem sie Leerverkäufe verwenden, um von Kursschwankungen zwischen einer Aktie und einem derivativen Wertpapier oder einer Aktienoption zu profitieren. So kann beispielsweise ein Arbitrageur ein wandelbares Wertpapier kaufen und einen Leerverkauf der zugrunde liegenden Aktie vornehmen, um von der derzeitigen Kursdifferenz zwischen zwei wirtschaftlich ähnlichen Positionen zu profitieren. Der Arbitrage-Hedge Funds wird als kurzfristige Sicherheit in Form eines Hedge gegenüber einer Long-Position in einem eng verbundenen Wertpapier (z.B. einer Wandelanleihe, einem Warrant oder einem Unternehmen, für das geboten wird, sofern ein Anteil aus dem Aktientauschgeschäft vorhanden ist) verwenden.

Wie bei allen Wirtschaftsaktivitäten gibt es immer Einzelpersonen, denen nichts am Fairplay liegt. Leerverkäufer machen hier keine Ausnahme. Das Hauptvergehen ist das Verbreiten von Gerüchten. Solche Short Seller verbreiten Nachrichten mit negativem Inhalt in der Hoffnung, dass der Markt auf diese Nachrichten reagiert und so Druck auf den Kurs ausübt. In der Vergangenheit wurden auch Internet-Chatrooms dazu missbraucht. Eine weiteres Vergehen ist das Verbreiten guter Nachrichten, etwa das Gerücht über eine bevorstehende Fusion, oder das Drücken des Aktienkurses vor einer feindlichen Übernahme durch entsprechende Äußerungen. Die Übernahmefirma verteilt falsche oder übertriebene Informationen. Da es für das Unternehmen schwierig ist, schlechte Nachrichten zu bekämpfen, kann diese Strategie helfen, den Aktienkurs des avisierten Unternehmens auf ein Niveau zu drücken, das es der Übernahmefirma erlaubt, preiswert Anteile anzuhäufen, bevor der Übernahmekandidat seine Stellung im Markt korrigieren kann. Schließlich kann ein Baisse-Manöver praktiziert werden, bei dem Leerverkäufe mit einer Aktie getätigt werden, um den Kurs durch Schaffung eines Ungleichgewichts des Verkaufsdrucks zu senken.

Opportunistic – Long Short Equity

Long/Short Equity ist die am weitesten verbreiteteste Strategie. Nach Tremont repräsentiert dieser Stil gut 30 Prozent aller Hedge Funds und knapp 30 Prozent aller Assets under Management. Long/Short-Strategien halten sowohl Long- als auch Short-Positionen.

Der Einsatz von Fremdkapital erlaubt es, die Wertentwicklung im Verhältnis zum eingesetzten Kapital zu steigern. Dies wird allerdings nur erreicht, wenn die Erträge aus dem getätigten Investment positiv sind und die Kosten der Fremdkapitalisierung übersteigen.

Long/Short-Hedge Funds investieren in ein diversifiziertes Portfolio. Durch den gleichzeitigen Kauf und Verkauf von Wertpapieren ist die Titelselektion enorm wichtig. Häufig werden Pair Trades durchgeführt. Eine unterbewertet erscheinende Aktie wird gekauft, und eine unterbewertet erscheinende Aktie des gleichen Sektors wird leer verkauft. Dadurch entsteht ein neutrales Portfolio, das von der allgemeinen Marktentwicklung unabhängig ist; lediglich die relative Kursentwicklung der beiden gewählten Aktien zueinander ist für die Wertentwicklung von Bedeutung. Entwickeln sich beide Aktien im gleichen Maße nach unten oder oben, liegt die Gesamtperformance bei Null.

Die im Zusammenhang mit den Leerverkäufen anfallende geringe Leihgebühr wurde der Übersichtlichkeit wegen vernachlässigt.

Der Unterschied zwischen Long/Short-Managern zu traditionellen
Long-only-Managern ist der Einsatz von Leverage und Short-Positionen sowie gehedgeden Long-Positionen. Der Fokus dieser Funds kann
regional, sektorspezifisch oder stilspezifisch sein. Entscheidend ist dabei
eine ausgefeilte Analysemethode, um eine sorgfältige Titelauswahl betreiben zu können, so Sy Schlüter, Managing Partner der Copernicus Beteiligungs AG. Der Auswahl der Long- und Short-Positionen, die
Schlüter für den Copernicus Fund und die Beteiligungsgesellschaft vor-
nimmt, gehen sorgfältige Unternehmensanalysen voraus. Diese bean-
spruchen 90 Prozent seiner Zeit. Anhand eines von ihm entwickelten
makroökonomischen Modells wird im ersten Schritt des Investment-
prozesses permanent die relative Attraktivität der Asset-Klasse bestimmt. Daraus ergebe sich, ob er in Aktien long oder eher short gehe.

Die Möglichkeit, short zu gehen, erlaubt den Hedge Funds völlig andere
Gewinnmöglichkeiten als den traditionellen Investmentfonds. Ein Beispiel für eine perfekte Short-Position war Pediatrix Medical Group Inc.,
ein auf Babypflege spezialisiertes Medizintechnikunternehmen.[20]

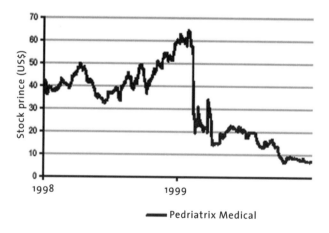

Pediatrix Medical Share Price Performance

Pedriatrix Medical

Quelle: Datastream

Die Aktien des Unternehmens waren an der Wall Street Ende 1998/Anfang 1999 vor dem Hintergrund des angenommenen Umsatz- und Gewinnwachstums sehr gefragt. Einige Hedge Fund-Manager hielten das prognostizierte Wachstum jedoch für zu hoch angesetzt. Es würden einfach nicht so viel Babys geboren wie von Pediatrix Medical Group Inc. prognostiziert. Außerdem bediene sich das Unternehmen aggressiver Bilanzierungspraktiken. Daher gingen diese Hedge Funds-Manager in Pediatrix Medical Group short. Später teilte das Unternehmen mit, dass der Gewinn weit unter den Erwartungen den Analystenschätzungen liegen werde. Hedge Funds machten mit dieser Strategie satte Gewinne.

Weitere Untergruppen der Long/Short Strategien:

Long Biased Long/Short Equity

• Aufbau von Plus- und Minuspositionen in Aktien unter Berücksichtigung von fundamentalen Kriterien oder Bottom-up-Ansätzen bei Research und Auswahl. Auf diese Weise entstehen in der Regel Portfolios mit einer Nettopluspositon, so dass einige – jedoch nicht alle – auf dem Aktienmarkt gegebenen Risiken ausgeschlossen werden können.

Market Neutral Long/Short Equity

• Diese Strategie entspricht der vorherigen, beinhaltet jedoch einen „überlappenden" Ansatz, der alle Marktrisiken neutralisiert, da ein Gleichgewicht zwischen den Plus- und Minuspositionen geschaffen und das Marktrestrisiko durch Aktienindexderivate abgesichert wird.

Short Biased Long/Short Equity

• Diese Strategie entspricht ebenfalls der vorherigen, setzt den Schwerpunkt jedoch auf Aktien, bei denen mit einem Kursrückgang gerechnet wird, z. B. aufgrund von wesentlichen Mängeln im Geschäftsprojekt des Unternehmens, schlechtem Management, Unstimmigkeiten in der Rechnungslegung oder einem veralteten Produktprogramm.

Opportunistic – Macro Global

Dabei handelt es sich um eine Strategie, die „Top-down"- und Markt-Timing-Ansätze beinhaltet und bei der aus den Bewegungen auf den Aktienmärkten, bei den Zinssätzen, den Devisen- oder den Rohstoff-kursen Vorteil gezogen werden soll. Diese Bewegungen werden in der Regel durch die Analyse von Änderungen der Wirtschaftsprognosen, von politischen Ereignissen, Kapitalströmen und Veränderungen von Angebot und Nachfrage vorhergesagt. Diese Strategie beinhaltet norma-lerweise vorsichtige „Wetten" oder Stopp-Loss-Orders für jede einge-gangene Position.

Macro Hedge Funds sind sehr flexibel in Bezug auf ihre Investmentpo-litik und Investmentstrategie. Sie sind die „Big Guys" in der Hedge Funds-Industrie und oft in den Schlagzeilen. Bekannte Global Macro-Funds sind die von George Soros, Julian Robertson und Michael Stein-hardt. Sie werden als die großen Investment-Gurus angesehen.

Hervorragend inszeniert war die erfolgreiche Spekulation von *George Soros* gegen das englische Pfund im Jahr 1992. Im Jahr 1992 verdiente George Soros mit dem Short Selling des Sterling 958 Millionen Dollar. Hintergrund: Politische Umbrüche wie die Wiedervereinigung Deutschlands und der Zusammenbruch der Sowjetunion ließen das System der nahezu festen Wechselkurse auseinander fallen. Aus-schlaggebend war dabei die Rolle der Bundesbank. Auf der einen Seite war sie die Hüterin des Wechselkurssystems, auf der anderen Seite un-terstützte sie den Wiedervereinigungsprozess, indem sie dem Umtausch der Ostmark in Deutschmark zustimmte. Die Wiedervereinigung war ein politisches und kein wirtschaftliches Projekt. Gleichzeitig setzte die Bundesbank die Zinsen in einem Moment hoch, in dem sich das übrige Europa in einer Rezession befand. Insbesondere Großbritannien wollte aber seine Währung schützen. Frankreich stimmte der Wiederver-einigung Deutschlands erst zu, als Kanzler Kohl eine tiefere Ver-ankerung des wiedervereinigten Deutschlands in der Europäischen Union versprach. Das war allerdings der Sargnagel für die Bundesbank. Denn durch den Vertrag von Maastricht sollte die Europäische

Zentralbank die Bundesbank verdrängen. Die Bundesbank kämpfte von nun an um ihr Überleben. Bundesbankpräsident Schlesinger sagte in einer Rede, Investoren sollten das Währungssystem nicht als System fester Wechselkurse betrachten. Dies wertete George Soros als Signal, dass das System über kurz oder lang auseinander fallen wird und schwache Währungen herausfallen werden, und er verkaufte vor dem Hintergrund der Schwäche der italienischen Währung die Lira leer. In den Folgewochen entschieden sich die Dänen gegen einen Beitritt in die Europäische Union. Auch in Frankreich hatte sich die pro-europäische Stimmung stark eingetrübt, was für Soros ein weiteres Indiz für die Aufgabe des Wechselkurssystems war. Soros ging daraufhin im britischen Pfund short. Zwar hatte die britische Regierung nochmals die Zinsen erhöht, um das System aufrechtzuhalten, aber neben Soros hatten schon zu viele andere Marktteilnehmer, vor allem britische Banken, Leerverkäufe getätigt.

Dagegen teilte *Julian Robertson* am 30. März 2000 seinen Anteilseignern in einem Brief mit, dass er den Tiger Funds schließen werde. Zu schlecht sei die Performance seit dem 31. August 1998 gewesen. Man wolle kein weiteres Kapital gefährden.

Der Tiger Funds hatte in den Jahren von 1980 bis 1998 eine durchschnittliche Performance von 32 Prozent erreicht und war damit zum weltbesten Hedge Funds avanciert. Diese Performance habe auf dem Value-Investing-Ansatz beruht. Man sei in den besten Aktien long und in den schlechtesten Werten short gewesen. Das aktuelle Marktumfeld lasse aber keine fundamentale Betrachtungsweise mehr zu. Die Märkte seien emotions- und liquiditätsgetrieben Zwar gehöre den IT-, Telecom- und Biotech-Werten die Zukunft. Jedoch seien sie auf dem aktuellen Niveau überbewertet. Portfolio-Manager würden nur noch investieren, um Performance zu machen. Eine fundamentale Betrachtung interessiere im Moment fast niemanden mehr. Daher sei es das Beste, den Fund zu schließen, so Robertson.

„In den Fünfziger und Sechziger Jahren waren die Long-Term-Investoren die Helden an der Wall Street, heute sind es die alten Hasen.

Seitdem ich denken konnte, wusste ich, ich wollte an die Wall Street. An keinem anderen Ort wollte ich wirklich arbeiten als in Downtown Manhattan", so Michael Steinhardt.

Im Jahr 1967 gründete Michael Steinhardt den Hedge Funds Steinhardt Partner, den er im Jahr 1996 wieder schloss. Hätten Sie im Jahr Michael Steinhardt 1967 einen Dollar gegeben, hätten Sie von ihm im Jahr 1996 462 Dollar zurückbekommen. Steinhardt Partner war damit zu einem der erfolgreichsten Hedge Funds in der Geschichte avanciert.

Steinhardt machte in den frühen Siebzigern vor allem durch Short-Selling große Gewinne. Ein Jahr vor Beginn des Bärenmarktes im Jahr 1973 war er in den 50 großen Dow-Jones-Werten short. Zum Ärger der anderen Marktteilnehmer, versteht sich. „Die Leute bezeichneten uns als arrogant und gierig. Aber gerade dies bestärkte uns in unserem Versuch, das Optimum für den Kunden herauszuholen", so Steinhardt. Im Jahr 1978, gerade mal 38 Jahre alt, hatte er schon ein Vermögen von sieben Millionen Dollar angesammelt. 30 Jahre später wird sein Vermögen auf 500 Millionen Dollar geschätzt.

Er befasste sich teilweise mehrere Tage mit der Analyse des Portfolios. Zum Leidwesen seiner Mitarbeiter. Es war nicht mein Job, nett zu sein, so Steinhardt später. Ja, er bestellte sogar einen Psychiater, um seinen Investmentstil zu untersuchen. Allerdings ließ ihn seine „variante Wahrnehmung" teilweise auch im Stich. Im Crash-Jahr 1987 verlor Steinhardt viel Geld. Im Jahr 1994 musste er wie Soros und andere auch schwere Verluste einstecken. Im Jahr 1996 unternahm die SEC eine Untersuchung gegen ihn. Er wurde verdächtigt, gemeinsam mit Salomon Brothers den Markt für kurzlaufende US-Staatsanleihen manipuliert zu haben. Gegen eine Zahlung von 70 Millionen Dollar wurden die Untersuchungen eingestellt.

Global Macro Hedge Funds erzielen Gewinne bei Veränderungen der globalen Wirtschaft, die typischerweise durch Veränderungen in der Veränderung der Regierungspolitik liegen, die Einfluss auf die Zinspolitik, die Bewertung von Währungen, von Aktien und Anleihen hat. Sie spielen in allen großen Märkten mit, bei Aktien, Anleihen, Währungen und Waren, aber nicht immer zur gleichen Zeit. Sie setzen Leverage und Derivate ein, um ihre Positionen zu verstärken. Sie gebrauchen Hedging, aber die opportunistischen Investments haben den größten Effekt auf ihre Performance. Nach Tremont unterfielen im Jahr 1998 vier Prozent aller Hedge Funds dieser Kategorie und machten dabei 14,9 Prozent aller Assets under Management aus.

Die meisten Macro Hedge Funds agieren in sehr liquiden Märkten wie Fixed Income, Foreign Exchange oder Index Futures Markets. Liquidität ist korreliert mit Effizienz. Je höher die Effizienz, desto höher die Liquidität. Hohe Liquidität und hohe Effizienz bedeuten eine nahezu perfekte Informationsverteilung und Wettbewerb. Eine perfekte Informationsverteilung und ein perfekter Wettbewerb bedeuten allerdings weniger Möglichkeiten, Ineffizienzen auszubeuten. Macro Funds verdienen mithin dadurch Geld, dass sie bestimmte Szenarien antizipieren. In diesem Fall kommt es vor allem auf die Erfahrung und das Können des Hedge Funds-Managers an. Wenn jedoch Preisfluktuationen eines bestimmten Instruments oder Marktes stark von der Normalverteilung abweichen und in die Fat Tails der Glockenkurve rutschen, was in Extremsituationen der Fall ist, sind die Verluste gewaltig.

Managed Futures

Unter Managed Futures versteht man die professionelle, vielfach globale und aktive Vermögensverwaltung über so genannte Commodity Trading Advisors (CTA) verschiedener Asset-Klassen unter Verwendung börsengehandelter Futures. Im gesamten Universum der vorhandenen Hedge Funds-Stile nehmen sie ein Gewicht von rund drei Prozent ein. Die Manager haben die Möglichkeit, über eine aktive, meist systematische Handelsstrategie sowohl von fallenden als auch von steigenden Kurstrends zu profitieren. Eingesetzt werden hier Trendfolgeindikatoren.

(Eine Übersicht über die zur Verfügung stehenden Indikatoren ist dem Anhang beigefügt).

Die Handelssystematik von CTA kann sowohl lang- als auch kurzfristig ausgerichtet sein. Sie realisieren frühzeitig ihre Verluste, wenn die prognostizierten Trends nicht eintreten. Dies führt dazu, dass bereits eine Quote von 25 Prozent erfolgreicher Investments zu einer positiven Gesamtentwicklung führen kann. Die Renditeverteilung ist daher sehr unstetig. Eine überdurchschnittliche Jahres-Performance kann dabei aus einem sehr erfolgreichen Monat und elf unterdurchschnittlichen Monatsentwicklungen resultieren. CTA weisen mithin recht hohe Ertragsschwankungen auf, und es kann auch Perioden mit erheblichen Verlusten geben. Deshalb sollte der Investor trotz der Kurzfristigkeit der Transaktionen innerhalb des Funds einen längeren Anlagehorizont haben. CTA sind im Gegensatz zu Hedge Funds aufsichtsrechtlich stark reguliert und investieren nur in sehr liquide Instrumente. Daher können Anleger ihre Investitionen auch sehr kurzfristig kündigen, wenn sie statt in einem Fund in einem so genannten Managed Account, also über ein Einzelkonto, beim CTA engagiert sind. In Deutschland werden Futures-Produkte seit den Achtziger Jahren angeboten, sind also keine besondere Neuerung, machen aber wie die Quadriga AG Schlagzeilen mit hohen Gewinnzuwächsen. Sie sind sehr clever auf der aktuellen Hedge Fund-Welle mitgeschwommen. Für den Privatanleger empfiehlt sich die Partizipation an dieser Strategieform ebenfalls über die angebotenen Zertifikats-Dachfonds.

- *Long Term Trend Following:* Bei dieser Strategie gilt es, mittel- bis langfristige Tendenzen im Voraus zu erkennen und die Positionen einzugehen, mit denen sie Gewinn bringend ausgenützt werden können.

- *Short Term Trading:* Hier soll von kurzfristigen Preisbewegungen, teilweise innerhalb eines einzigen Tages, profitiert werden. Contrarian-Modelle beispielsweise helfen dabei, kurzfristige Kurskorrekturen oder Umkehrungen in mittel- bis langfristigen Markttrends zu identifizieren und auszunützen.

Immobilien

Immobilieninvestments tragen zu einer breiteren Risikostreuung bei.[21] Die effizienten Diversifikationseigenschaften der Immobilien führen dazu, dass ihre Beimischung in ein Vermögensportfolio dessen Risiko bei gleichbleibender Renditeerwartung reduzieren. Immobilien führen zu einer Senkung der Volatilität eines Portfolios bei gleichbleibender Renditeerwartung.

Tabelle 1 zeigt anhand der europäischen Indizes für die verschiedenen Anlageklassen, dass die Korrelationen zwischen Immobilien und Aktien niedrig und mit Obligationen noch geringer sind.

Korrelationen zwischen verschiedenen Anlageklassen (1990 – 2001)

	Europäische Immobilien	Europäische Aktien	Europäische Obligationen
Europäische Immobilien (EPRA Europe)	1.00		
Europäische Aktien (MSCI Europe)	0.52	1.00	
Europäische Obligationen (Salomon Bros. European government Bonds)	-0.29	0.20	1.00

Quelle: Prei

In Tabelle 2 werden die Abhängigkeiten zwischen den einzelnen Immobilienindizes verschiedener Länder dargestellt. Die geringe Korrelation zwischen den Länderindizes zeigt, dass das Risiko von Immobilien weiter reduziert werden kann, indem gleichzeitig in verschiedene Objekte und verschiedene Länder investiert wird, wodurch eine breite Diversivizierung und damit Risikoreduktion sichergestellt ist. Daraus folgt, dass das durch Beimischung von Immobilien reduzierte Risiko eines Vermögensportfolios noch weiter gesenkt werden kann – weiterhin bei gleich bleibender Renditeerwartung –, wenn die Immobilien international gestreut sind.[21]

Korrelationen zwischen verschiedenen
Immobilienindizes (in Lokalwährung 1990 – 2001)

	US-amerikanische Immobilien	Englische Immobilien	Französische Immobilien	Schweizer Immobilien	Deutsche Immobilien	Japanische Immobilien
US-amerikanische Immobilien (NAREIT)	1,00					
Englische Immobilien (FTSE 350 Real Estate Index)	0,82	1,00				
Französische Immobilien (SBF Real Estate Index)	-0,49	-0,42	1,00			
Schweizer Immobilien (SWX Real Estate Index)	-0,15	0,12	0,14	1,00		
Deutsche Immobilien (EPRA Germany Index in USD)	-0,72	-0,57	0,86	0,38	1,00	
Japanische Immobilien (TOPIX Real Estate Index)	0,55	0,60	-0,69	-0,19	-0,68	1,00

Quelle: AIG Global Investment Corp. (Switzerland) Ltd.

AIG Real Estate ist als KGaA am Geregelten Markt gelistet und hat im Sommer 2002 den ersten Immobilien-Dachfonds emittiert.

Energie

Auch der Energiemarkt hat sich in den vergangenen Jahren zu einem attraktiven Terrain für Hedge Funds entwickelt, die in Catastrophe Bonds und Wetterderivate investieren und ein Volumen von neun Milliarden Dollar erreichten.[22]

Catastrophe Bonds decken Extremsituationen ab, die durch Naturkatastrophen verursacht worden sind. Hierunter fallen Erdbeben, Hurrikans, Taifune und Ereignisse, die in ihrem Ausmaß nur ein- oder zweimal im Jahrhundert vorkommen. Die Investoren kaufen diese Anleihen und erhalten eine Rendite von Libor plus einem Spread, der das eingegangene Risiko abfängt. Tritt ein genanntes Ereignis ein, verliert der Investor einen Teil oder seinen gesamten Kapitaleinsatz. Diese Anleihen werden in der Regel von Versicherungen oder Rückversicherungen begeben.

Wetterderivate sollen Unternehmen schützen, die etwa auf dem Energiemarkt, der Landwirtschaft oder der Gastronomie tätig und permanenten Wetteränderungen ausgesetzt sind. Wetterderivate sind wie Catastrophe Bonds konzipiert. Nachfolgend wollen wir ihnen zwei Beispiele präsentieren:

Der Golfclub Apeldör hat von der Société Générale als Versicherung gegen mögliche Ertragseinbußen eine Verkaufsoption auf den Nice-Day-Index gekauft. Ein Nice Day ist ein Tag, an dem es höchstens einen Millimeter pro Quadratmeter regnet. Die Analyse der Niederschlagsdaten der vergangenen 30 Jahre hat ergeben, dass während der 153 Tage von Mai bis September durchschnittlich 102 Nice Days dabei sind, Tage also, an denen man Golf spielen kann. Daher wählte Gut Apeldör als Basis 102 für seinen Put. Liegt die Anzahl der verregneten Tage unter der Basis von 102, erhält der Golfclub für die Differenz eine Auszahlung. Fällt der Tag auf einen Sonntag oder Samstag, verdoppelt sich die Auszahlung. Im Jahr 2001 hatte der Golfclub lediglich 85 Nice Days und musste folglich deutliche Abstriche bei seinen Einnahmen machen.

Die Deutsche Bank AG hat mit der MVV Energie AG ein Wetterderivat gegen einen warmen April abgeschlossen.[23] Es handelt sich dabei um eine Put-Option auf HDD (= Heating Degree Days – Heizgradetage). HDD ist ein Maß für die „Relative Kälte". Ein Heating Day ist ein Tag, an dem die Tagesdurchschnittstemperatur unter 65 Grad Fahrenheit liegt, also eine Temeperatur, die die Leute dazu bewegt, ihre Heizung einzuschalten. Je höher die Tagesdurchschnittstemperatur, desto weniger HDDs addieren sich über die abgesicherte Put-Option, wobei ein maximaler Auszahlungsbetrag vereinbart wird. Das heißt für den Käufer der Put-Option: Sollte die abgesicherte Periode zu warm sein, verkauft der Versorger weniger Energie und kann somit die Umsatzeinbuße über die Auszahlung der Option kompensieren.

Sowohl Catastrophe Bonds als auch Weather Derivatives zeigen eine geringe Korrelation zu den Finanzmärkten. Nur sehr große Erdbeben könnten einen Einfluss auf die Zinsen und die Aktienmärkte haben. Leichte Temperaturänderungen in Frankfurt sollten die Märkte in New York aber nicht nennenswert berühren.

Werden beide Instrumente in einem Funds eingesetzt, und verfolgt der Manager eine klare Diversifizierungsstrategie, kann ein Portfolio ohne übermäßig viel Risiko konstruiert werden. Darüber hinaus sind die Anlagen unkorreliert mit den traditionellen Asset-Klassen. Viele Catastrophe Bonds haben einen Korrelationskoeffizienten von Null, Wetterderivate sind in der Regel negativ korreliert.

Die nachfolgende Grafik zeigt die jährlichen Renditen des Dow Jones Industrial Average im Zeitraum von 1919 bis 1998 gegenüber der Anzahl der Heating Days, die am Milwaukee Airport zwischen Oktober und März in den gleichen Jahren gemessen worden ist. Je mehr Heating Days auftauchen, desto niedriger ist die Temperatur. Aus der Grafik lässt sich damit keine kausale Beziehung zwischen den Temperaturen am Milwaukee Airport und der Performance des Aktienmarktes ableiten.

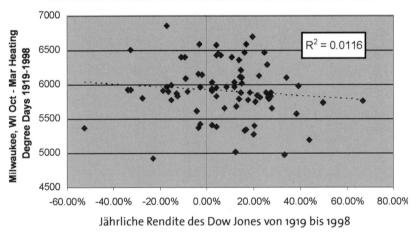

Keine Korrelation zwischen Wetter und Finanzmärkten

Jährliche Rendite des Dow Jones von 1919 bis 1998

Keine Korrelation zwischen dem Dow Jones Industrial Average und Wintertemperaturen im Mittleren Westen der USA

Source: Société Générale

Die nachfolgende Grafik dokumentiert, dass Catastrophe Bonds keinem historischen Muster folgen, wie es bei Unternehmensanleihen und bei Emerging Markets Bonds mit vergleichbarem Credit Rating zu beobachten ist.

Die grüne Linie zeigt die Rendite von unterschiedlichen Catastrophe Bonds zu ihrem Emissionszeitpunkt. Catastrophe Bonds werden nicht jeden Tag gehandelt, was es schwieriger macht, eine Veränderung in der Rendite bei einer bestimmten Anleihe festzustellen. Der Chart zeigt, dass während der Emerging-Market-Krise im August 1998, die in der Russland-Krise kulminierte, die Unternehmensanleihen und die Emerging Markets Bonds im Preis fielen und die Renditen gleichzeitig stiegen, während die Catastrophe Bonds davon unberührt blieben.

Geringe Korrelation zwischen Catastrophe Bonds und Finanzmärkten

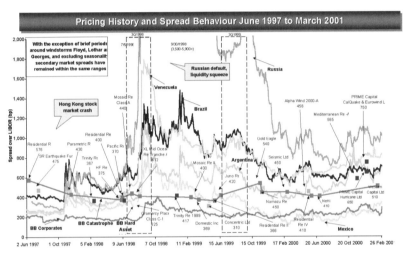

Mit Ausnahme kurzer Perioden um die Windstürme Floyd, Lothar und Georges und bis auf einige Saisoneffekte blieben die Spreads in der gleichen Range.

Quelle: Goldman Sachs (Preis-Historien und Spreads von Juni 1997 bis März 2001)

Indes das Wetter wird immer unberechenbarer. Naturkatastrophen haben in den Neunziger Jahren neue Rekordniveaus erreicht. Im Sommer 2002 spitzte sich die Situation mit der Jahrhundertflut in Ostdeutschland weiter zu. Klimatologen gehen davon aus, dass das Wetter vor dem Hintergrund der globalen Erwärmung immer unkalkulierbarer wird. Die dadurch induzierten Schäden haben neue Herausforderungen für Versicherer und Rückversicherer geschaffen. Die steigende Volatilität der Märkte, die sich verringernde Zahl von Versorgern, verbunden mit der

Sorge in Bezug auf kurzfristige Zahlungsausfälle bei Versicherern und Rückversicherern nach schweren Naturkatastrophen und die daraus resultierenden Versorgungsengpässe, haben den Druck verstärkt, nach alternativen Methoden für den Risikotransfer zu suchen. Hedge Funds nutzen immer mehr diese unkorrelierte Asset-Klasse.

b) Hedge Fund-Renditen

Sind Hedge Funds für zweistellige Returns prädestiniert oder müssen sie sich den gleichen Gesetzen der Märkte unterwerfen wie traditionelle Investmentfonds? Nachfolgend möchten wir ihre Performance diskutieren und beginnen mit der Darstellung der Hedge Funds-Renditen gegenüber traditionellen Anlagen und der Entwicklung des Man-Glenwood.

Jahresrenditen alternativ im Vergleich zu traditionellen Anlagen

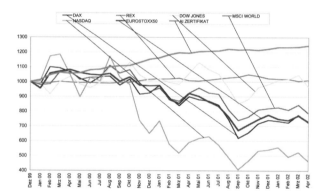

Quelle: Crédit Agricole Asset Management

Man-Glenwood's track record of absolute returns
1 January 1987 to 30 June 2002

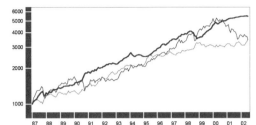

	Man-Glenwood?	World stocks	World bonds
Total return	445.8%	248.7%	249.9%
CARR²	11.6%	8.4%	8.4%
Annualised volatility	6.3%	15.1%	7.9%
Sharpe ratio	1.04	0.22	0.43
Worst drawdown	-13.6%	-34.3%	-8.6%
Peak to trough	Apr '98 – Oct '98	Mar '00 – to date	Dec '98 – Jun '99
Months to recovery	9	N/A	28

Man-Glenwood Multi-Strategy Fund Limited – a broadly diversified fund of hedge funds
Allocation by strategy as at 30 June 2002

1	Equities – either long/short	20.9%
2	Multi-strategy	14.3%
3	Relative value investments	13.5%
4	Sector investments	9.0%
5	Mergers and reorganisations	9.0%
6	Equities – balanced long/short	8.6%
7	Distressed securities	8.0%
8	International – regional	4.3%
9	Commodities and futures	3.6%
10	Equities – short	3.3%
11	Cash	2.4%
12	Equities – trading	1.9%
13	Equities – timing	0.9%
14	International – opportunistic	0.4%

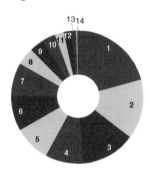

Vergleicht man die Performance der Hedge Funds-Strategien anhand des hier vorliegenden Man-Glenwood-Produktes, Gebühren nicht eingerechnet, zwischen Januar 1987 und September 2002, wie sie aus der Analyse von Hedge Fund Research hervorgeht, mit Gesamtindizes wie dem JP Morgan Global Bond Index (Weltrenten) und dem MSCI World Equity Index (Weltaktien), so zeigt sich nicht nur, dass die meisten dieser Strategien hervorragende Renditen gebracht haben, die in der Regel mit einer geringeren Volatilität einhergingen, sondern dass auch die risikoberichtigten Renditen höher waren, was die Auswertung der Sharpe-Ratios belegt. Die Sharpe-Ratio misst den Mehrertrag einer risikoreicheren Anlage im Vergleich zur Rendite einer risikolosen Anlage

119

(beispielsweise in US-Staatsanleihen). Sie entspricht der annualisierten Rendite abzüglich des risikolosen Zinssatzes, geteilt durch die annualisierte Standardabweichung

Die einzige Ausnahme bildet in diesem Zusammenhang die Fixed Income Arbitrage, bei der zwar Phasen überdurchschnittlicher Performance zu verzeichnen waren, die jedoch unter den Krisen von Anfang 1994 sowie Spätsommer und Herbst 1998 gelitten hatte, während der die Ergebnisse durch Liquiditäts- und Kreditengpässe stark verzerrt wurden[25]:

Risiko-Rendite-Analyse 1994 – 2001

	Annualised Rate of Return	Annualised Volatility	Sharpe Ratio
Fixed Income Arbitrage *	5,5%	4,9%	0,08
Convertible Bond Arbitrage *	10,6%	3,8%	1,42
Merger Arbitrage *	13,5%	3,8%	2,22
Distressed Securities *	11,5%	5,8%	1,10
Macro Global *	12,2%	8,4%	0,85
Long/Short Equity *	22,4%	9,0%	1,92
Systematic Futures Trading **	7,0%	10,0%	0,19
JP Morgan World (USD)	5,8%	5,4%	0,12
MSCI World (USD)	17,7%	12,6%	1,00

Die Analyse der Performance der Hedge Funds-Strategien zeigt ferner, dass sie alle eine leicht negative Korrelation mit den internationalen Anleihenmärkten aufwiesen. Die einzige Ausnahme bildete hier das Systematic Futures Trading, bei dem ein großer Prozentsatz der Geschäfte ja gerade darauf abzielt, aus den Trends auf den internationalen Anleihenmärkten Gewinn zu ziehen. Bei allen Strategien war zudem nur eine begrenzte Korrelation mit den Aktienmärkten zu verzeichnen. Die einzige Ausnahme war hier die Long/Short Equity Strategy, bei der wegen des steilen Aufwärtstrends der Aktienmärkte seit 1995 mit einer gewissen Korrelation zu rechnen war. Die weitere Analyse dieser Strategie ergab allerdings einen Beta-Faktor von 0,36, was hinsichtlich des Risikos auf eine geringe Korrelation hindeutet[26]:

Korrelationsanalyse 1994

	Fixed Income Arbitrage	Convertible Bond Arbitrage	Merger Arbitrage	Distressed Securities	Macro Global	Long/Short Equity	System Future Trading
JP Morgan Global Bond (USD)	-0,35	-0,03	-0,01	-0,23	-0,17	-0,05	0,32
MSCI World (USD)	-0,02	0,13	0,16	0,26	0,35	0,50	-0,0???

Quelle: Indocam, Zahlen: Hedge Fund Research und TASS

Darüber hinaus lässt sich anhand einer Korrelationsmatrix für die einzelnen Strategien nachweisen, dass durch deren Kombination eine echte Diversifikation gewährleistet war. Hier zeigt sich deutlich, dass eine der effizientesten Methoden der Hedge Funds-Anlage der Aufbau eines Portfolios diversifizierter Strategien ist:

Korrelationsanalyse 1994

	(1)	(2)	(3)	(4)	(5)	(6)	(7)
(1) Fixed Income Arbitrage *	1,00	0,19	-0,07	0,38	0,14	-0,01	-0,02
(2) Convertible Bond Arbitrage *		1,00	0,53	0,74	0,51	0,59	-0,10
(3) Merger Arbitrage *			1,00	0,66	0,37	0,58	-0,19
(4) Distressed Securities *				1,00	0,50	0,63	-0,20
(5) Macro Global *					1,00	0,63	0,34
(6) Long/Short Equity *						1,00	-0,11
(7) Systematic Futures Trading **							1,00

c) Hedge-Dachfonds

Wie bereits erwähnt, basiert die Mehrheit der in Deutschland aufgelegten Index-Hedge-Zertifikate auf Dachfonds. Bei dieser Anlageform kommt das Hedge Funds-Geschäft dem eines offenen Investmentfonds am nächsten, da die meisten Dachfonds den Schwerpunkt entweder auf kombinierte oder auf spezifische Strategien legen und ihre Anlage auf verschiedene Hedge Funds mit unterschiedlichen Arbeitsmethoden verteilen. Dahinter steht die Absicht, mögliche Renditedifferenzen im zeitlichen Verlauf, eventuelle Marktrisiken und systematische Risiken, die bei der Investition in einen einzelnen Hedge Funds gegeben sind, auszugleichen. Dachfonds bieten dem Anleger die Möglichkeit, in eine ganze

Palette von Strategien und untergeordneten Hedge Funds zu investieren, ohne interne Ressourcen für die Ausarbeitung von Asset-Allokationsmodellen und Portfolio-Konstruktionen, die Beurteilung der Strategien und Überprüfung der von den einzelnen Hedge Funds getroffenen Anlageentscheidungen, das Risk-Management, die Transaktionsabwicklung, die Verrechnung und die Inventarwertermittlung aufbieten zu müssen. Sie ermöglichen dem Anleger auch, für eine einzelne Investition, bei der es sich unter Umständen anfangs um einen relativ kleinen „Testbetrag" handeln kann, eine große Diversifikation zu erzielen und dabei die Gewissheit zu haben, dass sie kontinuierlich von einem engagierten Anlagemanagement-Team überwacht wird.

Darüber hinaus können die Anleger Dachfonds-Zertifikate dazu nutzen, einzelne Teile ihrer Portfolios zu diversifizieren. So können beispielsweise europäische Investoren, die in der Vergangenheit im Vergleich zu britischen oder amerikanischen Anlegern zu viel in Renten- und Geldmarktpapiere investiert haben, ihre Renditen steigern und das Risiko reduzieren, indem sie auf einen professionell gemanagten, auf festverzinslichen Instrumenten basierenden Arbitrage-Strategien-Mix zurückgreifen:

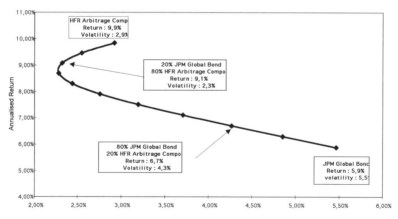

Portfolio Risk/Return Profile 1994

Desgleichen können Anleger, die während des Bullenmarktes der vergangenen fünf Jahre stark in Aktien investiert haben, durch eine gut gestreute Auswahl von Long-/Short-Aktienstrategien das damit verbundene Risiko diversifizieren, um eine Performance zu erzielen, die weniger von der Marktrichtung abhängig ist, und damit unter Umständen die Gesamtrendite ihres Aktienportfolios steigern[27].

Portfolio Risk/Return Profile 1994

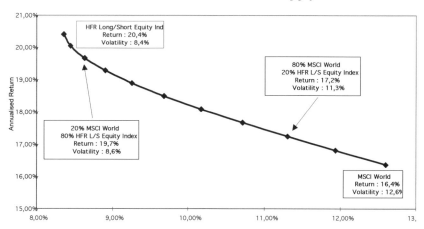

Allerdings zeichnet sich sowohl in der aggregierten Performance als auch bei vielen Stilrichtungen ein Downtrend ab. Die Attraktivität von Hedge Funds für Investoren liegt derzeit vor allem in dem Umstand, dass sie große Verluste vermeiden, denn die Renditen fielen bei globaler Betrachtung in den Jahren 2001 und 2002/Quartal 1 + 2 im Vergleich zu den Vorjahren relativ mager aus. Es ist allerdings anzumerken, dass die Produkte deutscher Anbieter die Indizes in den Vergleichszeiträumen deutlich outperformt haben.

Strategy	97	98	99	00	01	02
Convertible arbitrage	13,0%	2,0%	15,8%	15,2%	14,8%	4,8%
Event-driven	18,3%	0,0%	21,0%	9,0%	10,1%	6,5%
Fixed income arbitrage	7,9%	-11,7%	9,5%	3,0%	6,4%	11,4%
Equity market neutral	13,3%	8,2%	8,3%	11,3%	7,0%	7,7%
Equity long/short	21,1%	13,1%	50,2%	4,2%	-3,2%	-0,5%
Short sellers	0,7%	-2,6%	-13,4%	25,2%	4,6%	21,9%
Global macro	24,4%	2,0%	9,2%	6,6%	9,8%	5,8%
All strategies	19,1%	1,3%	26,2%	5,9%	4,1%	4,4%

Renditen für 2002 basieren auf den Daten bis Mai 2002.
Quelle: EAI, CSFB und HFR.

Asset	98	99	00	01	02
US stocks	29%	21%	-9%	-12%	-13%
JP stocks	5%	62%	-28%	-29%	+8%
EUR stocks	41%	19%	-8%	-22%	-6%
Global bonds	15%	-5%	2%	-1%	10%
Cash	5,2%	4,9%	6,2%	3,5%	1,7%
Hedge funds	1%	24%	8%	4%	2%

Source: MSCI and JPM (in dollars). HF returns are a simple average of values reported by EAI, HFR and CSFB.

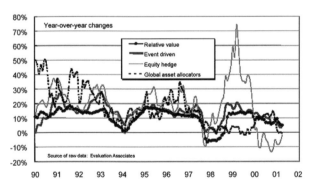

Hedge Fund Returns nach Strategie

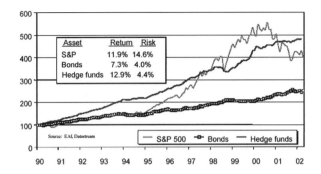

Hedge Fund Returns gegenüber Aktien und Anleihen von 1990 bis zur zweiten Jahreshälfte 2002

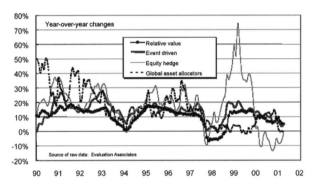

Hedge Funds-Renditen rutschen unter den Trend

d) Private-Market-Strategien

Die Private-Market-Strategien kamen in den Siebziger Jahren auf. Ihr Schwerpunkt lag in der Anfangszeit auf dem Risikokapitalmarkt (Venture Capital). Mit der Welle der großen Firmenumstrukturierungen der Achtziger Jahre wurden dann fremdfinanzierte Übernahmen – Leveraged Buy-outs – populär. Alle Industriebereiche wurden von dieser Entwicklung erfasst. In machen Bereichen, wie der Biotechnologie, wuchs zudem der Bedarf an Venture Capital. In den Neunziger Jahren hat die Zahl der Leveraged Buy-outs weiter zugenommen, während der Technologieboom der zweiten Hälfte der 90er-Jahre dem Risikokapitalmarkt nochmals gewaltigen Auftrieb gab. So ist es kein Wunder, dass den Private-Market-Strategien unter den alternativen Investmentformen insgesamt der größte Erfolg beschieden war. Für sie liegen auch die meisten Informationen über die Trends im Verhalten der Anleger vor. Die meisten Anleger stammen traditionell aus den USA, in den vergangenen fünf Jahren entdeckten jedoch auch die Europäer, gefolgt von den Japanern, zunehmend diesen Markt. Investiert wurde hauptsächlich in den USA, doch hier zeichnet sich, u. a. dank der Hedge Funds, ebenfalls eine Veränderung ab: Inzwischen werden auch in Europa, Japan und anderen asiatischen Ländern große Summen aufgewendet, was vor allem auf das explosionsartige Wachstum der Technologiebranche zurückzuführen ist. Entsprechende Studien zeigen, dass knapp mehr als 25 % aller Investitionen in den USA von privaten Pensionsfonds, 18 % von Unternehmenspensionsfonds, 11 % von Publikumsfonds, 8 % von Banken, 4 % von Versicherungsgesellschaften und der Rest von Stiftungen sowie Familientrusts stammt.

Private-Market-Strategien unterscheiden sich in einigen Punkten deutlich von anderen Anlageformen:

- Liquidität – Die Investoren tätigen eine langfristige Anlage, bei der das Kapital bis zu zehn Jahre gebunden ist.

- Anlagepraxis – Da sich der Geldmittelbedarf der Unternehmen, in die investiert wird, auf verschiedene Phasen ihrer Entwicklung verteilt, kann es sein, dass das zur Verfügung gestellte Kapital erst nach vier Jahren ganz investiert ist.

- Rendite – Die Investoren müssen unter Umständen zwei bis drei Jahre warten, bevor ihre Anlage überhaupt einen Gewinn abwirft.

- Performance – Die Differenz zwischen den Ergebnissen von Anlagemanagern, die im mittleren Bereich, und solchen, die im oberen Bereich rangieren, kann jährlich bis zu 10% betragen; die Auswahl des richtigen Anlagemanagers ist daher von entscheidender Bedeutung.

- Pricing – Da die Anlagen nicht börsennotiert sind, variieren die Methoden der Preisermittlung von Anlagetyp zu Anlagetyp.

- Reporting – In der Regel viertel- oder halbjährlich.

Die Private-Market-Strategien lassen sich in zwei Hauptstränge aufteilen: zum einen Venture Capital und Buy-outs, zum anderen Mezzanine-Finanzierungen. Diese Anlagestrategien lassen sich wie folgt einteilen.

- Private-Market-Strategien – Bei diesen Strategien werden Wertpapiere eingesetzt, für die es keine amtlichen Märkte gibt. Ihr Preis kann daher nicht laufend ermittelt werden; er ist erst bekannt, wenn der jeweilige Vermögenswert tatsächlich verkauft wird. Preisschätzungen anhand des Buchwertes oder von Ersatzindikatoren für den Zeitwert – z. B. dem Preis vergleichbarer Anlagen – sind allerdings möglich.

3. Einfluss

Die Finanzmarktturbulenzen der vergangenen Jahre haben das Augenmerk auf die Aktivitäten der weltweit agierenden Hedge Funds gelenkt und die Frage nach den damit verbundenen Gefahren für die Stabilität und Effizienz der Finanzmärkte aufgeworfen. Hedge Funds werden bezichtigt, Marktverwerfungen mit starken Preissprüngen und erhöhter Volatilität auszulösen und dadurch eine Hauptrolle bei der Entstehung von Finanzmarktkrisen zu spielen.

4. Preiswirkung

Investorengruppen und einzelne Akteure können Finanzmarktturbulenzen auslösen, wenn sie Einfluss auf die Preisbildung haben. Hedge Funds können diesen Einfluss über den extrem großen Aufbau einzelner Positionen und durch induziertes Herdenverhalten ausüben. Aufgrund der schwachen Datenbasis über Hedge Funds sind diese Analysen allerdings mit Problemen behaftet.

Gegen einen starken direkten Preiseinfluss von Hedge Funds sprechen allerdings deren geringe Vermögensbestände im Vergleich zu anderen institutionellen Anlegern, was die nachfolgende Grafik verdeutlicht. Lediglich 600 Milliarden Dollar und damit 0,6% waren im Jahr 2002 Hedge Funds und 900 Milliarden Dollar waren in Private Equity investiert.

Asset-Klassen – Größe, Risiko und Renditen

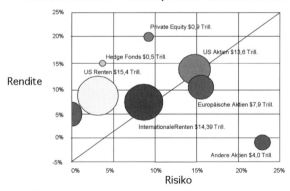

Quellen: Datastream, Bloomberg

Trotzdem kann nicht ausgeschlossen werden, dass in bestimmten Situationen und Märkten Hedge Funds preisbestimmend sein können. Dies ist etwa in wenig liquiden und in panischen Märkten der Fall.

Eine andere preisbestimmende Einflussmöglichkeit ist ein durch Hedge Funds induziertes Herdenverhalten. Einige Hedge Funds-Manager genießen einen exzellenten Ruf, was andere Marktakteure verleitet, ihren Strategien zu folgen. Von einem Herdenverhalten ist aber das gleichgerichtete Handeln der Hedge Funds-Manager und anderer Akteure zu unterscheiden. Dieses kann ebenfalls zu Preisbewegungen führen. Eine durch besonderen Erfolg gekennzeichnete Strategie wird so im Zuge von „Best Practice" zum Leitfaden für viele Investoren.

Unabhängig von der Analyse der preisbestimmenden Einflussmöglichkeiten ist es wichtig zu unterscheiden, ob der Effekt sich stabilisierend oder destabilisierend auf den Finanzmarkt auswirkt. Die Platzierung zusätzlicher Verkaufsorder oder die Liquidation großer Positionen in einem fallenden Markt kann sich destabilisierend auswirken. Eine Abwertung einer Währung oder der Fall des Marktes kann durch diesen Effekt noch beschleunigt werden. Auf der anderen Seite sind Hedge Funds aufgrund ihrer großen Handlungsfreiheiten eher als alle anderen Funds in der Lage, gegen den allgemeinen Trend zu setzen. Dies wird insbesondere durch die Bindungsfristen, bei denen ein kurzfristiger Mittelabfluss verhindert oder verzögert wird, unterstützt.[28]

5. Stabilität des Finanzsystems

Hedge Funds sind aufgrund ihrer Schockanfälligkeit einer großen Insolvenzgefahr ausgesetzt. Eine Gefahr für die Stabilität des Finanzsektors – systematisches Risiko – entsteht, falls einer oder mehrere große Hedge Funds so stark auf den Bankensektor übergreifen, dass die Intermediationsfähigkeit und der reibungslose Zahlungsverkehr gestört werden. Daher ist die finanzielle Verflechtung der Hedge Funds mit dem Bankensystem von besonderer Bedeutung, wobei das Destabilisierungspotenzial umso größer ist, je mehr ein hoher, über Bankkredite finanzierter Kredithebel angebracht wird.[29] Dass Hedge Funds gleichzeitig bankrott gehen, ist aufgrund ihrer Exponiertheit zu unterschiedlichen Risiken eher unwahrscheinlich. Ein systematisches Risiko geht von der Insolvenz großer und eng mit Kreditinstituten verflochtener Hedge Funds dann aus, wenn das Risikomanagement der Banken als Kreditgeber und Anteilseigner derart unvorsichtig ist, dass sie durch Abschreibungsbedarf auf ihre Hedge Funds-Positionen selbst in Liquiditätsschwierigkeiten geraten. Dieser Effekt auf die Finanzmarktaktivität und somit auf die Finanzmarktstabilität kann schwerwiegendere Folgen haben, wenn der Ausfall eines Hedge Funds ein bereits angeschlagenes Bankensystem trifft. Das Liquiditätsproblem einzelner großer Hedge Funds kann gravierende Marktstörungen auslösen, wenn ein schneller Abbau großer Positionen dazu führt, dass einzelne Segmente ansonsten liquider Märkte illiquide werden. Eine Liquidation großer Positionen kann zu weit gestreuten Kettenreaktionen führen. Hierunter hatte LTCM im Herbst 1998 u. a. bei seinen Optionen auf den DAX und den CAC 40 zu leiden, denn die Käufer der Optionen waren in Panik geraten und spekulierten auf den baldigen Konkurs von LTCM. Die wechselseitige Zunahme von Kredit- und Marktpreisrisiken und der Vertrauensverlust können zu Störungen der Marktintegrität führen, die wiederum eine systemweite Krise auslösen oder verstärken können.

6. Ineffizienztheorie

Die Effizienztheorie ist der beeindruckendste Irrtum in der Geschichte der Wirtschaftswissenschaft, bemerkte Lawrence Summers, ehemaliger amerikanischer Finanzminister, nach dem Crash der Finanzmärkte im Jahr 1987. Die Existenz von Hedge Funds widerlegt die Effizienztheorie eindrucksvoll. LTCM hatte sich darauf spezialisiert, zufällige Bewertungsunterschiede im Bonds-Markt auszunutzen. So wurde etwa die US-Anleihe mit einer Laufzeit von 29,5 Jahren und einer Rendite von 7,24 Prozent (A) aufgrund ihrer Illiquidität mit einem leichten Abschlag gegenüber der US-Anleihe mit 30-jähriger Laufzeit und einer Rendite von 7,36 Prozent (B) gehandelt. Daher ging LTCM in B short und in A long. Die Superstars aus Greenwich spekulierten darauf, dass sich diese Bewertungsunterschiede ausgleichen würden, und bekamen Recht.

Die Effizienztheorie besagt, dass sich Kursveränderungen durch neue Informationen im Rahmen eines kontinuierlichen Anpassungsprozesses entsprechend den tatsächlichen ökonomischen Bedingungen entwickeln. Die Effizienztheorie hat verschiedene Spielarten. In ihrer weitesten Fassung behauptet sie, dass effiziente Märkte die in der beobachtbaren Kursentwicklung der Vergangenheit enthaltenen Informationen in der gegenwärtigen Kursbildung bereits berücksichtigt haben und somit aus Chart-Analysen keine überdurchschnittlichen Gewinne resultieren können. In ihrer strengsten Form behauptet sie, dass es keine Investorengruppe gibt, die durch Informationsvorsprünge überdurchschnittliche Kursgewinne erreichen kann, da selbst solche nur Insidern zugängliche Informationen bereits in der Kursbildung Berücksichtigung gefunden hätten. Es gibt eine Reihe von Bewertungsanomalien, wie etwa den *Size-effekt*. Danach liegt die Aktienrendite kleiner Gesellschaften deutlich über der Rendite groß kapitalisierter Gesellschaften. Daneben treten noch zahlreiche Sondereffekte auf, wie etwa der *Holiday-effect*, der *Weekend-effect* oder der *January-effect*. Stehen an den Kapitalmärkten Feiertage an, so ist die Liquidität unterdurchschnittlich. Daher wird oftmals ein Mispricing nach oben und nach unten beobachtet. Im Januar kommt es in der Regel zu Rallyes an den Aktienmärkten, obwohl sich an der fundamentalen Lage vieler Unternehmen nichts geändert hat. Hintergrund: Den Investoren steht zu Jahresanfang mehr Liquidität zur Verfügung als während des Gesamtjahres, und dieses Geld wird investiert und weiter investiert, bis sich ein Momentum herausgebildet hat, das die Kurse steigen lässt. Diese Effekte nutzen Hedge Funds durch Long- und Short-Positionen virtuos aus.

Natürlich achte er auf Stimmungsindikatoren. Der VIX und der Point-of-the-Balance-Indikator seien wichtige Indikatoren für erfolgreiche Dispositionen im kurzfristigen Bereich, so Thomas Haufe, Long-Short Hedge Funds Manager.

Die Stimmungsindikatoren seien ein Beleg dafür, dass die Effizienztheorie ein akademisches Glasperlenspiel sei und an der Realität vorbeigehe, denn sie impliziere nur die vage Annahme von Informationen, nicht aber die Informationen selber. Jeden Marktteilnehmer erreichten Marktinformationen in unterschiedlicher Weise. Hinzu komme, dass die Marktinformationen auch noch unterschiedlich wahrgenommen werden. Vor diesem Hintergrund sei die zentrale Annahme der Effizienztheorie, dass allen Marktteilnehmer zu jedem Zeitpunkt die gleichen Informationen zur Verfügung stehen, widerlegt. In vielen Fällen würden Marktteilnehmer auch nicht aus Gründen der Portfoliooptimierung und Ertrags-verbesserung handeln, sondern aus bloßer Angst oder Gier. Er bevorzuge daher die Ansätze des Behavioral Finance. Es sei rational nicht nachvoll-ziehbar, warum der DAX am 3. September 2002 bei einem hohen Volumen von 38.914.485 gehandelten Aktien auf Xetra fast sechs Prozent verloren habe und auf 3.399 Punkte abgestürzt sei. Ängste vor weiteren Terroranschlägen am Jahrestag des 11. September hätten vor allem die Papiere der Lufthansa mit einem Minus von 7,3 auf 20,52 Euro und von TUI mit einem Abschlag von 6,6 Prozent auf 11,34 Euro unter Druck ge-bracht. Die Rendite der 10 Year Notes hätten sich aus den gleichen Gründen extrem verbilligt. Angst vor weiteren Terroranschlägen sei ein irrationaler Umstand, der nur mit den Instrumenten des Behavioral Finance zu fassen sei.

Der europäische Markt sei schwächer kapitalisiert als der amerikanische, daher enthalte er auch mehr Ineffizienzen, was insbesondere den Small Boutiques – also den kleinen Hedge Funds mit einem Volumen zwischen fünf Millionen und 50 Millionen Dollar – zugute komme, die sich vor allem in illiquiden Märkten engagierten. In diesem Bereich sehe er für die kommenden Jahre die größten Wachstumsperspektiven, so Haufe.

Der europäische Aktienmarkt ist kleiner als der amerikanische

	Hedge Fund	Mutual Fund	Market	Hedge% of	
	Assets	Assets	Capitalization	Mutual	Market
		(Equity only)		Funds	Cap
Europe	$ 75bn	$ 1'500bn	$ 6'500bn	5%	1%
US	$ 350bn	$ 3'500bn	$ 14'000bn	10%	3%

Quelle: European Federation of Investment Funds and Companies (FEFSI), www.fefsi.org und Investment Company Institute (ICI), www.ici.org

7. Rolle in Krisen

Neben den Analysen zu LTCM ist der Einfluss von Hedge Funds in weiteren Fällen untersucht worden.

Wertentwicklungen in Krisensituationen und negativen Marktphasen

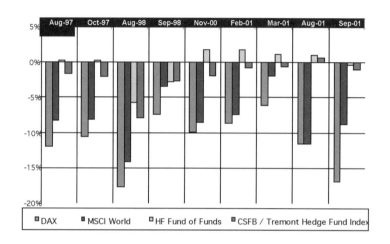

Quelle: Crédit Agricole

a) Asien-Krise von 1997 bis 1998

Hedge Funds wurden als Verursacher der Währungskrise in Asien beschuldigt, allerdings ungerechtfertigt, wie eine Studie von Brown/Goetzmann/Park[30] zeigt. Der malaysische Ministerpräsident Matahir Mohamad nannte George Soros „Highwayman of the global Economy". Er und viele Experten waren davon überzeugt, dass Spekulanten in den Devisenmärkten für den Crash des malaysischen Ringgit verantwortlich waren.[31] Das Gegenteil war aber der Fall.

Ein anderes Beispiel ist der thailändische Bath. Es gab mehrere Gründe, wodurch dieser unter Druck geraten war: der Kollaps der Bangkok Bank of Commerce, schlechte Export- und Konjunkturdaten, Zinserhöhungen in England, Deutschland, Japan und die Aufwertung des US-

Dollars gegenüber dem Yen. Dadurch wurde die Wettbewerbsfähigkeit der asiatischen Wirtschaft unterminiert. Dies führte zu einer geringeren Attraktivität, in den USA, Japan und Europa Kredite aufzunehmen, um in Asien zu investieren. Große Sorgen bereiteten den Investoren auch die Fundamentaldaten des Bath. Dieser wurde in Erwartung einer Aufwertung durch Währungstermingeschäfte (Forward Sales) – Einigung über den zukünftigen Verkauf zu einem definierten Preis – gesichert. Die meisten Forward Sales durch Hedge Funds wurden aber nach der ersten großen Verkaufswelle des Bath getätigt.[32] Falls Herdenverhalten zu der Krise des Bath führte, waren Hedge Funds eher am Ende der Herde und inländische Investoren, internationale Banken und Investmenthäuser am Anfang. Ähnliche Ergebnisse zeigen Untersuchungen bei der indonesischen Rupiah und beim koreanischen Won.

b) EWS-Krise von 1992

Hedge Funds werden ebenfalls sehr oft mit der EWS-Krise von 1992 in Verbindung gebracht.[33] Der Ursprung, in dem auch Hedge Funds mitwirkten, war der starke Kapitalzufluss in profitable Währungen zwischen 1987 und 1991. Zu dieser Zeit herrschte noch das feste Wechselkurssystem in Europa. Hedge Funds-Manager antizipierten mit den ersten aufkommenden Problemen, dass sich das System der festen Wechselkurse nicht würde halten können. Sie waren die Ersten, wenn auch nicht die Einzigen, die ihre Long-Positionen auflösten und short in europäische Währungen gingen. Andere Investoren verstanden dies als Signal und überdachten ebenfalls ihre Strategie. Obwohl das Hedge Funds-Volumen vergleichsweise klein war, hatte es Wirkung in dem Sinne, dass institutionelle Investoren ihnen folgten und zusätzlich destabilisierend auf das ohnehin angeschlagene Finanzsystem wirkten, was letztendlich zu dem System flexibler Wechselkurse führte.

c) Bond-Krise von 1994

Das Hedge Funds-Kapital war in der zweiten Jahreshälfte 1993 um 100% angestiegen. Obwohl Hedge Funds nicht die einzigen Mitspieler in der Krise waren, waren sie die treibende Kraft, die die europäischen

Bonds wiederentdeckt hatten. Aufgrund der hohen Zinsen in Europa wurde erwartet, dass diese zur Stimulation der Wirtschaft gesenkt werden würden. Die Hedge Funds-Manager finanzierten ihre Positionen aufgrund niedrigerer japanischer Zinsen in Yen. Die Erwartungen der Manager wurden allerdings nicht erfüllt: Im Februar und März 1994 hob die Federal Reserve die Zinsen um jeweils 25 Basispunkte an. Gleichzeitig führten die Stabilisierung der japanischen Zinsen und die Entscheidung der Bundesbank, die Zinsen am 17. Februar 1994 nicht zu senken, zu einem herben Minus. Durch die falschen Erwartungen machten Hedge Funds 1993 hohe Gewinne, 1994 jedoch Verluste.[34]

d) Terrorkrise von 2001

In den Wochen nach den Terroranschlägen vom 11. September 2001 waren Hedge Funds die ersten Anleger, die wieder in den Markt zurückgekehrt sind. Hedge Funds hätten versucht, den Markt wieder zu stabilisieren, an dessen Destabilisierung sie allerdings auch stark beteiligt waren. Sie seien die ersten „Net Buyer" gewesen.[35]

Es wurde gezeigt, dass es unwahrscheinlich ist, dass Hedge Funds die Krise von 1997 bis 1998 in Asien verursacht haben. Das Gegenteil ist eher der Fall: Sie haben die negative Tendenz verlangsamt. In der Asien-Krise waren Hedge Funds eher Nachzügler als Anführer der Herde. Zudem zeigten EWS und Bond-Krise, dass Hedge Funds auch falsch liegen und deutliche Verluste einfahren können. Obwohl sie an der Schwächung des Marktes vor dem 11. September 2001 beteiligt gewesen waren, gehörten sie zu den Ersten, die wieder Aktien gekauft und damit bei seiner Stabilisierung mitgeholfen haben.

III. Risikomanagement

Eine sorgfältiges Risikomanagement ist erforderlich, um auch in schwachen Marktphasen bestehen zu können. LTCM und Barings haben diese Notwendigkeit verdeutlicht. Bei LTCM kam hinzu, dass es zwar Risikokontrollmechanismen gab, diese aber nicht mehr richtig angewandt wurden. Daher soll nachfolgend das breite Spektrum von Risiken skizziert werden, dem sich alle Marktteilnehmer ausgesetzt sehen, die aber bei einigen Hedge Funds aufgrund ihrer hohen Risikoexponiertheit zum Kollaps führten.

1. Risiken

Der Hedge Funds-Manager ist mit allgemeinen und besonderen Risiken der Vermögensverwaltung konfrontiert.

Risiko Illusion

Versuchen Sie, die schwarzen Punkte unten zu zählen.

Quelle: www.eyetricks.com

a) Allgemeine Risiken

Marktrisiko

Hedge Funds sind Marktrisiken ausgesetzt. Die Preise von Aktien, Zinssätzen, Währungen und Waren ändern sich permanent. Aufgrund ihrer erhöhten Kreditfinanzierung sind Hedge Funds von diesen Schwankungen stärker betroffen als traditionelle Funds. Marktrisiken werden häufig über die Betrachtung historischer Kursverläufe, Handelsvolumina und anderer Korrelationen abgeschätzt. Nachfolgend möchten wir Ihnen anhand dreier Beispiele zeigen, wie sich Marktrisiken konkretisiert haben.

Orange County

Die Orange County Affaire stellte eine der extremsten Form von unkontrolliertem Marktrisiko dar. Bob Citron, Bezirksschatzmeister, verwaltete ein Portfolio mit 7,5 Milliarden Dollar, das Schulen, Städten und Gemeinden sowie dem Land gehörte. Um eine höhere Rendite zu erzielen, borgte sich Citron 12,5 Milliarden Dollar durch Repo-Geschäfte für 20 Milliarden Dollar an Assets, die in Agency Notes investiert waren und eine durchschnittliche Laufzeit von vier Jahren hatten. In einem Marktumfeld, in dem kurzlaufende Refinanzierungskosten geringer waren als mittlere Renditen, funktionierte die extreme Leverage-Strategie außerordentlich gut, besonders wenn die Zinsen fielen.

Unglücklicherweise wurden die Zinsen im Februar 1994 wieder angehoben, und dies konterkarierte natürlich die Strategie. Die durch die Jahre angewachsenen Buchverluste führten zu Margin Calls bei großen Wall-Street-Brokern, welche die kurzfristige Finanzierung sichergestellt hatten. Als im Dezember die Nachricht von einem Rendite-Spread-Verlust kursierte, ergriffen viele Investoren die Flucht und stiegen aus. Schließlich kollabierte der Funds wegen der Mittelabflüsse der Broker, und Orange County musste sich unter den Schuldnerschutz begeben und den Bankrott erklären. Im nachfolgenden Monat wurden die verbleibenden Anteile liquidiert und ein Verlust von 1,8 Milliarden Dollar festgestellt.

Die Landesbehörden versuchten sich reinzuwaschen und gaben Citron die alleinige Schuld. Sie warfen ihm seine riskanten Strategien vor, von denen sie zu keinem Zeitpunkt unterrichtet gewesen seien. Vorher hatten sie Citron allerdings heftig applaudiert. Vor dem Bankrott hatte Bob Citron 750 Millionen Dollar für das Land erwirtschaftet. Citrons Fehler war es aber am Ende, dass er seine Strategien falsch darstellte, denn er hatte behauptet, dass bei seinen Investments kein Risiko im Spiel sei. Er wolle am Ende der Laufzeit einen Report vorlegen, wie er es immer getan habe, betonte er. Dagegen machte er keine Angaben zum Marktwert des Portfolios während der Laufzeit. Das wiederum erklärt, warum der Verlust auf 1,7 Milliarden Dollar anwachsen konnte und Investoren ihm vorwarfen, getäuscht worden zu sein. Wenn seine Positionen regelmäßig zu Marktpreisen bewertet worden wären, hätte Citron vielleicht erkannt, wie riskant seine Investments waren. Investoren, die mit dem Phänomen der Standardabweichungen vertraut waren, hätten sich ein klares Bild verschaffen können, wenn ein detaillierter Value-at-Risk-Report erstellt worden wäre.

Daiwa

Daiwa ist das Gegenstück zu Barings. Am 26. September 1995 teilte die Bank mit, dass ein 44 Jahre alter Trader mit Namen Toshihide Igushi einen Verlust von gut einer Milliarde Dollar verursacht hat. Der Verlust bewegte sich damit in der Größenordnung wie der von Barings, aber Daiwa, der zwölftgrößten Bank Japans, gelang es, dem Bankrott zu entgehen. Der Verlust vernichtete nur ein Siebtel des Firmenkapitals.

Offensichtlich hatte Igushi seit 1984 mehr als 30.000 Handelsgeschäfte über elf Jahre in US-Staatsanleihen kaschiert. Als die Verluste anwuchsen, habe der Trader sein Limit überschritten, hieß es. Er habe dann Anlagen von Kunden im Namen von Daiwa verkauft. Die Bank erklärte, dass ihr keines von Igushis Geschäften vorher berichtet worden sei und dass Igushi die Liste von Kundenvermögen gefälscht habe, die bei Daiwas New Yorker Depotbank Bankers Trust hinterlegt war. Offensichtlich hatte es Daiwa aber versäumt, die Portfolio-Positionen monatlich zu kontrollieren.

Wie im Fall Barings entstand das Problem dadurch, dass Igushi sowohl Kontrolle über den Handel als auch über das Back-Office hatte. Hinzu kam der psychologische Faktor: Igushi hatte nicht die für japanische Angestellte typische Job-Rotation mitgemacht und war außerdem in den USA angeworben worden. In ihrem Heimatmarkt profitieren japanische Banken enorm von der antrainierten Gruppendynamik. Alle in der Gruppe halten zusammen und helfen dabei, Fehler aufzudecken. Außerhalb Japans kann diese Einstellung fatal sein, denn sie verdeckt Fehler, die in der Gruppe gemacht werde: Denn niemand möchte in einem fremden Land Unruhe in die Gruppe bringen.

Der Vorfall dokumentiert außerdem das schwache Risikomanagement der japanischen Banken. Diese Schwäche wurde immer eklatanter, nachdem sich Japan ab Mitte der Achtziger Jahre zu einer Bubble Economy entwickelt hatte. Auf dem Höhepunkt dieser Entwicklung, gegen Ende der Achtziger Jahre, entsprach der Börsenwert der japanischen Unternehmen rund 40 Prozent der globalen Börsenkapitalisierung. 1980 waren es noch 15 Prozent gewesen. Die Bubble Economy verdeckte in vielen Bereichen des Managements den Blick für die Realität. So kaufte eine japanische Immobilienverwaltung das Exxon-Hochhaus in Manhattan für 610 Millionen Dollar, das sie auch für 375 Millionen Dollar hätte übernehmen können. Man wollte aber unbedingt einen Eintrag ins Guinness-Buch der Rekorde haben. Daher legte man größten Wert darauf, 63 Prozent mehr als den Marktwert zu zahlen.

In vielen Aspekten ist der Fall Daiwa besorgniserregender als der von Barings, weil bei Daiwa fehlerhafte Trades elf Jahre kaschiert wurden, wohingegen bei Barings die Geschäfte nur einige Monate unbemerkt blieben. Nach dem Kollaps der Bank of Credit and Commerce International (BCCI) wurde die Kontrolle ausländischer Baken in den USA verstärkt. Die Federal Reserve hatte die Büroräume von Daiwa im November 1992 und im November 1993 durchsucht. In beiden Fällen hatte die Federal Reserve Daiwa bereits auf seine schwachen Managementstrukturen hingewiesen. Daiwa versäumte es allerdings im Anschluss daran, tief greifende Veränderungen vorzunehmen, und gab sogar bekannt, dass es Gewinne von Rentenhändlern noch gar nicht eingebucht hätte. Daiwa tat dies, um die Inspektion der Federal Reserve zu überstehen. Auf Druck der Notenbank musste Daiwa dann aber ein Back-Office einrichten. Trotzdem setzte Igushi seine Machenschaften fort. Allerdings fiel es ihm immer schwerer, seine Verluste zu verdecken, da die japanische Bank die Kontrolle der New Yorker Dependance verstärkte. Im Juli 1995 gestand Iguishi in einem Brief, wie und in welchem Umfang die Verluste zustande gekommen waren.

Daraufhin schloss Daiwa sofort die New Yorker Filiale. Außerdem kündigte das Management seinen Rücktritt an. Die Bank kam unter die Aufsicht der US-Behörden und wurde aufgefordert, ihre US-Geschäfte einzustellen. Die Behörden klagten Daiwa wegen unsicherer und unsolider Bankpraktiken vor Gericht an. Das japanische Finanzministerium erklärte immerhin, dass noch mehr Aufklärung zu betreiben sei.

Allied Irish Bank

Am 4. Februar 2002 gab John Rusnak seiner Frau Linda einen Abschiedskuss auf die Wange, so wie er es jeden Morgen tat, wenn er sein Haus in Maryland verließ. Der 37-jährige John Rusnak war Devisenhändler. Nachbarn beschrieben ihn als gläubigen Christen, der jedes Wochenende mit seiner Frau und seinen beiden Töchtern in die Messe ging.

Am Abend wurde er dann plötzlich wie ein gewöhnlicher Krimineller gesucht. Plötzlich? Er machte als „Mr. Middle America" Schlagzeilen, weil Allfirst Inc. in Baltimore, die amerikanische Tochter der britischen Allied Irish Bank, einen Verlust von 750 Millionen Dollar melden musste. Dieser war durch die wilden Spekulationen Rusnaks mit Optionskontrakten auf ausländische Währungen entstanden. Rusnack hatte auf die Kursentwicklung des Dollar gegen den Yen spekuliert. Von Rusnak angegebene Kursabsicherungsgeschäfte waren nur vorgegeben, um die Verluste zu verdecken.

Rusnak verdiente als Devisenhändler 80.000 Dollar im Jahr. Für die Fälschung der Bücher und die schlecht gelaufenen Trades droht ihm eine

Freiheitsstrafe von 30 Jahren und ein Schadensersatz in Höhe von einer Million Dollar. Die Vorstände der Allied Irish Bank flogen sofort nach Baltimore, um die Spekulationsgeschäfte und den Verbleib der 750 Millionen Dollar aufzudecken. Rusnak habe wohl das interne Überwachungssystem dadurch geschlagen, dass er fiktive Trades eingebucht habe, so Susan Keating, Präsidentin von Allied Irish. Persönlich habe sich Rusnak wohl nicht bereichert, und der Schaden werde auch nicht die Liquidität der Bank beeinflussen. Die Aktie verlor dennoch am Tag der Bekanntmachung 17 Prozent an Wert.

Kreditrisiko

Kreditrisiken treten auf, wenn der Geschäftspartner/Handelspartner Bonitätsprobleme hat. Internationale Ratingagenturen wie Standard & Poor's und Moody's bewerten Länder und Unternehmen in Bezug auf ihre Kreditrisiken. Standard & Poor's führt auch Ratings von Hedge Funds durch.

Systematisches und juristisches Risiko

Kapitalmarkttransaktionen von Hedge Funds können naturgemäß auch systematische, Prozess- und rechtliche Risiken enthalten, die umso größer sind, je kürzer der Anlagezeitraum ist. Ein Absturz des Back-Office oder des Trading-Systems kann großen Schaden verursachen. Technische Probleme in der Abwicklung/Clearing können zu Zeitverzögerungen und zu Strafgebühren führen. Daneben besteht das Risiko, dass Verträge nachverhandelt werden sollen oder müssen. In Emerging Markets ändern sich zudem des Öfteren die gesetzliche und die politische Lage.

b) Besondere Risiken

Neben diesen allgemeinen Risiken sind Hedge Funds in der Regel einer Reihe zusätzlicher Risiken ausgesetzt.

Gap- und Liquiditätsrisiko

Das größtmögliche Risiko für Hedge Funds ist ein Liquiditätseinbruch während starker Marktbewegungen. Viele Hedging-Modelle und Computerprogramme richten sich an Bewegungen des Marktes in einem moderaten Korridor aus, enthalten aber nicht die Möglichkeit schneller Marktbewegungen. Preissprünge, die durch staatliche Eingriffe oder durch einen Crash verursacht werden, sind nicht berücksichtigt. Ein dynamischer Hedge funktioniert aber nur, solange beide Seiten den Preis zu jeder Zeit und in jeder Höhe anpassen können. In einem Bärenmarkt kann das Angebot die Nachfrage in so einem Maße überwiegen, so dass die Abnahme nur noch zu einem starken Diskont erfolgt. LTCM brach letztlich zusammen, weil die Liquidität nicht mehr ausreichend zur Verfügung gestellt werden konnte. Ein anderes Liquiditätsproblem wird durch das Margin Call Risk verursacht, das insbesondere bei Positionen mit hohem Leverage entsteht. Wenn die Märkte in die falsche Richtung laufen, müssen die Initial Margins angepasst werden. Dies kann eine enorme Belastung für den Funds darstellen, da ständig frisches Kapital nachgeschossen werden muss. Daneben taucht noch das Cash Match Risk auf. Dieses entsteht dann, wenn illiquide Positionen, wie z. B. OTC-Produkte, aufgrund ihrer Illiquidität nur zu einem deutlichen Abschlag schnell aufgelöst werden können. Der Funds kann daher Gefahr laufen, nicht ausreichend Cash generieren zu können. Dies war der Grund für den Untergang von Vairocana Limited, die den Vajra Fund, Dorje Fund und einige andere Accounts verwaltete.

Vairocana Limited

David de Jongh Weill hat den Vajra Fund, Dorje Fund und einige andere Accounts in sechs Jahren mit einem großen Track Record gemanaged. Weill verfolgte eine zinsneutrale Yield-Curve-Arbitrage-Strategie mit europäischen Anleihen. Als die Zinsen im Februar 1994 anzogen, entdeckten seine Investoren diese Strategie. Die Investoren wollten aber lieber eine marktneutrale Position und zogen daher das Geld ab. Weill wettete auf einen Rückgang der europäischen Zinssätze mit einem Leverage von 10:1 (*Change of strategy risk*). Außerdem wurden seine Positionen so kompliziert, dass Weill Probleme hatte, den exakten Net Asset Value zu bestimmen (*Mark-to-market-risk*). Die Investoren verloren das Vertrauen und zogen Geld aus dem Funds ab. Im August 1994 verkaufte Weill alle beste-

henden Positionen und schloss den Funds, nachdem er 60 Prozent innerhalb von sieben Monaten verloren hatte. Weill soll 700 Millionen Dollar
von seinem Startkapital in Höhe von 1,2 Milliarden Dollar verloren haben.

Mark-to-market-Risiko

Das Mark-to-market-Risiko tritt immer dann auf, wenn illiquide Positionen gehalten werden müssen. Es ist ein Bewertungsrisiko. Bei illiquiden Positionen lässt sich der Marktpreis nur sehr schwer ermitteln. Zudem sind viele Broker meistens auch nicht bereit zu kaufen, und wenn,
dann nur zu einem ungünstigen Preis. Im Fall der Glattstellung wird ein
negativer Erlös erzielt.

Menschliches Risiko

Ein Fund ist nur so gut wie seine Manager und Trader. Bei Hedge Funds
gilt dies noch mehr als bei normalen Investmentfonds. Der Anleger muss
daher der Integrität und Fairness der Manager vertrauen können, da die
Transparenz immer noch recht niedrig ist. Dies ist umso wichtiger, als
oftmals nach einer Phase des Erfolgs die Trader und Manager zu
Selbstüberschätzung neigen. Gier und falscher Stolz, auch einmal einen
Fehler einzugestehen und Positionen rechtzeitig zu schließen, führen
allzu oft zu herben Verlusten.[36] Interne und externe psychische Faktoren
verstärkten das Scheitern von LTCM. Auf der einen Seite waren die
Einwände von Scholes und Merton im Juni 1998 nicht ernst genommen
worden. Bob und Myron seien halt keine Trader, und der Track-Record
sei das Einzige, was in dieser Situation zähle, argumentierten Hilibrand,
Haghani und Rosenfeld im Juni 1998, und Meriwether gab ihnen Recht.[40]
Auf der anderen Seite war Salomon Brothers vor dem Hintergrund eines
Verlusts von 200 Millionen Dollar durch die gescheiterte Übernahme
von MCI Communications durch British Telecom dabei, seine
Arbitrageabteilung aufzulösen. Viele Marktteilnehmer glaubten daher,
mit Relative Value Trades sei kein Geld mehr zu verdienen, und verab-
schiedeten sich ebenfalls sukzessive aus den Geschäften. Diese Tendenz
verstärkte sich im Spätsommer 1998, als die Wall Street über die
Schwierigkeiten von LTCM im Bilde war. Hintergrund: Bloomberg

hatte einen vertraulichen Brief Meriwethers an die Investoren veröffentlicht. Auch Argonaut Capital Management bekam das menschliche
Risiko nicht in den Griff.

Argonaut Capital Management

Die Performance von Argonaut Capital Partners, eines in New York ansässigen Macro Hedge Funds, der von David Gerstenhaber und Barry
Bausano – beide gehörten früher dem Management des Tiger Funds an –
gemanaged wurde, fiel zwischen Januar und Juli 1994 um 28 Prozent.
Erschwerend kam hinzu, dass Bausano im August 1994 aus „persönlichen Gründen" zurücktrat. Beide Ereignisse führten dazu, dass die Investoren Geld vom Funds abzogen. Von den ursprünglich 400 Millionen
Dollar waren 110 Millionen Dollar durch Verluste ausgelöscht, 225 Millionen Dollar wurden von den Investoren abgezogen. Übrig blieben 65
Millionen Dollar. Die Anleger waren offensichtlich nicht bereit, noch
mehr Marktrisiko und ein durch den Wechsel des Managements verur-
sachtes *menschliches Risiko* hinzunehmen.

Strategierisiko

Ein Anleger investiert in einen Funds, dessen Strategie er kennt und von
dessen Strategie er überzeugt ist. Daher erwartet er, dass der Funds diese
Strategie auch in schlechten Zeiten beibehält. Wenn ein Manager seine
Strategie ändert, kann sich die Volatilität des Funds erhöhen. LTCM
wandte sich ab Mitte 1997 dem im Verhältnis zum Anleihengeschäft viel
riskanteren Aktien- und Optionshandel zu. Einigen Investoren missfiel
dieser Strategiewechsel. Vor allem deshalb, weil LTCM seine Klientel
nicht rechtzeitig über die höheren Risiken aufgeklärt hatte. Auch kann
kein Performance-Vergleich mehr stattfinden. Allerdings kann ein Strategiewechsel notwendig sein, wenn sich die Marktbedingungen ändern
oder ein Trader den Funds verlässt. Veränderte Marktbedingungen nicht
zu erkennen kann sehr schmerzhaft sein, wie Manhattan Capital Management Inc. erfahren musste.

Manhattan Capital Management Inc.

„Ich hatte die ehrlichsten Absichten. Ich bin mehr besorgt um meine Aktionäre und Mitarbeiter als um mich", so Michael Berger, Hedge Funds Adviser von Manhattan Capital Management Inc. (MCI) am 16. Januar 2000 in New York. „Jeder weint hier." Dann unterbrach er das Gespräch, küsste seine verängstigte Sekretärin zärtlich auf die Stirn und verabschiedete sich ins Wochenende.

Am 18. Januar 2000 klagte die SEC Michael Berger, MCI und Manhattan Investment Fund (MIF) wegen Betrugs an. Der Hedge Funds war auf den British Virgin Islands registriert und offen für amerikanische und ausländische Investoren. MCI war die in New York ansässige Management-Firma, die von Michael Berger geleitet wurde. Die SEC stellte fest, dass der Hedge Funds bereits im September 1996 angefangen hatte, Verluste einzufahren, die sich letztlich auf 393 Millionen Dollar beliefen. Statt jedoch dieses Minus den Investoren mitzuteilen, gab Michael Berger vor, dass der Funds eine Rendite von zwölf bis 27 Prozent jährlich erzielte. Um die Verluste zu kaschieren, legte Berger falsche Bilanzen an, in denen die Performance und der Wert des Funds überbewertet waren.

Im August 1999 hatte Berger den Investoren noch mitgeteilt, der MIF habe einen Net Asset Value von 426 Millionen Dollar. Tatsächlich war der Hedge Funds aber zu keiner Zeit so groß und im August auf 28 Millionen Dollar zusammengeschmolzen. Berger hatte den Hedge Funds im April 1996 mit einer Summe von 350 Millionen Dollar gestartet. Seiner Investmentstrategie lag die Annahme zugrunde, dass der Aktienmarkt überbewertet sei und unmittelbar vor einer Korrektur stehe. Insbesondere Internet-Werte sollten sich seiner Meinung nach stark abschwächen. Daher verkaufte er die Yahoos, Ebays und Adobes leer, die allerdings bis Anfang 2000 noch deutlich zulegten. Die Verluste beliefen sich am Ende auf mehr als 300 Millionen Dollar. Die falschen Statements waren sowohl vom Fund Administrator als auch vom Funds Auditor abgesegnet worden. Beide traten nach Bekanntwerden des Skandals zurück.

Größenrisiko

Wird ein Funds größer, treten unweigerlich nachteilige Größeneffekte auf. Je größer ein Funds ist, desto schwieriger ist es für ihn, seine Positionen zu schließen. LTCM konnte 1998 seine Positionen nicht mehr schnell genug verkaufen. Strategien, die in einem übersichtlichen Umfeld gegriffen haben, wirken nicht unbedingt auch in einem größeren. Daher ist eine Diversifikation notwendig. Schließlich kommt hinzu, dass der Manager oftmals nicht alle Trades selber durchführen kann und Aufgaben delegieren muss. Fenchurch Capital Management hatte Probleme mit seiner Größe.

Fenchurch Capital Management

Nach einem stabilen Track Record von 21 Prozent innerhalb von sechs Jahren fielen die Hedge Funds der Fenchurch Capital Management Limited von März bis November 1995 um 41 Prozent. Zu Fenchurch Capital Management gehörten Fenchurch Gamma Fund Limited, Beta Fund Limited Partnership und der Fenchurch Capital Composite. In den vorangegangenen Jahren hatte sich das Anlagevermögen infolge der beeindruckenden Performance vervierfacht. Dies veranlasste die amerikanischen Fixed Income Trader, die sich in amerikanischen Bonds-Trades und amerikanischen Yield Curve Arbitrage spezialisiert hatten, nach anderen Märkten und anderen Gelegenheiten zu suchen. Dies bedingte aber ein *Größenrisiko* und ein *Strategiewechselrisiko*. Es wurden Positionen in europäischen Fixed Income Securities und Aktienmärkten aufgebaut, obwohl man wenig Ahnung von diesen Märkten hatte. Das Risikomanagement-System wurde nicht angepasst, und als Konsequenz kam es vor dem Hintergrund steigender Volatilität zu deutlichen Drawdowns. In der Folgezeit zogen sich die ersten Investoren zurück. Fenchurch erhöhte sein Leverage, obwohl die Märkte gegen sie liefen. Dies bedeutete, dass weitere Investoren ihre Positionen in den Hedge Funds auflösten. Der Gesamtwert von Fenchurch Capital Management fiel innerhalb von acht Monaten von 1,4 Milliarden Dollar auf 139 Millionen Dollar. Zwei der drei Hedge Funds wurden daraufhin geschlossen.

2. Risikomanagement

Vor dem Hintergrund der aufgezählten Risiken ist ein effizientes Risikomanagement erforderlich.[37]

a) Value-at-Risk-Methoden

Am weitesten verbreitet ist der von JP Morgan entwickelte Value-at-Risk-Ansatz (VaR). Darunter ist der maximale Verlust zu verstehen, der einem Portfolio innerhalb eines definierten Zeitraums unter normalen Marktbedingungen bei einer vorgegebenen Irrtumswahrscheinlichkeit von fünf oder einem Prozent – was das typische Konfidenzniveau ist – zugefügt werden kann. Das Konfidenzniveau ist das Vertrauensniveau, das an den Enden der Normalverteilung noch fünf bzw. ein Prozent der Fläche abdeckt. Höhere Verluste liegen grafisch an den Enden der Normalverteilung und werden als Fat Tails bezeichnet.

Verteilung von Wahrscheinlichkeit

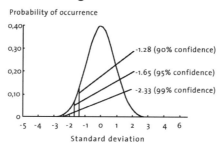

Quelle: Risk Metrics Group

Mit anderen Worten: Eine Bank mit einem täglichen VaR von 35 Millionen Dollar wird bei einem Konfidenzniveau von 99 Prozent an einem Tag mit einer Wahrscheinlichkeit von 99 Prozent nicht mehr als 35 Millionen Dollar verlieren. Ist dem Vorstand das Risiko zu hoch, kann es durch Umdispositionen im Portfolio reduziert werden.

Die Vorteile des VaR-Modells liegen auf der Hand: Der VaR ist eine standardisierte Risikokennzahl für das gesamte Portfolio. Andernfalls müsste man auf die jeweiligen Risk-Parameter der einzelnen Instrumente, z. B. auf das Beta bei Aktien und auf das Delta bei Optionen, zurückgreifen. Dies wäre erstens viel aufwändiger, und zweitens könnte die Interaktion zwischen den einzelnen Faktoren (Kovarianz) nicht berechnet werden.

Grundlagen

Der VaR basiert auf der Annahme der Normalverteilung, die nachfolgend grafisch und formelmäßig dargestellt wird.

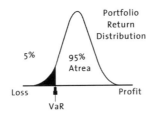

Normalverteilte Renditen

Quelle: Risk Metrics Group

$$f(x) = \frac{1}{\sqrt{2\pi}\sigma}\ e^{\frac{(x-\mu)^2}{2\sigma^2}}\ ; x \varepsilon\ \Re$$

μ kennzeichnet die Maximalstelle der Kurve, σ^2 bestimmt den Anstieg der Kurve. Die Wendepunkte liegen bei μ +/– σ.

Dabei wird das zur Verfügung stehende Datenmaterial mittels stochastischer Methoden analysiert. Besondere Bedeutung erlangen in diesem Zusammenhang die beiden Streuungsmaße Standardabweichung und Varianz. Denn soll eine Verteilung vollständig und exakt beschrieben werden, müssen neben den Mittelwerten auch die Abweichungen der Einzelwerte von den Mittelwerten angegeben werden. Die Varianz ist die Summe der Abweichungsquadrate aller Merkmalswerte einer Verteilung von ihrem arithmetischen Mittel, dividiert durch die Anzahl der Merkmalswerte.

Varianz

$$\frac{\sum_{i=1}^{n}(r_{1i} - \overline{r_1})^2}{n-1}$$

Das arithmetische Mittel ist ein Mittelwert und ergibt sich aus der Summe aller Merkmalsausprägungen, dividiert durch deren Anzahl.

Arithmetisches Mittel

$$\overline{x} = \frac{\sum_{i=1}^{n} x_1}{n}$$

Bei der Standardabweichung handelt es sich um die Quadratwurzel der Varianz. Dieser Streuwert ist exakter, da sich Risiken nicht linear bewegen. Durch die Radizierung bei der Varianz wird dieses Interpretationsproblem gelöst.

Standardabweichung

$$R = \sqrt{\frac{1}{n-1}\sum_{i=1}^{n}(r_{1i} - \overline{r_1})^2}$$

b) Stress Testing

Ein Stress Testing erfolgt erstens durch die Simulation von solchen Schocks, die entweder noch nie da waren oder deren Eintritt aus der Analyse historischer Daten sehr unwahrscheinlich ist. Zweitens durch solche Schocks, die einen permanenten Bruch oder eine vorübergehende Änderung statistischer Muster anzeigen.[41] Die Fat Tails sind die Bereiche, die unter dem Konfidenzniveau von 99 Prozent liegen. Ein Stress Testing wird dadurch erzeugt, dass bestimmte Risiken überproportional erhöht werden, etwa ein Dollarpreis von 0,3 Euro oder der Zusammenbruch des amerikanischen Aktienmarktes. Dahinter steht der Gedanke, dass die Fat Tails von den typischen VaR-Verfahren nicht erfasst werden, da die Wahrscheinlichkeit eines derartigen Szenarios zu gering ist.[42] Der Worst Case tritt sehr selten auf und lässt sich daher nicht mit den für typische VaR-Modelle getroffenen Annahmen erfassen. Gerade aber durch die Vernachlässigung derartiger Möglichkeiten sind bei LTCM die starken Verluste entstanden. Ein Stress Testing kann aber auch historisch nicht begründete Szenarien umfassen.

Daher enthalten moderne Risikomanagementsysteme[43] neben standardisierten VaR-Modellen auch ein Stress Testing und einen Puffer von 20 Prozent unter das definierte VaR-Limit, denn die Fat Tails – d. h. die Regionen extremer Verluste – werden nur unzureichend beschrieben.

Der nachfolgende Chart vergleicht die Häufigkeit der Verteilung von Returns auf Monatsbasis im Fixed Income Arbitrage. Herangezogen werden die Hedge Funds-Strategie mit dem höchsten Leverage, die Normalverteilung im Fixed Income und der JPM Bond Index. Die Darstellung zeigt, dass es in den Fat Tails Ereignisse gibt, welche die Performance wie im Herbst 1998 herunterziehen können.

Typische Renditenverteilung bei Relative Value Strategies

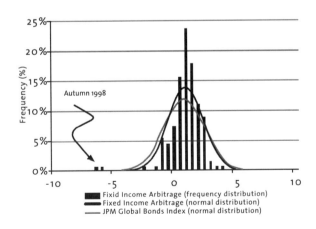

Quelle: HFR, JPM Datastream, USB Warburg (monatliche Renditen zwischen Januar 1990 und März 2001)

Marktneutrale und Long/Short-Strategien in Marktkrisen

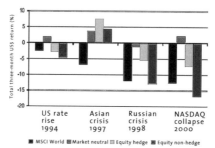

Quelle: HFR, JPM Datastream, USB Warburg

Einige Hedge Funds-Strategien mussten in Krisensituationen zum Teil deutliche Verluste hinnehmen. Dennoch schlugen sie sich besser als die die traditionelle Asset-Klasse widerspiegelnden MSCI, DAX und Nasdaq-Indizes.

c) VaR-Berechnung

Um den VaR zu berechnen, ist ein mehrstufiger Prozess zu durchlaufen. Im ersten Schritt ist das jeweilige Risiko zu bestimmen. Dieses kann z. B. bei Anleihen oder bei Krediten das Zinsänderungsrisiko sein. Im zweiten Schritt muss die Beziehung zwischen Risiko und Preis analysiert werden. In der Regel versucht man lineare Abhängigkeiten herzustellen. Diese sind notwendig, um in einem weiteren Schritt Extrapolationen herzustellen.

Lineare Relationen lassen sich auf zweierlei Weise bestimmen, zum einen empirisch, d. h. über die Schätzung der Faktoränderung, zum anderen über Bewertungsmodelle. Dabei kann entweder die Analyse der Preisänderung über eine Neubewertung ablaufen, oder es erfolgt eine Approximation der Preisänderung anhand von Faktorsensitivitäten. Mit anderen Worten: Man setzt die Preise bestimmten Risiken aus und misst, wie stark sie sich ändern, d. h. wie sensitiv sie sind. Im dritten Schritt werden die Szenarien der Risikofaktoren durchgespielt. Hierbei haben sich vier Verfahren durchgesetzt: die Varianz-Kovarianz-Methode, die Monte-Carlo-Simulation, die Historische Simulation und das Benchmark-Szenario.

Value at Risk Report

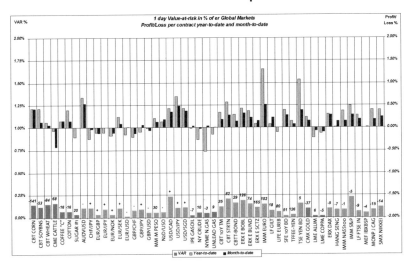

Global Markets Fund: Daily Investor Report 10-03-15

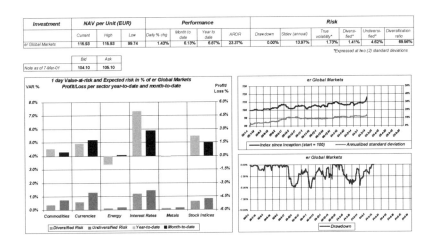

Varianz-Kovarianz-Methode

Die Varianz-Kovarianz-Methode setzt lineare Beziehungen zwischen Preis und Risikofaktoren sowie deren gegenseitige Abhängigkeit voraus. Diese erreicht sie über die Linearisierung von Sensitivitäten. Anhand der Verteilung der Risikofaktoren lässt sich auf die Verteilung der

153

Portfoliowerte schließen. Zur Vereinfachung wird davon ausgegangen, dass die täglichen Änderungen zweier Spotrates bivariat normalverteilt sind, d. h. jede der beiden Spotrates normalverteilt ist, und dass beide Spotrates eine bestimmte Korrelation aufweisen. Diese bivariate Normalverteilung wird deshalb durch die Standardabweichungen der täglichen Änderungen beider Spotrates und deren Korrelation beschrieben. Als Ergebnis erhält man den VaR, bezogen auf ein definiertes Konfidenzniveau.

Die Vorteile liegen zum einen im geringen Rechenaufwand, zum anderen darin, dass eine Analyse alternativer Szenarien bezüglich beliebiger Standardabweichungen und Korrelationen der Risikofaktoren möglich ist. Die Nachteile bestehen erstens in der Annahme einer Normalverteilung, die in der Realität häufig nicht gegeben ist, und zweitens darin, dass die Analyse der Beziehung von Risikofaktoren und Preisen bei Instrumentarien wie z. B. bei Optionen nicht möglich ist, da Optionen konvex sind. Ein dritter Vorteil liegt in der Tatsache, dass ein Stress Testing nicht möglich ist.

Monte-Carlo-Simulation

Die Monte-Carlo-Simulation stellt die Beziehung zwischen Preis und Risikofaktoren anhand einer Bewertungsformel dar. Sie simuliert die Risikofaktoren und die Preisänderungen des Portfolios. Als Ergebnis erhält man den VaR, bezogen auf ein definiertes Konfidenzniveau.

Vorteilhaft ist, dass auf der einen Seite auch nicht lineare Relationen erfasst werden. Auf der anderen Seite kann auch eine Analyse alternativer Szenarien bezüglich beliebiger Standardabweichungen und Korrelationen der Risikofaktoren einfach durchgeführt werden. Nachteilig sind dagegen erstens der hohe Rechenaufwand, zweitens die Normalverteilungsannahme und drittens die Tatsache, dass ein Stress Testing nicht durchgeführt werden kann.

Historische Simulation

Die Historische Simulation untersucht direkt, wie sich der Preis in der Vergangenheit entwickelt hat. Sie stellt eine Beziehung der Preis-Risiko-Faktoren anhand einer Bewertungsformel her. Dann simuliert sie die Risikofaktoren anhand historischer Daten und simuliert entsprechend eine Preisänderung des Portfolios. Als Ergebnis erhält man den VaR, bezogen auf ein definiertes Konfidenzniveau.

Vorteilhaft ist zum einen die Berücksichtigung der tatsächlichen Verteilung der Risikofaktoren, zum anderen, dass auch nicht lineare Beziehungen erfasst werden. Nachteilig sind die hohen Anforderungen an das verwendete Datenmaterial.

Benchmark-Szenarien

Bei Benchmark-Szenarien wird die typische Bewegung von Risikofaktoren analysiert. Dabei sind die Definition der Risikofaktoren und die Korrelation zu einer Benchmark, wie etwa dem S&P 500, entscheidend. Das Konfidenzniveau wird in Bezug auf die Bewegung der Spotrates interpretiert und nicht in Bezug auf den VaR. Die Berechnung der Preisänderung des Portfolios erfolgt über den Vergleich mit verschiedenen Szenarien. Der VaR ist der maximale Verlust.

Die Vorteile bestehen zum einen im geringen Rechenaufwand, zum anderen im Umstand, dass qualitativ hochwertiges Datenmaterial nicht benötigt wird. Die Nachteile sind erstens im Umstand zu sehen, dass bestimmte Risiken übersehen werden können. Zweitens, dass das Konfidenzniveau nicht eindeutig festlegbar ist, drittens, dass die Vergleichbarkeit mit anderen Methoden nur bedingt möglich ist, und viertens, dass die Festlegung der Szenarien bei mehreren Risikofaktoren schwierig ist.

Fazit

Welcher Ansatz letztlich zur Anwendung kommt, ist eine Frage der Rechenkapazitäten und Methodik. Im Ergebnis erhält man eine Kennziffer, die angibt, mit welcher Wahrscheinlichkeit eine durch Marktrisiken induzierte Änderung des Wertes einer risikobehafteten Vermögensposition innerhalb eines bestimmten Bewertungszeitraums nicht überschritten wird. Der Untergang von LTCM, das ausgefeilte VaR-Programme besaß, beruhte allerdings auf der Nichtbeachtung der VaR-Limits. Da auch viele andere Marktteilnehmer im Herbst 1998 die Warnsignale ignoriert hatten, kam es im September 1998 zum großen Shake-out.

IV. Benchmark-Problematik

Es ist ein offenes Geheimnis, dass Hedge Funds von der Financial Community geschätzt und bewundert werden, aber dennoch eine mysteriöse Asset-Klasse geblieben sind, und dies vor allem deshalb, weil noch keine allgemeingültige Performance-Messung vorliegt. Nicht zuletzt die existierenden Hedge Funds-Indizes geben ein zum Teil konfuses Bild des Hedge Funds-Universums.

Hedge Funds-Indizes schaffen eine Möglichkeit für jedermann, in Hedge Funds zu investieren, denn sie geben dem Investor den Schutz einer verlässlichen Benchmark-Performance und zugleich den Vorteil einer Diversifizierung zwischen Manager und Stil. Darüber hinaus können Derivate auf sie begeben werden.

Exkurs

Es gibt drei industrietypische Ansätze im Asset Management. Dies sind der Index-Ansatz, der quantitave und qualitative Ansatz. Bei den beiden zuletzt genannten steht der aktiv gemanagede Funds of Funds im Zentrum, beim ersten passiv gemanagede Indexprodukte.

Der Index-Ansatz besticht durch seine einfache Verständlichkeit, klaren Investmentregeln und die große Diversifikation, die den Investor vor managerspezifischen Risiken schützt. Aus Anbietersicht ist dieser Ansatz heute klar das Modell mit den größten Margen. Viele Anleger lieben diesen Approach, da sie ohnehin passiv gemanageden Anlageformen zugeneigt sind. Dagegen findet der quantitative Ansatz seine Anhänger unter solchen Investoren, die auch bei traditionellen Anlagen das Optimieren statistisch gemessener Risiken schätzen. Vertreter des qualitativen Ansatzes bevorzugen eine rigorose Due Diligence und Monitoringprozesse. Der betriebene Researchaufwand wiege die Kosten der Überwachung auf. Welcher Ansatz zu favorisieren ist, ist Geschmackssache, hängt aber auch vom Marktumfeld ab.[38]

Allerdings ist die Entwicklung von investablen Hedge Funds-Indizes nur sehr langsam und teilweise recht enttäuschend vorangekommen. Ein sauber strukturierter Hedge Fund-Index sollte sowohl wirtschaftliche als auch steuerliche Vorteile bieten. Die restriktiven Konstruktionsregeln engen die Steuervorteile aber ein. Diese können durch den Einsatz von Derivaten wiederhergestellt werden. Daher kann der Anleger in den Genuss der Hebelwirkung kommen, wenn er Derivate auf den Index kauft. Zum Beispiel wäre ein Swap auf den Standard & Poor's 500 Stock Index so lange nicht steuerbar, bis aktuelle Auszahlungen getätigt oder erhalten oder der Kontrakt beendet wird. Ein Swap auf einen Hedge Fund-Index wird ebenso behandelt.

Der größte Nachteil besteht darin, dass diese Vorgehensweise dem Anleger keine Chance lässt, von der außergewöhnlich guten Performance eines einzelnen Hedge Funds zu profitieren. Allerdings können die voraussagbaren steuerlichen Vorteile durch die Swaps auf die Indizes den überdurchschnittlichen Return übertreffen.

Ein Swap wird eingesetzt, um Exposure auf einen spezifischen Index zu schaffen und um Steuervorteile zu ermöglichen. Swap-Verluste und -Gewinne sind nicht steuerbar, bevor sie nicht realisiert werden oder der Vertrag beendet wird. Daher kann die Besteuerung der Returns verschoben werden. Wird der Kontrakt vorzeitig beendet, wird der Gewinn oder Verlust als Kapital behandelt. Wenn der Swap wie im Kontrakt vorgesehen am Ende der Laufzeit beendet wird, werden Gewinn und Verlust dann besteuert.

Im Gegensatz hierzu kurz die Implikationen eines Direkt-Investments in Hedge Funds: In diesem Fall müssen kurzfristige Gewinne und Zinsen jedes Jahr versteuert werden, wenn sie vom Fund realisiert werden, selbst wenn keine Verteilung oder kein Wechsel im Volumen des investierten Geldes stattfindet. Vor diesem Hintergrund bietet ein Investment in Hedge Funds über Indizes eindeutige Vorteile.

Das Benchmarking ist sehr schwierig, denn Alternative Investments tauchen heutzutage in verschiedenen Formen auf und können als natürliche

Erweiterung des traditionellen Investmentstils angesehen werden.[39] Nach Schätzung des Hennessee Group Research Report (2002) verwalten derzeit 6.000 Hedge Funds mehr als 600 Milliarden Dollar. Es gibt mehr als zehn konkurrierende Hedge Fund-Indizes von unterschiedlichen Datenlieferanten. Hedge Funds-Indizes bringen zum Teil stark voneinander abweichende Zahlen, denn sie legen bei der Auswahl der Funds unterschiedliche Maßstäbe an, etwa bei der Klassifizierung der Investmentstile, der Größe und des Track Records sowie bei der Gewichtung der einzelnen Investmentrichtungen.

Das wirft die Frage auf: Was ist ein guter Index? Im Grunde liefert jeder Index ein unvollständiges Bild. Außerdem: Ein Index für eine Strategie kann nie das gesamte Hedge Funds-Universum abbilden, und ein alle Hedge Funds-Stile umfassender Index läuft immer Gefahr, eine falsche Gewichtung vorzunehmen.

1. Die existierenden Indizes sind nicht repräsentativ

In der Ein-Faktor-Welt der Sechziger und Siebziger Jahre war die Notierung eines guten Index davon abhängig, ob er ein ausgewogenes Portfolio mit der größten Nähe zum Marktportfolio abbildet. Auf Alternative Investments lässt sich diese Logik allerdings nicht übertragen, und dies aus folgenden Gründen: *Erstens* unterliegen Hedge Funds keinen strengen Reporting-Pflichten, so dass die Information, wie viel Assets sich under Management befinden, immer mit einem gewissen Unsicherheitsgrad verbunden ist. Das ist der Grund, warum alle existierenden Hedge Funds-Indizes mit Ausnahme des CSFB/Tremont ein *gleich gewichtetes* im Gegensatz zu einem *kapitalgewichteten* Schema verwenden. Da Hedge Funds nicht gezwungen sind, ihre Performance offen zu legen, bilden die existierenden Daten auch nur einen kleinen Teil des Hedge Funds-Universums ab.

Zweitens: Die existierenden Indizes leiden unter einem Bias: Die meisten Indizes mit Ausnahme des Zurich Index ordnen die Indizes nach den Investmentstilen ein, welche die Hedge Fund-Manager selbst vorgegeben haben. Mit anderen Worten: Ein gesondertes Rating durch den Provider findet nicht noch einmal statt. Außerdem wollen Hedge Funds-Manager keine Angaben über ihren Investmentstil machen. Daher macht es nur Sinn, auf den Angaben zu vertrauen, wenn der Manager einem einzigen Stil folgt und der angegebene Investmentstil auch in der Praxis umgesetzt wird.

Drittens enthalten Hedge Funds Schieflagen, die auf die Datenbasis zurückgehen. Es gibt vier Hauptgründe für die Unterschiede zwischen der Performance der Hedge Funds in der Datenmenge und der Performance in der Population: *Survivorship Bias, Selection Bias, Instant history Bias* und *Korrelations-Bias*.[44]

Exkurs

Survivorship Bias tritt auf, wenn ein Hedge Funds aufhört, an einen Datenanbieter zu berichten, und der Fund bzw. die Datenreihe aus der Datenbank entfernt wird. Außerdem berichten nicht alle Funds. Vor allem erfolgreiche Funds haben es nicht nötig, ihre Karten aufzudecken. Sie wollen sich stattdessen ihren Vorsprung vor der Konkurrenz bewahren.

Selection Bias wird dadurch verursacht, dass die Berichterstattung an den Anbieter von Hedge Fund-Daten freiwillig geschieht. Dies kann zu Über- und Unterschätzung der Performance führen. Wenn sich nur Funds mit einem guten Leistungsausweis dazu entschließen, regelmäßig zu reporten, werden die durchschnittlichen Renditen der Hedge Funds in einer Datenbank ein zu positives Bild der Realität vermitteln.

Instant History Bias charakterisiert die Überschätzung der Hedge Fund-Performance. Wird ein Hedge Fund in eine Datenbank neu aufgenommen, werden in der Regel die Renditen dieses Fund ebenfalls integriert. Verläuft die Anfangsphase erfolgreich, wird versucht, den Hedge Fund durch Platzierung in einer Datenbank zu vermarkten. Bleibt der Erfolg aus, wird dieser Schritt unter Umständen nicht stattfinden. Diese Praxis führt dazu, dass die durchschnittliche Rendite der Hedge Funds in einer Datenbank ein zu positives Bild der Realität vermitteln.

Bei der Berechnung von *Korrelationen* zwischen Hedge Funds und traditionellen Anlagen treten Schieflagen auf, indem man sich beim monatlichen Reporting in der Regel mit den zuletzt gehandelten Preisen für die zum Teil illiquiden Anlagen begnügt. Die Korrelation zu traditionellen Indizes wird durch ein solches Vorgehen meist zu tief ausgewiesen, da immer erst eine verzögerte, nicht synchrone Anpassung der Preise stattfindet.

2. Daten

Nahezu alle Provider bieten die Möglichkeit des Downloads der Daten von ihren Homepages an. Teilweise müssen Daten aber noch gekauft und teilweise direkt von den Hedge Funds angefordert werden, weil sie nicht veröffentlicht worden sind. Danach sind die Hedge Funds nach einzelnen Strategien zu ordnen. Ein Hauptproblem besteht darin, dass viele Strategien bei unterschiedlichen Anbietern unterschiedlich bezeichnet werden. Zum Beispiel gebrauchen einige Provider die Terminologie „Convertible Hedge", während andere die gleiche Strategie als „Convertible Arbitrage" bezeichnen. Im gleichen Zusammenhang verwenden Evaluation Associates Capital Markets (EACM) und Hedgefundnet (HF Net) das Label „Risk arbitrage", um Strategien zu kennzeichnen, die bei Altvest, Hedge Fund Research (HFR), Zurich oder Hennessee als „Merger Arbitrage" charakterisiert werden. Im Großen und Ganzen gibt es 27 unterschiedliche Strategien. Die nachfolgende Betrachtung beschränkt sich aber aus Gründen der Vereinfachung auf die ersten zwölf Investmentstile.

Die Differenzen bei den monatlichen Returns sind spektakulär und können größer als 20 Prozent sein, wie der nachfolgenden Tabelle zu entnehmen ist. Zum Beispiel meldete Zurich im Februar 2000 im Bereich Long/Short einen Return von 20,48 Prozent, wohingegen EACM ein Minus von 1,56 Prozent berichtete. Daher konnte man sehr leicht einen Long/Short-Strategy-Index outperformen, wenn die Daten von EACM und nicht die von Zurich zugrunde gelegt wurden. Short Selling produzierte auch ein Maximum an Unterschieden in Returns über 20 Prozent, während Emerging Market und Global Macro von den Zahlen sehr nahe beieinander (19,45%, bzw. 17,8%) waren. Außerdem ist zu beachten, dass hohe Abweichungen in Krisenzeiten auftreten. Für sieben Strategien werden die stärksten Unterschiede zwischen den Monaten August und Oktober 1998 – also im Zuge der LTCM-Krise – festgestellt. Index Returns sind demnach in turbulenten Zeiten weniger homogen. Dies ist zu beklagen, weil einige Hedge Funds-Indizes es offensichtlich versäumt haben, genaue Informationen von den Managern anzufordern. Zum Beispiel findet man eine maximale Differenz von fast 30% bei Long/Short oder von 16,52% bei Relative Value in Krisenzeiten, verglichen mit 22,04 Prozent oder 10,47 Prozent auf monatlicher Betrachtungsweise. Dies zeigt auch, dass Abweichungen in konkurrierenden Indizes auf Monatsebene auch nicht abgeglichen werden.

Sub-Universe	Maximale Differenz (mit Daten und Indizes)
Convertible Arbitrage	4,75 % [Oktober 98, CSFB (-4,67)/Hennessee (0,08)]
Emerging Markets	19,45 %[August 98; MAR (-26,65)/Altvest (-7,2)]
Equity Market neutral	5 % [Dezember 1999, Hennessee (0,2)/Van Hedge (5,2)]
Event Driven	5,06 % [August 1998; CSFB(-11,77%)/Altvest (-6,71)]
Fixed Income	10,98 %[Oktober 1998, HF Net (-10,78)/Van Hedge (0,2)]
Global Macro	17,80 %[Mai 00; Van Hedge (-5,8)/HF Net (12)]
Long/Short	22,04 % [Februar 00; EACM (-1,56)/Zurich (20,48)]
Merger Arbitrage	1,85 % [September 98, Altvest (-0,11)/HFR (1,74)]
Relative Value	10,47 % [September 98; EACM (-6,07)/Van Hedge (4,40)]
Short Selling	21,20 % [Februar 00, Van Hedge (-24,3)/EACM (-3,09)]
Distressed Securities	7,38 % [August 98; HF Net (12,08)/Van Hedge (-4,07)]
Fund of Funds	8,01 % [Dezember 99, MAR-Zurich (2,41)/Altvest (10,42)]

Quellen: Amenc, Noel, Martillini, Lionel, Brave New World of Hedge Fund Indices

Sub-Universe	Durchschnittliche Korrelation	Niedrigste Korrelation
Convertible Arbitrage	0,8183	0,6350
Emerging Markets	0,9284	0,8301
Equity Market neutral	0,4276	0,1258
Event Driven	0,9232	0,8458
Fixed Income	0,5407	0,2254
Global Macro	0,5598	0,2698
Long/Short	0,4575	-0,1901
Merger Arbitrage	0,9193	0,8797
Relative Value	0,6752	0,3042
Short Selling	0,8811	0,7796
Distressed Securities	0,8645	0,7218
Fund of Funds	0,8757	0,7985

Quellen: Amenc, Noel, Martillini, Lionel, Brave New World of Hedge Fund Indices

Die Korrelation kann zwischen zwei konkurrierenden Indizes in der gleichen Strategie weniger als 0,16 betragen, wie etwa zwischen Hennessee und MAR bei den Equity Market Neutral Indizes. Sie kann sogar negativ werden wie – 0,1901 bei EACM und Zurich im Fall der Long/Short-Indizes. Dies zeigt die starke Abweichung im Net Exposure bei zwei konkurrierenden Indizes. Die mittlere Korrelation zwischen zwei konkurrierenden Indizes in einem bestimmten Stil kann niedrig sein und bei 0,4 liegen. Insbesondere Equity Market Neutral Strategies zeigen eine niedrige Korrelation von 0,4276 in der durchschnittlichen Korrelation. Interessant ist, dass Hedge Funds-Strategien mit dieser geringen Korrelation am stärksten marktneutrale Eigenschaften aufweisen. Dazu zählen *equity market neutral*, *long/short* und zu einem geringeren Maß auch *fixed income arbitrage*. Die erste Erklärung ist, dass die Manager versuchen, eine reine Alpha-Strategie zu verfolgen mit wenig – um nicht zu sagen: gar keinem systematischen – Risiko, während eher direktionale Strategien eine große Exponiertheit zu Standard-Asset-Klassen haben. Das andere Extrem findet man zum Beispiel in den *Emerging-Markets, Merger-Arbitrage* oder *Event-driven-Strategien*, wo ein Höchstmaß an Homogenität vorhanden ist. Zum Beispiel ist beim Merger Arbitrage die maximale Differenz in den monatlichen

Returns bei 1,85 Prozent mit einer durchschnittlichen Korrelation von 0,9. Das bedeutet, dass Manager, die Merger Arbitrage spielten, in etwa die gleichen Strategien verfolgten.

3. Implikationen für die Faktoranalyse und die Asset Allocation

Hedge Funds sind nicht nur Marktrisiken ausgesetzt, sondern auch und vor allem Volatilitäts -, Kredit- und Liquiditätsrisiken. Die Heterogenität von Hedge Funds-Indices lässt sich durch ihre Reaktion auf verschiedene Risikofaktoren testen. Als Risikofaktoren werden hier eingesetzt:

Equity Risk, basiert auf Returns des S&P 500

Equity Volatility Risk, basiert auf Veränderungen des Durchschnitts bei den monatlichen Schwankungen des VIX Contracts. Der VIX ist 1993 von der CBOE eingeführt worden und misst die Volatilität des US-Aktienmarktes. Dieser Index wird auf der Grundlage eines gewogenen Durchschnitts der impliziten Volatilität von acht OEX-Calls und -Puts berechnet. Die ausgewählten Optionen haben eine durchschnittliche Zeit bis zum Verfall von 30 Tagen.

Fixed Income Risk, angenähert auf der dreimonatigen T-Bill-Rate

Slope Risk, basiert auf der monatlichen Betrachtung der Differenz zwischen der Rendite der dreimonatigen und zehnjährigen Staatsanleihe

Currency Risk, basiert auf dem Volumen gewogenen Währungsindex gegen den US-Dollar

Commodity Risk, basiert auf dem Volumen gewichteten Index von Waren

Credit Risk, liegen die monatlichen Veränderungen der Rendite langlaufender Baa-Anleihen und langlaufender AAA-Anleihen zugrunde.

Liquidity Risk, basiert auf den Veränderungen des monatlichen Marktvolumens an der New York Stock Exchange (NYSE)

Die nachfolgende Tabelle betrachtet nur die Korrelationen konkurrierender Indizes mit diesen Faktoren, bezogen auf das Fixed-Income-Arbitrage-Universum. Zum Beispiel ist der *HFR Fixed-Income-Arbitrage Index* negativ korreliert mit dem Return auf den S&P 500 (-0,16), wohingegen der *Van Hedge fixed-income arbitrage index* eine positive Korrelation größer 0,5 zeigt. Ähnlich sind die Fixed-Income-Arbitrage-Strategien mit dem Volatilitätsrisiko positiv korreliert (CSFB, HFR, HF Net), während andere negativ korreliert sind (Van Hedge, Hennessee).

FIXED INCOME ARBITRAGE	F1	F2	F3	F4	F5	F6	F7	F8
CSFB	0	0.12	0.15	0.23	0.42	0.05	-0.38	-0.1
HFR	-0.16	0.14	0.25	0.19	0.57	0.07	-0.24	-0.18
Van Hedge	0.53	-0.47	0.09	0.02	-0.13	0.14	-0.16	-0.05
Hennessee	0.37	-0.37	0.06	0.19	0.26	0.12	-0.22	-0.12
HF Net	-0.10	0.20	0.22	0.20	0.42	0.03	-0.37	-0.01

F1 = Return des S&P 500 Index
F2 = Veränderungen im VIX
F3 = T-Bill-Rate
F4 = Differenz zwischen dreimonatiger und
    zehnjähriger US-Staatsanleihe
F5 = Veränderungen im Volume-weighted Währungsindex gegenüber
    dem US-Dollar
F6 = Veränderungen im Volume-weighted Warenindex
F7 = Veränderungen der Renditen bei langlaufenden Baa-Anleihen und
    langlaufenden AAA-Anleihen
F8 =Veränderungen im monatlichen Volumen an der NYSE

Quelle: Amenc, Noel, Martillini, Lionel, Brave New World of Hedge Fund Indices

4. Wo ist der richtige Index?

Angesichts der großen Zahl konkurrierender Indizes fällt es schwer, den richtigen Index für eine spezifische Asset-Allocation zu finden. Das Problem besteht darin, dass man kein klares und definitives Urteil abgeben kann, welcher Provider der beste für ein bestimmtes Marktsegment ist. Alle existierenden Indizes haben Vor- und Nachteile. Zum Beispiel hat Zurich Capital Markets (ZCM) versucht, einen Prozess zu schaffen, der die Stilechtheit der Indizes garantiert. Eingesetzt wird hierzu auf der einen Seite eine objektive statistische *Cluster based*-Prozedur für die Stilklassifikation, um die selbstdefinierte Einschätzung der Hedge Fund-Manager zu überprüfen. Auf der anderen Seite setzt ZCM keine übergroße Datenbank ein wie einige der Konkurrenten. ZCM-Indizes liegen 60 Hedge Funds zugrunde, während HFR zum Beispiel Daten von 1.100 Hedge Funds analysiert.

V. Anlageprozess

Zu einem umfassenden Anlageprozess auf der Fund of Funds-Ebene gehören die richtige Auswahl der Anlagestrategie, die Asset-Allocation die Managerselektion und die Risikoüberwachung. Vor allem bei der Managerselektion und der damit verbundenen Funds-Auswahl bilden die quantitative und die qualitative Analyse komplementäre Tools. Letztlich ist die Risikoüberwachung von entscheidender Bedeutung. Das Risikomanagement wurde schon im vorangehenden Kapitel thematisiert.

CA-AM Alternative Investment Products Group
Anlageprozess

Der Dachfunds-Manager führt vor seiner Anlagenentscheidung eine quantitative und eine qualitative Analyse durch. Die Komplexität vieler Hedge Funds-Strategien macht eine eingehende Untersuchung der Anlagestrategie, des individuellen Managers und seines Teams sowie der Organisation der Arbeitsabläufe im Anlage- und Abwicklungsbereich notwendig.[47]

Direktanlage versus Dachfonds

SOLLTEN UNTERNEHMEN SELBSTSTÄNDIG IHR EIGENES PORTFOLIO AN ALTERNATIVEN ANLAGEN STRUKTURIEREN WOLLEN, WÄREN FOLGENDE PUNKTE ZU BERÜCKSICHTIGEN.

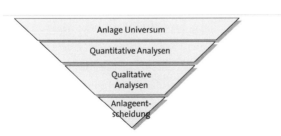

1. Quantitative Analyse

Die quantitative Analyse bewertet den Track Record des Single Hedge Funds im Vergleich zur Peer Group und untersucht die Korrelation mit Kapitalmärkten und anderen Portfolioinvestitionen. Gleichzeitig werden die Konsistenz der Erträge, die Volatilität und das Verlustpotenzial gemessen. Außerdem analysiert der Fund of Funds-Manager das aktuelle Portfolio zu mindestens zwei unterschiedlichen Zeitpunkten. Mit Hilfe detaillierter Fragebögen, mit spezifischen Fragen für jede Hedge Funds-Stilrichtung sowie durch persönliche Gespräche und Interviews wird ein „Filterprozess" eingeleitet, den alle Ziel- oder Subfonds zu durchlaufen haben, um dann letztlich als Einzelfonds in den Dachfonds allokiert zu werden.

Vier Kategorien – englisch auch die vier P der qualitativen Due Diligence – stellen die Eckpfeiler einer Fondsauswahl dar:
1. People (Manager und Mitarbeiter)
2. Process und (Investment-)Philosophy (Anlageentscheidungsprozess und Anlagephilosophie)
3. Performance (Analyse der Wertentwicklung und Risikostruktur)
4. Partnership Details (Firmenhintergrund und Emissionsunterlagen)

Besonders wichtig ist es, die Eigentumsverhältnisse, die Entwicklung und den Hintergrund des Hedge Funds zu analysieren. Hat der Single-Hedge Funds-Manager einen Großteil seines Vermögens investiert, besteht eine hohe Übereinstimmung des Interesses am Anlageerfolg bei Anleger und Manager. Ist er einen hohen Leverage eingegangen, kann von dritter Seite ein nicht unerheblicher Einfluss auf das Portfolio genommen werden kann. Ebenso wichtig ist es, das Volumen des verwalteten Vermögens festzustellen. Ein Hedge Funds-Manager kann nur ein bestimmtes Volumen sorgfältig verwalten. Abschließend ist auf das Personal zu sehen. Der Weggang eines Star-Traders oder Star-Analysten kann zu erheblichen Performance-Einbrüchen führen. Der Single-Hedge Funds-Manager legt in seinem Report sein Investmentuniversum, seinen Handelsstil, seine Market-Exposure, seine maximale/minimale Positionsgröße, die Auswirkungen des Marktumfeldes, eine Portfolioanalyse und sein Risikomanagement dar. Vor allem der Umgang mit Risiken ist bei Absolut-Return-Strategien von entscheidender Bedeutung.

Exkurs

Bei der Anwendung der traditionellen Portfolio-Theorie auf Hedge Funds-Renditen ist Vorsicht geboten.[49] Kritische Anmerkungen zu den Performance-Zahlen kommen in regelmäßigen Abständen von der Universität Reading.[45] Die Vorzüge von Hedge Funds könnten auf Grund fehlerhafter statistischer Analysen übertrieben dargestellt worden sein. Zu diesem Schluss kommt eine Studie, in der die Performance von Hedge Funds über einen Zeitraum von sechs Jahren beobachtet wurde.

Nach der Untersuchung von Chris Brooks und Harry Kat von der Universität Reading folgen die Renditen von Hedge Funds nicht dem normalen Verteilungsmuster, der so genannten „Glocken"-Kurve. Stattdessen erzielen sie extremere Ergebnisse, als bei einer solchen Verteilung auftreten würden. Von diesen Ergebnissen befindet sich eine größere Zahl im negativen Bereich, als man erwarten durfte.

Das führt dazu, so die Studie, dass Anleger, die einen traditionellen statistischen Ansatz wie den Median und die Standardabweichung wählen, einen zu großen Teil ihrer Mittel in Hedge Funds anlegen.[F5]

Die Wissenschaftler, deren Untersuchung auf Zahlen aus Hedge Funds-Indizes von 1995 bis 2001 beruht, haben auch herausgefunden, dass die meisten Hedge Funds-Kategorien eine überraschend hohe Korrelation zu den US-Börsen aufweisen, und das trotz der unorthodoxen Strategien, die ihre Verwalter verfolgen.

Einige Hedge Funds-Arten weisen eine hohe Autokorrelation auf – d. h., die Rendite eines Monats ist meist dieselbe wie im vorherigen. Das ist wahrscheinlich Ausdruck der Schwierigkeit, Marktpreise für die schwer veräußerbaren Wertpapiere zu finden, auf die sie spezialisiert sind. Es könnte jedoch auch bedeuten, dass die Renditen solcher Fonds wesentlich stabiler aussehen, als sie tatsächlich sind.

Während Hedge Funds im Durchschnitt attraktive Renditen zu erwirtschaften scheinen, gehen Anleger ein wesentlich größeres Risiko erheblicher Verluste ein als bei konventionell geführten Funds, lautet das Ergebnis der Studie.

In einer neuen Studie analysiert Harry Kat gemeinsam mit Gaurev Amin die komplexe Risikostruktur von Hedge Funds.[46] Die Analyse widmet sich den Diversifikationseffekten bei der Einführung von Hedge Funds in ein traditionelles Portfolio von Aktien und Anleihen. Die Studie zeigt, dass Hedge Funds in Bezug auf Skewness (Schiefe) und Kurtosis (Flachheit) kein optimaler Fit sind. Kurtosis basiert auf der Größe der Enden der Verteilung. Verteilungen mit relativ großen Tails heißen leptokurtisch, solche mit kleinen Tails heißen platikurtisch. Rechtsschiefe Verteilungen setzen im Gegensatz zu linksschiefen eine vergleichsweise größere Tendenz zu positiven Renditen und einen besseren Schutz vor Verlusten. Andererseits ist die Wahrscheinlichkeit, Renditen unter dem arithmetischen Mittel zu erzielen, bei der rechtsschiefen Verteilung höher, während die linksschiefe Verteilung tendenziell mehr positive Renditen hervorbringt.

Hedge Funds sollen Investoren mit dem Besten aus beiden Welten versöhnen: vergleichbaren Renditen wie bei Aktien und einem geringen Risiko wie bei Anleihen. Bei einem normalen Risiko, wie es üblicherweise bei der Standardabweichung der Fall ist, trifft diese Aussage auch zu. Andere Szenarien zeigen jedoch, dass die Risikostruktur von Hedge Funds komplizierter ist als bei Aktien und Anleihen. Dies bedeutet, dass es hier nicht ausreichend ist, die Standardabweichung als einzige Kennziffer der Risikomessung zu verwenden. Investoren müssen außerdem der Skewness und Kurtosis zusätzlich Beachtung schenken. Dies wiederum belegt, dass Hedge Funds nicht notwendigerweise ein free lunch sind. Die attraktive Standardabweichung korreliert mit einer ungünstigeren Skewness und Kurtosis.

Untersucht wird die Performance von zufällig ausgesuchten Hedge Funds-Baskets, die einen bis zwanzig Funds enthalten. Festgestellt wird, dass bei Zunahme der Hedge Funds die Standardabweichung besser wird, aber dass sich im gleichen Schritt die Skewness und die Korrelation zum Aktienmarkt erhöhen. Kurtosis und Korrelation zu Bonds werden vergleichsweise wenig durch die Anzahl der Hedge Funds beeinflusst. Außerdem zeigen die einzelnen Hedge Funds eine hohe Variation in ihrer Performance. Werden sie in einem Portfolio zusammengefasst, fällt die Variation stark, aber in nachlassendem Maß. Für Portfolios mit mehr als 15 Funds ist der Rückgang gering. Das Ergebnis ist, dass Hedge Funds nicht besonders gut mit Aktien harmonieren. Obwohl Hedge Funds in einem traditionellen Portfolio die Standardabweichung erhöhen, werden die Skewness niedriger und die Kurtosis höher. Das bedeutet, dass Hedge Funds nicht eine so günstige Beimischung sind, wie vielfach behauptet wird. Im Ergebnis steht, dass Hedge Funds als Ergänzung nur wenig Einfluss auf die Gesamtperformance des Portfolios haben.

Daten

Ausgegangen wird von 455 Funds mit einer sieben Jahre anhaltenden Performance. Jeder Fund wird im Falle seines Kollaps durch ein Zufallsverfahren durch einen anderen ersetzt, der eine vergleichbare Größe und Strategie hat wie der Vorgänger. Dabei wird davon ausgegangen, dass die Investoren in der Lage sind, problemlos von dem einen in den anderen Funds ohne zusätzliche Kosten zu switchen. Dadurch werden allerdings die wahren Kosten aus zwei Gründen vernachlässigt. *Erstens:* Wenn ein Fund sein Geschäft einstellt, hat der Investor nach einem Ersatz zu suchen. Das nimmt Zeit und Geld in Anspruch. *Zweitens:* Investoren wechseln häufig aus dem alten in den neuen Funds zu einem Wert, der weniger attraktiv ist als der end-of-month NAV (Nettoinventarwert –

Anlagen minus Verbindlichkeiten) in der Datenbank. Diese Effekte lassen sich aber nicht ohne weitere Informationen ausschließen.

Diversifikation mit Hedge Funds

Ein Grund für Investoren, in Hedge Funds zu investieren, besteht darin, ihr Risiko zu reduzieren, ohne auf die erwartete Rendite zu verzichten. Basierend auf monatlichen Returndaten in dem Betrachtungszeitraum von 1994 bis 2001 hat ein Portfolio mit 50 Prozent Aktien und 50 Prozent Anleihen eine Rendite von einem Prozent pro Monat. Das Gleiche gilt für ein diversifiziertes Hedge Funds-Portfolio. Indem man also Hedge Funds, die mit Aktien und Anleihen lose korreliert sind, in ein Portfolio für die Aktien und Anleihen einsetzt, kann der Investor die Standardabweichung im Portfolio und damit sein Risiko reduzieren und gleichzeitig einen Return von einem Prozent erzielen.

Um den Diversifikationsprozess im Detail zu untersuchen, werden 500 verschiedene Portfolios mit jeweils 20 Hedge Funds geschaffen. Jedes dieser Hedge Funds-Portfolios wird mit Aktien und Anleihen von 0 bis 100 Prozent kombiniert. Die Proportionen in Aktien und Anleihen waren immer gleichwertig. Dadurch entstanden Portfolios mit 40% Anleihen, 20% Hedge Funds, 30% Aktien sowie 30% Anleihen, 40% Hedge Funds und 30% Aktien etc. Vom monatlichen Return wurden vier Koeffizienten berechnet: Mittelwert, Standardabweichung, Skewness und Kurtosis.

Man kann sicherlich einwenden, dass Investoren nicht zufällig auswählen, sondern selektieren. Allerdings ist auch klar, dass eine intensive Recherche in vielen Fällen auch nicht zu den Outperformern führt. Nachdem die Bias beseitigt worden sind, gibt es weder einen großen Unterschied mehr in der Fortdauer der Hedge Funds-Performance, noch gibt es signifikante Unterschiede in der Performance zwischen großen und kleinen, neuen und alten Funds. Anleger, die neu am Markt sind, investieren vorzugsweise in Funds mit einem sehr kurzen Track Record. Wenn das so ist, ist die Auswahl von Hedge Funds basierend auf ihrem Track Record keine Option. Die Funds-Perspektiven und die Interviews mit Managern können einige Informationen liefern, aber in einer Vielzahl von Fällen werden die Informationen eher verwirren als Klarheit schaffen.

Biased Data

Unabhängig von normalen Datenfehlern und Datenschieflagen zeigen die monatlichen Returndaten von Hedge Funds einen anderen Typ von Bias. Wie in Brooks/Kat und Kat/Lu (2002) zeigen die monatlichen Returns von Hedge Funds, die in Convertible Arbitrage, Risk Arbitrage oder Distressed Securities engagiert sind, einen hohen Grad serieller Korrelationen. Die Erklärung für dieses Phänomen liegt im Problem der Hedge Funds-Administratoren, Up-to-date-Valuations für die Positionen zu erzeugen. Mit diesem Problem konfrontiert nutzen die Administratoren den letzten berichteten Preis oder schätzen den aktuellen Marktwert, der aber stark vom NAV abweichen kann. Als Resultat dieser Autokorrelation können Hedge Funds-Returns mit viel Downside Risk verbunden sein. Brooks und Kat haben gezeigt, dass die Standardabweichung des monatlichen Returns des CSFB Tremont Convertible Arbitrage Index von 1,36 auf 2,42 zunimmt. Der Einbau solcher Schieflagen macht verschiedene Hedge Funds noch riskanter.

Illiquidität

Viele Hedge Funds haben eine lange Lock-up-Periode und Advance Notice Periods. Solche Beschränkungen können nicht nur die Kosten und Holding, sondern auch Manager dazu animieren, in illiquide Märkte zu investieren wie in exotische OTC-Derivate. Daher sind Hedge Funds illiquider als Aktien und Anleihen. Diese relative Illiquidität muss in den Entscheidungsvorgang mit einbezogen werden.

Zeitreihenproblematik

Viele Datenbanken haben erst im Jahr 1994 mit der Sammlung von Daten über Hedge Funds begonnen. Zudem werden diese Statistiken nur monatlich veröffentlicht. Abgesehen davon sind die Daten alle aus dem

Bullenmarkt und damit auch weitestgehend aus der Millenniums-Rallye. Das verkürzt den Betrachtungszeitraum gegenüber Stocks und Bonds enorm. Nicht nur, dass Aktien und Anleihen in viel kürzeren Intervallen Daten liefern, es liegen auch Daten über verschiedenen Business Cycles vor. Dadurch erhält man einen Einblick in das normale und anomale Verhalten bei Aktien und Anleihen. Der Return-Generating-Prozess bei Hedge Funds ist dagegen immer noch ein Mysterium. Daher weiß man nicht genau, was normales und was anomales Anlegerverhalten ist. Risk Arbitrage Funds zeigten im Bullenmarkt eine solide Performance.

Mit dem wachsenden Interesse institutioneller Investoren an der Branche ist zu fragen, wann Hedge Funds ihre Kapazitätsgrenzen erreichen. Untersuchungen zeigen, dass die Hedge Funds-Industrie in den vergangenen Jahren deutlich zugelegt hat, aber in den Returns nachließ. Das kann als Indikator dafür gewertet werden, dass es nicht mehr genügend Gelegenheiten im Markt gibt wie noch vor Jahren. Allerdings könnte es auch die Folge einer Zunahme an Risikokontrollmechanismen sein, die Geld kosten und zudem Fondsmanagern keine spektakulären Strategien und Renditen mehr erlauben.

2. Qualitative Analyse

Die qualitative Analyse bekommt bei der Auswahl von Hedge Funds-Managern einen immer größeren Stellenwert.[48] Zwar ist die quantitative Analyse für die Selektion, vor allem für das Pre-Screening, immer noch unverzichtbar, allerdings nimmt der zur Verfügung stehende Track Record investierbarer Manager aus zwei Gründen ständig ab. *Erstens:* Wegen der massiven Kapitalzuflüsse in die Hedge Funds-Industrie schließen viele bereits etablierte Manager ihrer Funds gegenüber Neuinvestitionen immer schneller, da sie in relativ kurzer Zeit das für sie erfolgreich zu managende Vermögen erreichen. *Zweitens:* Junge Hedge Funds-Manager können immer zügiger freies Kapital aufnehmen. Allerdings ist das Ergebnis wenig überzeugend. Von 100 neu gegründeten Hedge Funds überleben 40 die ersten fünf Jahre nicht, wobei die Überlebenschance seit dem Jahr 1996 mit jedem Jahr signifikant abnimmt. Ein aussagekräftiger Indikator für die Qualität eines Hedge Funds ist, in welchem Volumen der Manager selber im Hedge Funds engagiert ist. Gute Hedge Funds-Manager haben 60 bis 70 Prozent ihres eigenen Vermögens in den Funds investiert. Denn damit hat der Manager ein mindestens eben so starkes Interesse an einer überdurchschnittlichen Performance wie der Investor.

Es erfolgen seitens des Risk-Management-Teams regelmäßig Unternehmensbesuche und eine unabhängige Prüfung der Investmentmethode des Managers. Gleichzeitig werden Interviews mit Funktions- und Prozessverantwortlichen geführt. Außerdem findet eine Analyse der im Portfolio enthaltenen einzelnen Positionen statt. Zudem werden Interviews mit Abschlussprüfern und Investoren geführt. Daneben findet eine Analyse der vom Manager veröffentlichten Performance-Zahlen in ausgewählten Fällen sowie eine Überprüfung der Methodik zur Preisermittlung statt. Schließlich wird Kontakt zu den Aufsichtsbehörden aufgenommen, um möglichen Hinweisen auf die Reputation und Ethik des Managers nachzugehen.

Der laufenden Kontrolle unterliegen die Portfolio- und Risikoberichte des Managers sowie seine tägliche/wöchentliche Performance. Daneben muss eine Performance-Attributionsanalyse erstellt werden. Außerdem werden Kontroll- und Stop-Loss-Werte für jeden Manager definiert, um einen Zeitpunkt zu haben, in dem das Management die Reißleine ziehen muss.

Nochmals: Vor dem Hintergrund sinkender Track-Record-Länge kann selbst die beste *quantitative Analyse* nicht aufdecken, wie die Gewinne zustande gekommen sind. Es lässt sich nicht klären, auf welche unterschiedliche Weise die Erträge erzielt wurden und welche Strategieveränderungen in Zukunft geplant sind. Unerkannt bleibt auch, ob opportunistische Trading-Strategien angewendet werden, die mit der Kernstrategie nichts zu tun haben, und ob der Manager seiner Risikoexponiertheit in ausreichendem Rechnung Maße getragen hat.

Performt ein Hedge Funds besser als erwartet, sollte dies nicht nur ein Grund zur Freude sein, sondern auch aufhorchen lassen, ob der Manager nicht durch bloßes Gambling Erfolg hatte. Ein guter Manager verfolgt mit Disziplin und Sorgfalt eine von ihm selbst definierte Strategie. Diese Ursachen aufzuspüren ist zeit- und kostenintensiv. Daher verstärken Dachfonds-Manager ihre Research-Teams und suchen den persönlichen Kontakt, um sich etwa in Einzelgesprächen ein genaues Bild von der Disziplin und vom Commitment des Hedge Funds-Managers zu machen. Nur wenn bei der Selektion die tatsächlichen Performance-Quellen verstanden werden, lassen sich strukturell dekorrelierende Portfolios erzeugen, die sich durch stabile Erträge bei niedriger Volatilität – und damit niedrigem Risiko – auszeichnen.

Aus dem Hedge Funds-Universum von 5.000 Managern werden in einem *Prescreening Peer Groups* gebildet. Nach einer weiteren quantitativen und qualitativen Selektion entstehen *Short Lists*. Aus diesen Short Lists werden Kandidaten ermittelt, mit denen man sich vor Ort nochmals unterhalten möchte, bevor der Dachfonds abschließend eine Anlageentscheidung trifft. Innerhalb eines Hedge Funds-Substils wie der Wandelanleihe-Arbitrage lassen sich mehrere unkorrelierte Performance-Quellen entdecken. Ein Manager, der unter den Stil Arbitrage und unter den Stil Wandelanleihen-Arbitrage fällt, kann drei verschiedene

CA-AM Alternative Investment Products Group
Anlageprozess Auswahl der Manager

Performance-Quellen wählen. Die *erste* kann als Cashflow-Arbitrage bezeichnet werden, die auf den Rückflüssen der Kuponzahlungen, Aktienleihe sowie Dividenden beruht. Die *zweite* basiert auf „Long

Gamma". Der Besitz der Embedded-Option einer Wandelanleihe setzt den Halter der impliziten Volatilität aus. Der Halter verdient, wenn die implizite Volatilität zunimmt. Die *dritte* ist das Gamma-Trading. Manager verdienen dabei durch Unter- und Überhedgen ihrer Position Geld. Bei diesem Stil wird eine direktionale Marktposition eingenommen, jedoch nicht auf die Volatilität, sondern auf den Markt selbst.

Gute Dachfonds-Manager werden ein Portfolio daher nicht auf Basis der erwarteten Gewinne konstruieren, sondern auf der Grundlage struktureller Dekorrelationen. Im Anschluss an diese qualitative Portfoliokonstruktion kann die Dekorrelation quantitativ überprüft werden.

Die Crédit Agricole Asset Management greift auf die Expertise dreier Research-Teams mit insgesamt 35 Mitarbeitern in Paris, London und Chicago zurück, die jeweils aus zwei Senior-Portfoliomanagern und mehreren Analysten bestehen und eine Auswahl von Single Hedge Funds für Europa, Asien und Amerika erstellen. Über die Selektion entscheidet der Anlageausschuss, dem drei Senior-Portfoliomanager zur Verfügung stehen.

CA-AM Alternative Investment Products Group Anlageteam

3. Investmentprozess

a) Zielsetzung

Bei der Festlegung der quantitativen Ziele ist der Zeithorizont des

Investors wichtig. Je länger der Zeithorizont ist, desto größer ist die Risikotoleranz, oder anders ausgedrückt, wenn ein Investor seine Mittel kurzfristig zurückziehen möchte, muss in ein stabileres Portfolio investiert werden, um einen ungünstigen Ausstiegszeitpunkt zu vermeiden. Zudem muss der vereinbarte Zeithorizont wirklich die Anlegerinteressen abbilden und den Reporting-Intervallen entsprechen. Bei den qualitativen Zielen kann der Anleger spezielle Hedge Funds-Stilrichtungen ausschließen oder andere als Kernpositionen einsetzen. Die Gründe für spezifische Zielsetzungen sind meist sehr individuell und können auf den Erfahrungen des Investors beruhen. Zu betonen ist jedoch, dass eine Einschränkung der Anlagemöglichkeiten die Freiheitsgrade reduziert und damit die Effizienz des Portfolios beeinträchtigen kann.

Typische Hedge Funds-Portfolios umfassen alle Stilrichtungen ohne Einschränkungen bei der Asset Allocation. Es gibt aber auch stilspezifische Hedge Funds-Portfolios, die ausschließlich in marktneutrale Strategien, Event-Driven-, Long/Short- oder in Macro-Strategien investieren. Bei den Long/Short-Strategien werden außerdem spezifische Länder- und Sektorenportfolios angeboten. Schließlich sind auch Portfolios mit Rendite/Risiko-Charakteristiken auf dem Markt.

b) Portfoliokonstruktion

Die Konstruktion eines Hedge Funds-Portfolios ist ein interaktiver Prozess zwischen der Stilauswahl – dem Top-down – und der Auswahl der Hedge Funds – dem Bottom-up. Anders als bei traditionellen Anlageprozessen sind dabei die Grenzen stärker verwischt und fließend, weil Hedge Funds-Daten nur eine begrenzte Historie haben und die Stilklassifikationen sehr subjektiv ausfallen.

Ausgangspunkt für die Stilselektion sind die Risiko-, Rendite- und sonstigen Zielsetzungen des Anlegers. Mittels Hedge Funds-Indizes oder spezieller Funds als „Repräsentanten" eines Investmentstil kann eine Stilallokation im Sinne einer strategischen Asset Allocation durchgeführt werden.

Außerdem kann eine taktische Asset-Allocation hinsichtlich der verschiedenen Hedge Funds-Stilrichtungen durchgeführt werden. Dabei kann beispielsweise in Zeiten, in denen fallende Aktienmärkte erwartet werden, die Kategorie Long/Short-Manager reduziert werden. Oder es werden Hedge Funds-Strategien untergewichtet, die bereits sehr gut gelaufen sind und deshalb nur geringe Renditeerwartungen für die Zukunft haben. Dies war etwa bei der Übernahme-Arbitrage gegen Ende 1997 der Fall, die wegen geringer Standstill Returns von Hedge Funds-Investoren reduziert wurde. Gegen Mitte 1998 hatten sich die Ertragserwartungen aufgrund turbulenter Aktienmärkte und Rekordübernahmen wieder ausgeweitet. Ebenso werden Distressed-Securities-Strategien, die besonders von einer schwachen Wirtschaft profitieren, in den Jahren wirtschaftlichen Wachstums untergewichtet.

Daneben erfolgt eine Bottom-up-Analyse der einzelnen Manager auf quantitativer und qualitativer Basis. Dabei werden zunächst die Manager nach verschiedenen quantitativen Kriterien eingestuft. Danach prüft der Dachfondsmanager, welche aufgrund der Fragebogenauswertung die besten Single Funds sind, bevor ein Besuch vor Ort avisiert wird. Eine sich ausschließende Due Diligence besteht im Einholen von Referenzen bei Investoren, Konkurrenten und anderen Hedge Funds-Experten.

c) Kontinuierliche Überwachung

Ist ein Portfolio mit verschiedenen Hedge Funds einmal konstruiert worden, gilt es die Investments der allokierten Subfonds intensiv zu kontrollieren. Neben der Analyse reiner quantitativer Daten wie Portfoliopositionen, Einhaltung des maximalen Leverage und besonders der erzielten Performance hält der Dachfondsmanager eine intensive Kommunikation mit den Single Funds aufrecht, um Veränderungen im Anlagebereich oder organisatorischer Art zu erfahren und so einen klaren Überblick für die Anlagestrategie und die Risikotoleranz des Hedge Funds vor Ort zu behalten. Häufig ziehen junge Manager nach einiger Zeit guter Performance größere Summen von Anlagekapital an sich. Es gilt hier insbesondere zu untersuchen, ob die Strategien des Managers auch für deutlich gewachsene und zu beherrschende Volumina noch genügend Performance-Aussichten haben.

CA-AM Alternative Investment Products Group
Anlageprozess Risikoüberwachung

GWS	Market Exposure						Net Exposure by Region				
	long	short	future	gross	net	weighted net exposure	US	Western Europa	Japan	Asia (ex-Japan)	Others
CASTLEROCK	100,0	28,0	0,0	128,0	72,0	1,99	72				
CHILTON Opport.	75,0	29,0	0,0	104,0	46,0	1,54	46				
SOUTHWAYS	97,0	97,0	0,0	194,0	0,0	0,0	0				
COMPASS ROCKER	90,0	127,0		217,0	-37,0	-0,77	-37				
DANCING BEAR	20,0	34,0		54,0	-14,0	-0,25	-14				
KICAP	61,0	0,0		121,0	1,0	0,01	-2	0	-2		4
LAWHILL	29,0	20,0		49,0	9,0	0,07	9				
MPM BIOMED	56,2	19,6		75,8	36,6	1,16	37				
PEQUOT HEALTH.	77,0	41,0		118,0	36,0	0,14	36				
ANDOR TECH	22,0	53,0		75,0	-31,0	-0,77	-31				
GALLEON TECH	19,0	18,0		37,0	1,0	0,01	1				
TOSCA	104,0	83,2		187,2	20,8	0,28		21			
CAMBRIAN INCR	48,0	47,0		95,0	1,0	0,01		1			
EUREKA	62,6	32,1		94,7	30,5	0,41	0	31			
SCOTTISH VALUE	64,5	51,0		115,5	13,5	0,08		14			
NUMERIC	92,0	92,0		184,0	0,0	0,0		0			
LAZARD EUROPEAN OPP.	139,3	76,0		215,3	63,3	4,33		63			
NEW STAR	59,2	32,9		92,1	26,3	5,73		26			
TRUDENT JO HAMBRIO	93,3	25,9		119,2	67,4	1,06	2,5	65			
TUDOR HAWTHORN	59,9	45,0	0,0	106	14,2	0,35		14			
VICTORY	54,3	33,7		87,9	20,6	0,44		21			
ZEBEDEE	65,0	55,0		120,0	10,0	0,07		10			
VOLTAIRE	136,0	93,0	0,0	229,0	43,0	1,05	0	43			
SPARX	53,5	17,8		71,3	35,7	0,84	0		36		
WHITNEY	41,6	44,9		86,5	-3,3	-0,18			-3		
HOLOWESKO	93,7	27,6		121,3	66,1	1,41	66	2		-4	2
LAZARD GLOBAL	136,7	72,1		208,8	64,6	0,66	41	16	0	0	3
MAVERICK	150,6	109,4		260,0	41,2	2,46	32	7	1	0	1
MILLGATE	84,2	32,1		116,3	52,1	2,01	0	12	20	26	11,4
STANDARD PACIFIC	36,1	41,6	-3,9	73,8	-1,6	-0,10	-1,2	0	-1	0	
VIKING	108,0	81,1	0,0	189,1	26,9	1,11	16,5	3	0,3	6,7	0
	78,14	52,62	-0,25	130,51	25,13	25,13	7,51	15,62	0,77	1,22	0,59

Bei der kontinuierlichen Überwachung ist zu untersuchen, ob der Hedge Funds-Manager seiner Strategie und Risikotoleranz auch in einem schwierigen Marktumfeld treu bleibt, ob er mit den wachsenden Anforderungen an seine Strategie und erhöhter Konkurrenz fertig wird und ob er mit sich ändernden Anforderungen an seine eigene Position zurecht kommt. Am Ende des Anlageprozesses steht für den Dachfondsmanager die Auswahl der Manager unterschiedlicher Stilrichtungen fest.

CA-AM Alternative Investment Products Group
Anlageprozess Auswahl der Manager

Arbitrage	No. of Managers	Non-Arbitrage	No. of Managers
Fixed Income Arbitrage	37	Distressed High Yield	57
Convertible Bond Arbitrage	45	Long/Short Equity	
Pure Reg D	12	-US	130
Other Volatility Arbitrage	6	-Euro	91
Merger Arbitrage	28	-Asia Pacific	59

Statistical Arbitrage	12		-Global	15
Closed End Fund Arbitrage	5		-Sector foc	40
Other Single Arbitrage Str	7		-Other	9
Diversified Arbitrage	63	Macro Global		46
		Systematic Trading		29
		Multi Strategy		24
Total Arbitrage	215	Total No Arbitrage		530

d) Erfolgreiche Produkte am deutschen Markt

Nach 15-monatiger Zusammenarbeit zwischen Dresdner Bank Private Banking, Kleinwort, Wasserstein und Crédit Agricole Asset Management (ehemals Indocam) zeichneten im ersten Quartal 2001 35.000 Einzelanleger für rund 1,5 Milliarden DM das Dresdner-AI-Global-Hedge-Zertifikat.

Dieses Indexzertifikat investiert anfänglich in vier Dachfonds, jeder einzelne mit vordefinierten Stilausrichtungen und mit einer Performance-Historie von bis zu elf Jahren (siehe auch nachfolgende Abbildungen).

Zusammen repräsentieren diese Dachfonds 97% des bekannten Hedge Fund-Universums, so dass hier ein echtes Indexzertifikat vorliegt, dessen Bestandteile variiert werden können sowie das vorhandene Universum gut abdecken.

Diese einzelnen Greenway-Dachfonds wiederum diversifizieren und verteilen ihre Investments auf 20 bis 30 Einzelfonds. Damit ist auch eine Analogie zu den Vorteilen eines traditionellen Publikumsfonds gegeben: ein Subfonds-spezifisches Risiko bzw. Gewichtung von durchschnittlich 1,5 bis 2%.

Der traditionelle Publikumsfonds versucht ebenfalls, das Einzelaktienspezifische Risiko auf ein möglichst niedriges Niveau zu drücken und breit zu diversifizieren.

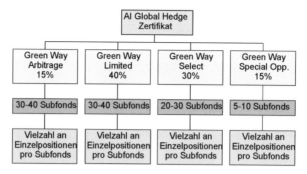

Dresdner Bank AI Global Hedge Zertifikat
Struktur des Zertifikats

Die Zusammensetzung des Indexzertifikates basiert auf einem Selektionsprozess, dem quantitative und qualitative Bewertungen genauso wie die subjektive Einschätzung der Crédit Agricole Asset Management zugrunde liegen und dann mit den Experten der Dresdner Bank abgestimmt werden. Die Gewichtung der einzelnen Stilrichtungen wird permanent angepasst. So war es im Jahr 1997 opportun, Convertible Arbitrage lediglich mit fünf Prozent abzubilden, heute ist die Gewichtung dieses Stils dagegen bei 16 Prozent anzusetzen.

Der Selektionsprozess auf Seiten der Manager ist rigoros. Hedge Funds, die kein Kapital mehr aufnehmen, werden genauso wie Hedge Funds entfernt, die ihren Star-Trader oder Star-Analysten verloren haben. Reporting Standards, Pricing und die monatliche Liquidität des Index werden sichergestellt. Eliminiert werden Hedge Funds mit einer Sharpe Ratio unter 1,0, einem verwalteten Vermögen unter zehn Millionen Dollar und einer hohen Korrelation – d. h. größer 0,5 – zu Aktien- und Anleihenmärkten. Der Index wird jedes Quartal überprüft.

Die Performance des Zertifikats und der einzelnen Dachfonds entwickelte sich deutlich positiv und konnte sich damit von der eher flachen Branchenentwicklung abheben. Zusammen mit dem COMAS-Produkt der Commerzbank zählt das Dresdner-Global-Hedge-Zertifikat zu den besten Performern unter den in Deutschland angebotenen Hedge Funds-Produkten.

	Jan	Feb	Mar	Apr	May	Jun	Jul	Aug	Sep	Oct	Nov	Dec	Jahr	Volatilität
1997	3.65%	-0.82%	1.03%	-0.72%	2.07%	0.80%	2.84%	0.33%	3.26%	0.30%	0.54%	1.80%	15.80%	4.91%
1998	-0.52%	1.45%	3.21%	0.69%	-0.17%	-0.17%	1.01%	-5.66%	-2.75%	-3.38%	1.28%	2.53%	-2.81%	8.54%
1999	2.68%	-0.69%	2.07%	3.59%	0.29%	3.22%	1.11%	-1.74%	0.63%	0.04%	3.29%	5.10%	21.18%	6.69%
2000	1.27%	3.24%	1.56%	-0.54%	0.31%	1.91%	0.37%	1.56%	0.56%	0.24%	1.83%	2.00%	15.20%	3.44%
2001	0.84%	1.82%	1.13%	-0.29%	0.95%	0.24%	0.16%	1.01%	-0.43%	0.18%	-0.36%	0.70%	6.08%	2.30%
2002	0.92%	0.08%	0.08%	0.71%	0.88%	0.40%	-0.30%	0.77%	0.26%				3.87%	1.39%

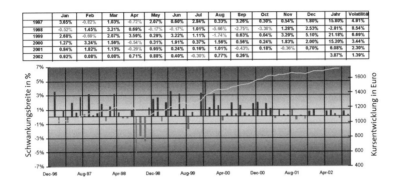

Dresdner Bank AI Global Hedge Zertifikat Wertentwicklung seit Auflegung (Nettoergebnisse in EUR)

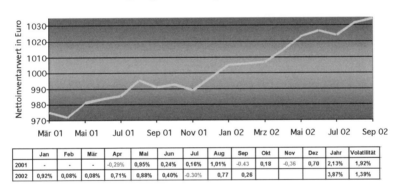

	Jan	Feb	Mär	Apr	Mai	Jun	Jul	Aug	Sep	Okt	Nov	Dez	Jahr	Volatilität
2001	-	-	-	-0,29%	0,95%	0,24%	0,16%	1,01%	-0,43	0,18	-0,36	0,70	2,13%	1,92%
2002	0,92%	0,08%	0,08%	0,71%	0,88%	0,40%	-0,30%	0,77	0,26				3,87%	1,39%

Quelle: Crédit Agricole Asset

Green Way Special Opportunities
Wertentwicklung seit Auflegung (Nettoergebnisse in EUR)

	Jan	Feb	Mar	Apr	May	Jun	Jul	Aug	Sep	Oct	Nov	Dec	Year	Volatility
2001	-	-	-	1,22%	0,67%	-0,55%	0,58%	0,78%	-1,37%	0,12%	-0,29%	0,27%	1,42%	2,58%
2002	2,14%	1,23%	0,53%	2,06%	1,64%	1,12%	0,06%	1,09%	0,59%				10,94%	2,30%

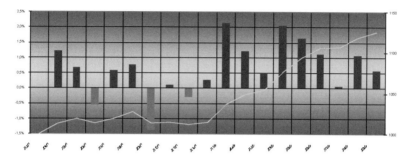

Green Way Limited
Wertentwicklung seit Auflegung (Nettoergebnisse in EUR)

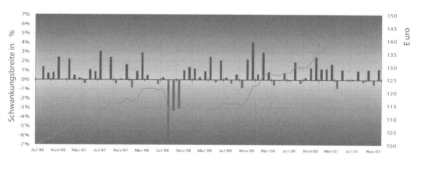

— Net Asset Value (Nettoinventarwert) ■ Rate of Return (Wertentwicklung in %)

Green Way Arbitrage
Wertentwicklung seit Auflegung (Nettoergebnisse in EUR)

	Jan	Feb	Mar	Apr	May	Jun	Jul	Aug	Sep	Oct	Nov	Dec	Year	Volatility
1999	-	-	-	-	-	-	0.81%	0.19%	0.77%	0.71%	1.08%	1.49%	5.12%	1.35%
2000	1.16%	2.38%	1.84%	2.16%	1.50%	1.29%	0.99%	1.53%	0.68%	0.52%	0.24%	0.68%	15.99%	2.29%
2001	1.89%	1.09%	0.53%	0.62%	0.75%	-0.14%	0.32%	0.78%	-0.88%	0.81%	0.24%	0.44%	6.82%	2.22%
2002	1.29%	-0.02%	0.72%	0.88%	0.44%	0.31%	0.53%	0.40%	0.49%				4.93%	1.16%

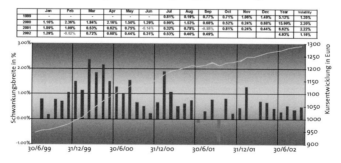

VI. Rechtliche Ausgangslage

Hedge Funds suchen Standorte mit rechtlichen Rahmenbedingungen, die möglichst wenig Kontrolle verordnen, eine geringe Steuerlast an der Quelle auferlegen und die Steuerpflicht an den Sitz des Anlegers verlagern. Vor diesem Hintergrund war LTCM auf den Cayman Islands unter der Verwaltung des niederländischen Finanzdienstleisters Mees Pierson registriert. Die Trading-Positionen wurden in Greenwich gehalten, dem Sitz des Hedge Funds in der Nähe von New York. Im Jahr 2002 war der Großteil der Hedge Funds in den USA und in den Offshore-Centren domiziliert.[50]

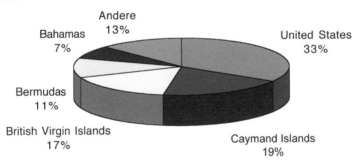

Domizil der Hedge Funds

Auch der überwiegende Teil der Hedge Fund-Manager war in den Vereinigten Staaten ansässig.

Fund Manager domiciled outside the United States

Fund Manager domiciled in the United States

Domizil der Hedge Funds-Manager

1. Deutschland

Im Folgenden soll vor allem das rechtliche Umfeld in Deutschland näher beleuchtet werden. Angesprochen wird daneben die Situation in Amerika, den europäischen Nachbarländern und in Asien.

a) Banken gehen voran

Einleitend möchten wir darauf hinweisen, dass in Deutschland die Banken im Jahr 2000 Hedge Funds-Produkte zuerst auf der Retail-Seite angeboten haben und nicht, wie es normalerweise bei Produktinnovationen der Fall ist, zunächst bei der institutionellen Kundschaft. Die Banken wollten vor dem Hintergrund nachgebender Aktienmärkte und immer noch sehr hohen Bewertungen an den Aktienmärkten, insbesondere bei den Technologiewerten, ein Substitut für die Ende der Neunziger Jahre erfolgreich platzierten Investmentfonds schaffen. In diesem Zusammenhang sahen sich die Geldhäuser einem Reputationsrisiko ausgesetzt und gingen dazu über Schuldverschreibungen mit breiter Diversifikation zu offerieren. Diese Lösung bewahrte zwar das eingesetzte Kapital vor Verlusten, aber auf Kosten einer möglicherweise besseren Performance, die an ein höheres Risiko gekoppelt wäre. Die Situation in Deutschland und in Europa war damals und ist heute eine völlig andere als in den Vereinigten Staaten. Jenseits des großen Teichs initiierten nicht die Banken die Gründung von Hedge Funds, vielmehr war es so, dass kleine Gesellschaften Hedge Funds konstruierten und in einem späteren Schritt zwecks Finanzierung etc. auf die Banken zukamen.

b) Schwarze, graue und weiße Funds

In Deutschland ist es kaum möglich, Hedge Funds wirtschaftlich zu betreiben und an ein breites Publikum zu vertreiben. Ein in Deutschland domizilierter Hedge Funds unterläge mit den erzielten Kapitalerträgen und Gewinnen voll der deutschen Körperschaftssteuer. Außerdem würden Erträge zusätzlich auch beim Investor besteuert. Das Kapitalanlagegesetz (KAGG) sanktioniert durch eine hohe Strafbesteuerung die Einrichtung und den Betrieb von Hedge Funds als deutsche Kapitalanlagegesellschaften. Daher treten sie in der Regel als ausländische Gesellschaften in Form des Limited Partnerships oder als Limited Liability Companies auf. Hedge Funds als inländische Kapitalgesellschaften (AG, GmbH) einzurichten ist zwar theoretisch möglich, aber vor dem Hintergrund ungeklärten steuerrechtlichen Implikationen mit hohen Risiken verbunden. In diesem Fall wäre eine Beteiligung an inländischen Hedge Funds über Schuldverschreibungen möglich. Allerdings sind die §§ 292 ff. des Aktiengesetzes (AktG) zu beachten, wonach die stille Beteiligung an einer AG einen Teilgewinnabführungsvertrag nach § 292 Abs.1 Nr.2 AktG darstellt, welcher der Zustimmung der Hauptversammlung bedarf und in das Handelsregister nach §§ 293, 294 AktG einzutragen ist. Stille Beteiligungen sind zudem kapitalertragsteuerpflichtig.

Daher treten Hedge Funds als ausländische Gesellschaften auf, wodurch der Anwendungsbereich des Auslandinvestmentgesetzes (AIG) eröffnet ist. Entscheidend sind drei Tatbestandsmerkmale des § 1 AIG: (1) die Beteiligung an einem Vermögen, das ausländischem Recht unterliegt. (2) die Anlage dieses Vermögens in Zielgesellschaften. (3) die Anlage dieses Vermögens nach dem Grundsatz der Risikomischung.

Das AIG unterscheidet zwischen schwarzen, grauen und weißen Fonds. Ein weißer Fonds im Sinne des § 17 AIG ist ein in Deutschland registrierter und zur Börse zugelassener Fonds. Ein „grauer Fonds" nach § 18 Abs. 1 AIG hat in Deutschland lediglich einen Stellvertreter bestellt. Ein „schwarzer Fonds" im Sinne des § 18 Abs. 3 AIG erfüllt die vorbezeichneten Kriterien gerade nicht. Zu diesen schwarzen Fonds gehören auch Hedge Funds, weil sie den dem KAGG inhärenten Grundsätzen des Anlegerschutzes nicht entsprechen.

Gemäß §§ 8 ff., 21 KAGG darf etwa der Anteil der Optionen am Fundsvermögen höchstens 20 Prozent betragen. Futures und Währungsforwards sind nur zum Hedging erlaubt. Short Selling und Investitionen in Edelmetalle sind verboten, das Leverage ist auf zehn Prozent beschränkt. Auch muss gewährleistet sein, dass die Anteilsscheine jeden

Tag zurückgegeben werden können. Da Hedge Funds diesen Grundsätzen des Anlegerschutzes und der Risikomischung nicht entsprechen, dürfen sie in Deutschland nicht als Kapitalanlagegesellschaft zugelassen werden.

Eine unmittelbare Beteiligung an Hedge Funds würde daher eine Strafbesteuerung nach sich ziehen. Sie beträgt nach § 18 Abs. 3 AIG sinngemäß 90 Prozent der Wertsteigerungen des Investmentanteils, mindestens jedoch zehn Prozent des im Kalenderjahr festgesetzten Rücknahmepreises. Im Fall der Rückgabe oder Veräußerung des Anteils sind 20 Prozent des Rückgabe- oder Veräußerungspreises zu versteuern.

c) Strukturierte Produkte

Daher sind strukturierte Produkte entwickelt worden. Diese können als Equity linked note, als Schuldschein, als Optionsanleihe, als Wandelanleihe, als Indexzertifikat oder als Genussschein ausgestaltet sein.

Genussschein

Ein Genussschein stellt ein Eigenkapitalinstrument dar, das aktien- und anleihenspezifische Eigenschaften enthält. Wie eine Aktie berechtigt er zu einer Beteiligung an Gewinn und Verlust eines abgegrenzten Unternehmensbereichs des Emittenten. Anders als bei einer Anleihe sammelt sich der Zins bis zur jährlichen Ausschüttung im Kurs an. Ob sich gegenüber einem Zertifikat ein steuerlicher Vorteil ergibt, hängt davon ab, ob der Genussschein im Detail eher als Obligation oder als Eigenkapital ausgestaltet ist. Bei obligationsähnlichen Papieren werden Steuern sowohl auf die Zinsen als auch auf den Veräußerungsgewinnn erhoben. Bei den eigenkapitalähnlichen Genussscheinen dagegen gilt die jährliche Ausschüttung als Dividendenzahlung und wird nur nach dem Halbeinkünfteverfahren besteuert. Hier greift die Steuerfreiheit der Dividenden für Kapitalgesellschaften. Ob ein Genussschein vom Fiskus als obligations- oder als eigenkapitalähnlich angesehen wird, hängt davon ab, ob der Inhaber am Liquidationserlös beteiligt wird oder nicht. Bei einer Beteiligung am Liquidationserlös handelt es sich um eigenkapitalähnliche Papiere.[51]

Zertifikate

In Deutschland haben sich die fremdkapitalähnlichen Zertifikate durchgesetzt, die mit oder ohne Kapitalgarantie ausgestattet sein können. Nachfolgend möchten wir Ihnen die Struktur eines kapitalgarantierten Produkts erklären, das aus einem Zerobond[F6] und einem Plain Vanilla Call besteht. Der Zero sorgt für die Kapitalgarantie und der Call für die Beteiligung am Basiswert:

Traditionelle Struktur mit Kapitalschutz

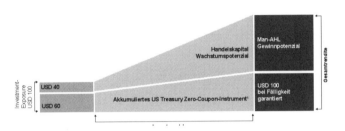

Bei einem Investment von 100 Dollar werden 60 Dollar in einen Zero-Bonds angelegt, 40 Prozent wird als Trading-Kapital verwendet. Am Ende der Laufzeit erhält der Anleger auf jeden Fall sein eingesetztes Kapital von 100 Dollar zurück. Neuere Strukturen sehen eine Kapitalgarantie von 120 Dollar vor.

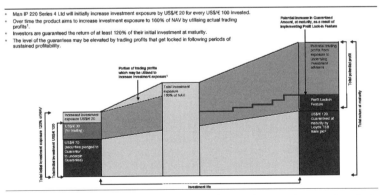

Im häufiger treten Managed Accounts in kapitalgarantierten Produkten auf.[52]

Rechtliche Konstruktion

Zertifikate sind in der Regel wie folgt konstruiert sind: Der Anleger erwirbt eine Schuldverschreibung von der inländischen Bank, die über ein zwischengeschaltetes Special Purpose Vehicle in einen Pool von Hedge Funds investiert, wie Sie den nachfolgenden Grafiken der RMF Group entnehmen können.

Hedge Funds Index Certificate

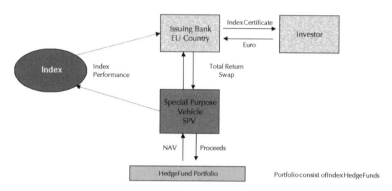

Die nachfolgende Grafik löst die Konstruktion am Beispiel der schweizerischen RMF Group weiter auf.

Structuring Diagramm

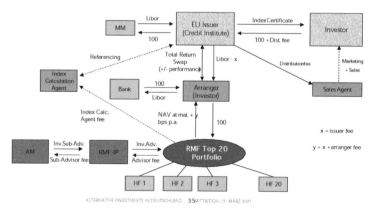

Exkurs

Hedge Funds Advisors

Hedge Funds Advisors unterstützen die Auswahl der Hedge Funds und arbeiten bei der Zusammenstellung eines für den Klienten individuell zugeschnittenen Portfolios mit. Teilweise verwalten die Berater sogar schon eigene Dachfonds.

Prime Broker

Prime Broker verwalten die Gelder der Hedge Funds. Sie erleichtern die Fremdfinanzierung und die Leerverkäufe. Wenn ein Prime Broker wie etwa Barings plc, Konkurs geht, sind die Klientengelder ungeschützt. Viele Prime Broker haben nicht die Infrastruktur, um Daten wie treuhänderische Banken über die Hedge Funds zu erstellen. Daher besteht ein zum Teil erhebliches Informationsvakuum hinsichtlich der Eigentumsverhältnisse, der Transaktionen, der Fremdfinanzierung und des Exposure bei Hedge Funds.

Steuerrechtliche Implikationen

Die Konstruktion ist aufgrund der regulatorischen Rahmenbedingungen in Deutschland deshalb sehr aufwendig und daher kostenintensiv. Vor allem den Steuervorschriften gilt es gerecht zu werden.[53]

Investor

Um eine Besteuerung auf der Investorseite zu vermeiden, muss die Beteiligung entsprechend konstruiert werden. Mit dem Kauf von Hedge Funds-Zertifikaten erwirbt der Anleger nicht einen Miteigentumsanteil am Funds (Sondervermögen), sondern ein Forderungswertpapier. Es handelt sich dabei nicht um einen ausländischen Investmentanteil, sondern um eine Zahlungsverpflichtung der Emittentin und nicht eine Beteiligung an einem aus Wertpapieren oder anderen Gegenständen zusammengesetzten Vermögen. Damit ist eine Strafbesteuerung nach § 17

AIG nicht möglich. Gegen die Anwendung des AIG spricht auch, dass die Emittentin in Deutschland ansässig ist. Diesen Argumenten hat sich das BAFin angeschlossen und sieht für die Investoren jegliche Zertifikatslösung als unproblematisch an, solange der Emittent eine inländische Gesellschaft ist. Erträge dieser Papiere sind durch den Abzug der Kapitalertragsteuer endbesteuert, wenn sich die kuponauszahlende Stelle im Inland befindet.

Werden auf die Zertifikate keine Zinsen gezahlt und hängt die Rückzahlung des angelegten Betrags von der ungewissen Entwicklung des Basiswertes ab, sind die Einnahmen aus dem Zertifikat bei Einlösung des Basiswertes außerhalb der Spekulationsfrist von einem Jahr steuerfrei, so das BMF in einem Schreiben vom 27. November 2001. Dieser Grundsatz sollte auch auf Hedge Funds-Zertifikate übertragbar sein.[55]

Emittent

Die Anbieter von Hedge Funds-Zertifikaten versuchen die Strukturierung durch synthetische Rückdeckungsstrukturen steuereffizient zu gestalten. Daher sichert die Emittentin ihre Verpflichtungen aus dem Zertifikat nicht durch ein unmittelbares Investment in Hedge Funds ab, sondern schließt einen Total Return Swap mit einer im Ausland ansässigen Einheit ab, die ihrerseits das Underlying hält und über den Swap die Performance des Hedge Funds an die Emittentin transportiert. Ein Swap ist ein Devisentauschgeschäft, bei dem ein Partner einem anderen sofort Devisen zur Verfügung stellt und gleichzeitig den Rückkauf zu einem festen Termin vereinbart. Swap-Verluste und -Gewinne sind außerdem nicht steuerbar, bevor sie nicht realisiert werden oder der Vertrag beendet wird. Daher kann die Besteuerung der Returns verschoben werden. Wird der Kontrakt vorzeitig beendet, wird der Gewinn oder Verlust als Kapital behandelt. Wenn der Swap wie im Kontrakt vorgesehen am Ende der Laufzeit beendet wird, werden Gewinn und Verlust dann besteuert. Sollte das Investment Verluste produzieren, kann der Investor sie als Kapitalverlust steuerlich geltend machen.

Gleichzeitig soll mit dieser Ausgestaltung die Anwendung des Außensteuergesetzes (AstG) vermieden werden. Da die Hedge Funds-Performance nicht über gesellschaftsrechtliche Verbindungen, sondern lediglich über das schuldrechtliche Instrument des Swaps an die Emittentin weitergegeben wird, stellt sich im Verhältnis zur ausländischen Gesellschaft die Frage der Hinzurechnungsbesteuerung nach dem AstG nicht.

Fazit

Steuerbar sind die Zertifikate wie Zertifikate auf traditionelle Investments. Eine diesbezügliche aufsichtsrechtliche Stellungnahme ist allerdings noch nicht erfolgt. Dennoch: Es ist nicht logisch, ein Zertifikat auf den Tremont- oder EACM-Index anders zu behandeln als etwa ein Zertifikat auf den DAX. Zwar tendieren die Aufsichtsbehörden bei der Beurteilung der Steuerbarkeit zu einer wirtschaftlichen Betrachtungsweise, was auch wohl in der Neuregelung einschlägiger Gesetze Eingang finden wird. Allerdings dürfte der Gesetzgeber kaum die Zertifikate aller Großbanken kippen wollen. Im Moment befindet sich das Bundesministerium der Finanzen (BMF) in Gesprächen mit dem Bundesverband Deutscher Investment- und Vermögensverwaltungs-Gesellschaften e.V. (BVI) und dem BAI über die Aufnahme alternativer Anlagestrategien in das KAGG. Hintergrund: Fondsgesellschaften haben den BVI aufgefordert, in einen Dialog mit der Aufsicht und mit dem Gesetzgeber einzutreten, weil sie um ihre Wettbewerbsfähigkeit gegenüber Hedge Funds fürchten.

Auch im Private Equity Bereich sind die Dinge in Bewegung: Die Steuerpläne für Wagnisfinanzierer sollen internationalen Standards angepasst werden. Eine international wettbewerbsfähige Lösung läuft darauf hinaus, den Carried Interest – die Erfolgsbeteiligung der Funds-Manager – dem Halbeinkünfteverfahren zu unterwerfen, was einem Steuersatz von 25 Prozent entspricht. Damit sind Pläne vom Tisch, für den Gewinnanteil den vollen Einkommensteuersatz anzuwenden. So kann ein wesentlicher Standortnachteil gegenüber Frankreich, Großbritannien und den USA vermieden werden.

d) Produkte und Anbieter auf dem deutschen Markt

In Deutschland bieten nunmehr immer mehr Institute Hedge Funds-Produkte an, Tendenz steigend:

Index-Zertifikat	Optionsanleihe	Inhaberschuld-verschreibung mit Garantie	Genussschein	Aktie
Deutsche Bank Xavex Hedge Select Zertifikate	Vereins- und Westbank P.R.I.N.C.E	Landesbank Baden-Wttbg. LBW Garantie-Plus IHS 99/05	Man Investment Products, AHL	Copernicus Beteiligungs AG
Dresdner Bank AI Global Hedge Zertifikate		HypoVereinsbank HVB Value Vision Protect Zertifikate	Quadriga Superfunds	
Commerzbank COMAS Investment Zertifikate				
HypoVereinsbank HVB Value Vision Zertifikate (2001/2009) HVB Alternative Non Directional I; HVB Alternative Non Directional IA		HVB Alternative Non Directional IA	HypoVereinsbank HVB Alternative Non Directional I	
Société Générale SG Hedge Select				
UBS Warburg ARIX Equity Hedge Euro Global Alpha Index				
BNP Paribas Alternative Index Zertifikat				
Apano Protected IP220 Strategy				
VPM Vienna Portfolio Absolute + Plus Optix Protect Management Absolute + Plus Optix Protect				
Axa Concerto I + II				
Barclays Bank Barclays Diversified Alpha Index-Zertifikat				
Arsago ACM GmbH Global Hedge I – Zertifikat				
Hauck & Aufhäuser Rising Hedge Zertifikat				

Pioniere auf dem deutschen Markt

Hervorheben möchten wir in diesem Zusammenhang die Unternehmen, die sich dazu entschlossen haben, als Gesellschaften in deutscher Rechtsform alternative Investmentstrategien in Deutschland anzubieten und damit berechtigterweise als Pioniere auf dem deutschen Hedge Funds-Markt bezeichnet werden dürfen. Hier sind vor allem die Copernicus Beteiligungs AG, die BSL AG sowie die arsago ACM GmbH zu nennen.

Die Copernicus Beteiligungs AG und die BSL AG bieten dem Investor die Möglichkeit, sich über eine Aktie zu beteiligen. Nachfolgend möchten wir kurz die Konstruktion von Copernicus erklären. Die Copernicus AG vollzieht die Strategie des Copernicus Funds nach, der auf den Cayman Island registriert ist und auf Long/Short-Strategien in europäischen Aktien spezialisiert ist. Unterstützt wird die Copernicus Beteiligungs AG durch den Advisor, die CAI-Analyse und Beratungsgesellschaft für Kapitalanlagen mbh mit Sitz in Frankfurt a.M. Über die Beteiligungsform einer Aktiengesellschaft müsse man zwar auf der einen Seite steuerliche Nachteile in Kauf nehmen, auf der anderen Seite schaffe diese Beteiligungsform Vertrauen auf der Investorenseite. Denn ein körperschaftlich konstruiertes Vehikel mit Sitz in Deutschland ist grundsätzlich unbeschränkt körperschaftsteuerpflichtig. Auf Ebene der Gesellschaft ist das aus der Anlagetätigkeit erzielte Einkommen mit einem Steuersatz von 26,5 Prozent zu versteuern. Ausschüttungen an die Anleger sind im Rahmen des Halbeinkünfteverfahrens zur Hälfte steuerpflichtig. Der zweite Effekt überwiege aber klar, so Sy Schlüter, Managing Partner der CAI Analyse- und Beratungsgesellschaft.

Mit der Ende 2001 gegründeten arsago ACM GmbH gibt es eine speziell für drei Unternehmen im Bereich Alternative Investments gegründete Holding. Unter dem Dach der arsago ACM GmbH existieren neben der arsago Global Hedge GmbH die arsago vescore GmbH und die arsago Real Estate GmbH. Alle drei Untergesellschaften sind wiederum Holdings für entsprechende Total Return Investments. Dem Global Hedge I-Zertifikat liegt eine Global-Macro-Strategie zugrunde. Geplant ist eine arsago family of funds mit unterschiedlichen Handelsstrategien bei konsistentem Risikomanagement.[56]

2. Produkt der zweiten Generation

a) Crédit Agricole

Die Crédit Agricole arbeitet derzeit gemeinsam mit der BSL AG aus Hamburg an einem echten „Fondsprodukt", das als Produkt einer zweiten Generation bezeichnet werden kann. Diese Produkt liegt aktuell im Herbst 2002 zur Prüfung und Zulassung bei den Luxemburger Zulassungsbehörden, um als SICAV I eine europäische Zulassung zu bekommen. Dabei handelt es sich um den Alternative Investment Participation Fonds. Ein als Publikumsfonds zugelassenes Produkt, basierend auf langjährig erfolgreich und solide verwalteten Hedge Funds, hat in Deutschland sowohl im institutionellen Bereich als auch bei Privatanlegern außerordentlich gute Marktmöglichkeiten.

Der Edge an dem Zertifikat ist zum einen die durch eine Put-Option sichergestellte Kapitalgarantie, zum anderen die Tatsache, dass der Dresdner/Indocam Alternative Investment Index (AIX) investable gemacht wird. Der AIX erlaubt es den Investoren, weit über das Spektrum Alternativer Investments und in alle Substrategien zu investieren. In dem AIX sind zu Beginn vier Dachfonds enthalten, die sich schon bei dem erfolgreichen Dresdner Global Hedge Zertifikat bewährt haben:

Dachfonds im neuen Zertifikat

Initial Weight	Fund of Hedge Funds	Description
40%	**Green Way Limited**	Diversified across all alternative investment strategies with investment objectives of 10-15% return per annum and volatility of 5-8%
30%	**Green Way Select plc- The Long/Short Equity Fund**	Focused on all long/short equity related alternative investments with investment objectives of 15-25% return per annum with volatility of 8-12%

15%	**Green Way Arbitrage**	Focused on all arbitrage related alternative investments with investment objectives of 3+% return per annum over Libor with volatility of 3-5% per annum
15%	**Green Way Special Opportunities Fund**	Focused on select alternative investments determined to have potential for significant out-performance in the medium term with investment objectives of 25+% returns per annum with volatility of 15-20%

Die ursprüngliche Gewichtung des AIX sieht folgendermaßen aus:

Style	Initial AIX Weighting
Fixed Income Arbitrage	8.9%
Convertible Bond/Capital Structure Arbitrage	16.6%
Merger Arbitrage	11.0%
Equity Index Arbitrage	3.0%
Other Arbitrage Strategies	3.3%
Distressed Securities/High Yield	2.7%
Long/Short Equity/Equity Hedge	42.6%
Macro-Global	6.8%
Systematic Futures	5.1%

b) Apano

Seit dem 18. November 2002 ist Apano mit seiner Protected IP 220 Strategy auf dem deutschen Markt präsent. Diese so genannte Anlageempfehlung bezieht sich auf ein kapitalgarantiertes Produkt, dem das JP Morgan Man IP220 Indexzertifikat und der JP Morgan 0315 Zerobond zugrunde liegen.

Das Man IP220 Indexzertifikat bildet über den zugrunde liegenden Man IP 220 Index verschiedene von Man Investment Products ausgewählte Handelsstrategien ab.

Wertentwicklung der Man IP 220 Limited (Stand 30.09.02)

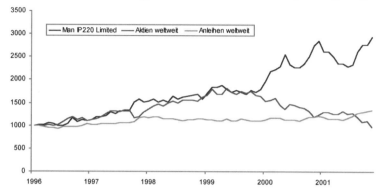

Schlüsselelement ist das Man-AHL-Diversified-Handelssystem, das durch das Man-Glenwood-Portfolio ersetzt wird. Der Einsatz der Strategien ist im Verhältnis 100:60 aufgeteilt.

Die angewandten Handelsstrategien

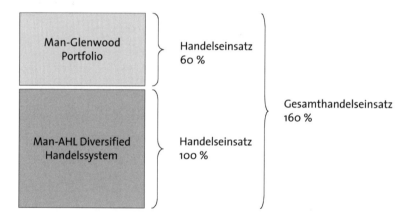

Kapitaleinsatz vs. Handelseinsatz

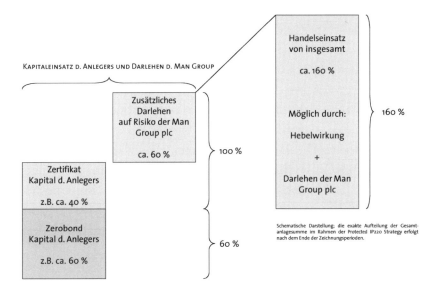

KAPITALEINSATZ D. ANLEGERS UND DARLEHEN D. MAN GROUP

Handelseinsatz
von insgesamt

ca. 160 %

Möglich durch:

Hebelwirkung

+

Darlehen der Man
Group plc

Zusätzliches
Darlehen
auf Risiko der Man
Group plc

ca. 60 %

100 %

Zertifikat
Kapital d. Anlegers

z.B. ca. 40 %

Zerobond
Kapital d. Anlegers

z.B. ca. 60 %

60 %

160 %

Schematische Darstellung; die exakte Aufteilung der Gesamt-
anlagesumme im Rahmen der Protected IP220 Strategy erfolgt
nach dem Ende der Zeichnungsperioden.

Die Man IPO Limited ist seit Dezember 1996 operativ und erzielt seitdem eine durchschnittliche Rendite von 20,4 Prozent pro Jahr.

Das Man-AHL-Diversified-Handelssystem ist ein systematischer und
disziplinierter Futures-Handelseinsatz auf Basis eines Trendfolgesystems. Er zeichnet sich neben der Verwendung von Echtzeit-Kursinfor-
mationen und der Nutzung neuester Informations- und Computertech-
nologie vor allem durch eine hohe Diversifikation aus. Überwachung
und Handel an über 100 Futures-Märkten an 35 Börsen in 24 Ländern
sind sichergestellt.

Daneben ist eine breite Handelsdauer gegeben. Handelspositionen werden sowohl kurz- als auch langfristig eingegangen. Das System wird bereits seit 1983 eingesetzt, ständig weiterentwickelt und in Deutschland
im Rahmen der Global-Futures-Funds-Serie angewandt.

Das Man-Glenwood-Portfolio ist ein Dachfonds für Hedge Funds, der
über eine Datenbank mit über 3.500 Hedge Funds verfügt. Durch die
lange Marktpräsenz werden Potenziale genutzt, die anderen Anbietern

verschlossen bleiben. Zu betonen ist letztlich die Ertragsstabilität mit 85 Prozent aller Quartalsergebnisse im positiven Bereich.

Der JP Morgan 0315 Zerobond stellt die Sicherheitskomponente dar. Emittentin ist die JP Morgan Chase Bank, New York. Jeder Zerobond hat einen Nennwert von 1.000 Euro.

Bei Befolgung der Anlageempfehlung wird in Zerobonds investiert, deren Nennwert dem Gesamtanlagekapital gemäß der Protected IP 220 Strategy entspricht. Die Differenz zwischen Ausgabepreis der Zerobonds und Nennwert wird in die Indexzertifikate investiert. Das Fälligkeitsdatum beider Komponenten ist der 31. März 2015. Die Übertragung der Zerobonds bzw. der Indexzertifikate an Dritte zum Monatsende ist möglich. Der vorzeitige Verkauf kann ab dem 31. März 2006 quartalsweise durchgeführt werden.

Das Besondere an der Anlageempfehlung ist die Absicherung des investierten Gesamtkapitals ohne Agio bei Befolgung. Die Protected IP220 Strategy bietet also ein Gewinnpotenzial bei gleichzeitigem Kapitalerhalt:

Gewinnpotenzial und Kapitalerhalt bei der Protected IP220 Strategy

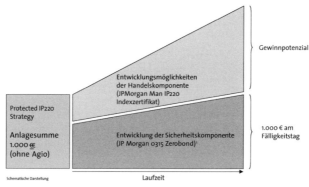

Entwicklungsmöglichkeiten der Handelskomponente (JPMorgan Man IP220 Indexzertifikat)

Protected IP220 Strategy

Anlagesumme 1.000 € (ohne Agio)

Entwicklung der Sicherheitskomponente (JP Morgan 0315 Zerobond)[1]

Gewinnpotenzial

1.000 € am Fälligkeitstag

Schematische Darstellung

Laufzeit

[1] Die Absicherung gilt nur bei Befolgung der Anlageempfehlung bis zum Laufzeitende des JPMorgan 0315 Zerobonds. Ein vorzeitiger Verkauf erfolgt zum aktuellen Wert.

Marktsegmente bei Man-AHL(Stand: 30.09.2002)

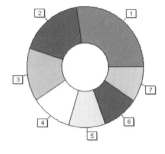

Gehandelte Marktsegmente

1. Währungen 27,27 %
2. Aktien 17,63 %
3. Anleihen 14,14 %
4. Kurzfristige Zinsen 11,26 %
5. Energiewerte 10,29 %
6. Metallwerte 9,93 %
7. Agrarwerte 9,48 %

Wertentwicklung von Man-AHL (Stand: 30.09.2002)

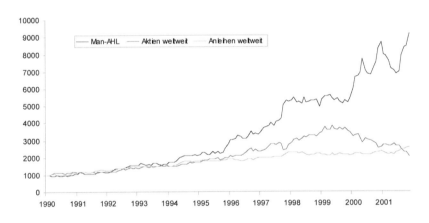

Strategien und Marktsegmente bei Man-Glenwood
(Stand: 30.09.2002)

Eingesetzte Strategien

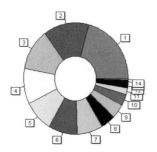

1. Equity long/short 21,0 %
2. Multi Strategy 14,0 %
3. Relative Value Investments 12,2 %
4. Equities – balanced long/short 10,3 %
5. Mergers & Reorganisations 9,1 %
6. Sector investments 9,0 %
7. Distressed securities 8,0 %
8. Commodities and futures 4,3 %
9. International – regional 4,2 %
10. Equities – short 3,3 %
11. Equities – trading 1,9 %
12. Cash 1,3 %
13. Equities – timing 1,0 %
14. International – opportunistic 0,4 %

Wertentwicklung von Man-Glenwood (Stand: 30.09.2002)

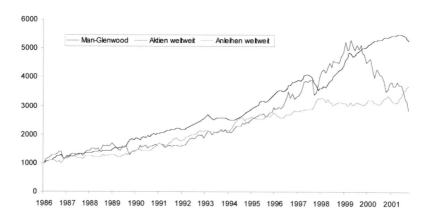

	MAN-GLENWOOD	WELT-AKTIEN	WELT-ANLEIHEN
GESAMTRENDITE	427,1 %	184,9 %	269,9 %
Ø RENDITE P.A.	11,1 %	6,9 %	8,7 %
Ø VOLATILITÄT P.A.	6,3 %	15,4 %	7,9 %
MAX. VERLUST	-13,6 %	-46,3 %	-8,6 %
SHARPE RATIO	0,97	0,12	0,47

Rechtliche Ausgestaltung von Zertifikaten

Bei der rechtlichen Ausgestaltung von Zertifikaten sind insbesondere Normen des AIG und des Verkaufsprospektgesetzes (VerkaufsProspG) sowie der Verkaufsprospektverordnung (VerkaufsProspVO) zu beachten:

§ 1 Absatz 1 Satz 1 AIG besagt:
Für den Vertrieb von Anteilen an einem ausländischen Recht unterstehenden Vermögen aus Wertpapieren, Forderungen aus Gelddarlehen, über die eine Urkunde ausgestellt ist, Einlagen oder Grundstücken, das nach dem Grundsatz der Risikomischung angelegt ist, im Wege des öffentlichen Anbietens, der öffentlichen Werbung oder in ähnlicher Weise, gelten die Vorschriften dieses Gesetzes.

§ 1 Absatz 1 Satz 1 AIG enthält aber auch den Grundsatz, dass Derivate nur dann Wertpapiere im Sinne des AIG darstellen, wenn die sich aus ihnen ergebenden Rechte in Urkunden mit Wertpapiereigenschaft verbrieft sind. Die Anlage in Wertpapiere – z. B. als Staatsanleihen oder Schatzbriefe – zur Hinterlegung oder als Sicherheitsleistung (Margins) erfolgt aber nicht zum Zweck der Anlage nach dem Grundsatz der Risikomischung im Sinne des § 1 Abs. 1 KAGG, sondern als Nebengeschäft zur Erwirtschaftung eines Zinsertrages auf die Sicherheitsleistung.

Zertifikate auf einen Hedge Funds-Index verkörpern eine Zahlungsverpflichtung des Emittenten, nicht aber eine Beteiligung an einem aus Wertpapieren oder anderen Gegenständen bestehenden Vermögen. Wenn der Emittent in Deutschland ansässig ist, unterliegt das Vermögen nicht dem ausländischen, sondern dem deutschen Recht.

Das VerkaufsProspG enthält in § 1 die Grundregel, wonach für Wertpapiere, die erstmals in Deutschland angeboten werden und nicht zum Handel an einer deutschen Börse zugelassen sind, der Anbieter den Verkaufsprospekt veröffentlichen muss, sofern sich aus den §§ 2 bis 4 VerkaufsProspG nichts anderes ergibt.

§ 2 VerkaufsProspG statuiert Ausnahmen in Hinblick auf die Art des Angebots, zum Beispiel einen begrenzten Personenkreis. § 3 VerkaufsProspG umfasst Ausnahmen in Bezug auf einen bestimmten Emittenten, zum Beispiel einen Anteilsschein von ausländischen Investmentgesellschaften. Das Daueremittentenprivileg gilt nur für „klassische Schuldverschreibungen". § 4 VerkaufsProspG enthält Ausnahmen in Hinblick auf bestimmte Wertpapiere.

Bedeutsam ist in diesem Zusammenhang die Bekanntmachung des BAFin vom 6. September 1999:

„Wertpapier im Sinne des VerkaufsProspG sind alle vertretbaren Wertpapiere bzw. Wertrechte, die auf dem Markt gehandelt werden können ... Auf eine Verbriefung kommt es nicht an. Zu den Wertpapieren in diesem Sinne zählen auch Optionsscheine und Genussscheine als jeweils eigenständige Wertpapiergattungen."

Bei Derivate-Funds ist die Handelbarkeit der angebotenen Beteiligungen in der Regel ausgeschlossen oder stark eingeschränkt. Auch wesentliche Merkmale eines Wertpapiers fehlen oft aufgrund der Ausgestaltung der jeweiligen Beteiligung. Hieraus ergibt sich: Es ist keine unmittelbare Anwendbarkeit des VerkaufsProspG und damit keine Hinterlegungs- und Veröffentlichungspflichten gemäß § 8 VerkaufsProspG und insbesondere keine Vollständigkeitskontrolle gemäß § 8a VerkaufsProspG gegeben. Die Vorschriften des VerkaufsProspG nebst VerkaufsProspVO, AIG und KAGG haben auch keine mittelbare Bedeutung für den Inhalt des unabdingbaren Verkaufsprospekts.

Grundsätzlich muss der Prospekt alle Angaben enthalten, die erforderlich sind, um über die tatsächlichen und rechtlichen Verhältnisse, die für die Beurteilung der angebotenen Funds-Beteiligung notwendig sind, zutreffend und vollständig zu unterrichten.

Pflichtangaben nach VerkaufsProspVO

Die Vorschriften der VerkaufsProspVO sind auf die Emission von Gesellschaften zugeschnitten, die ein aktives operatives Geschäft betreiben. Sie lassen sich daher nicht ohne Einschränkungen auf Derivate-/Hedge Funds anwenden, deren Geschäftsgegenstand allein die Anlage von Kapital ist. Daher werden die Vorschriften der VerkaufsProspVO durch das KAGG und das AIG ergänzt.

Gemäß § 7 VerkaufsProspG in Verbindung mit § 4 VerkaufsProspVO müssen Angaben über die Art und Ausstattung der angebotenen Beteiligungen – Wertpapiere, Genussrechte – oder Zertifikate gemacht werden.

Gemäß § 4 Nr. 1 VerkaufsProspVO müssen Art, Stückzahl und Gesamtnennbetrag der angebotenen Beteiligungen und die hiermit verbundenen Rechte dargestellt werden. Dies sind insbesondere stimmberechtigte Management-Shares, die der Initiator zeichnet und die allein stimmberechtigt sind, jedoch nicht am Gewinn teilnehmen, sowie Genussrechte (non voting preference shares, units), die keine gesellschaftliche Beteiligung, insbesondere kein Stimmrecht vermitteln, jedoch eine Teilnahme am Gewinn. Schuldverschreibungen – Zertifikate und Optionsscheine –, die eine Forderung gegen den Emittenten gemäß den jeweiligen Geschäftsbedingungen darstellen, fallen hier eben so darunter.

§ 4 Nr. 2 VerkaufsProspVO sieht Angaben hinsichtlich der Steuern vor, die in dem Staat, in dem der Emittent seinen Sitz hat oder in dem die Wertpapiere angeboten werden, auf die Einkünfte aus den Wertpapieren im Wege des Quellenabzugs erhoben werden. § 4 Nr. 3 VerkaufsProspVO erklärt, wie die Wertpapiere übertragen werden können und gegebenenfalls in welcher Weise ihre freie Handelbarkeit eingeschränkt ist. § 4 Nr. 4 VerkaufsProspVO bezieht sich auf die organisierten Märkte, an denen die Wertpapiere gehandelt werden sollen. § 4 Nr. 5 VerkaufsProspVO regelt die Zahlungs- und Hinterlegungsstellen. § 4 Nr. 6 VerkaufsProspVO erläutert die Einzelheiten der Zahlung des Zeichnungs- oder Verkaufspreises. § 4 Nr. 7 VerkaufsProspVO sieht ein Verfahren über die Ausübung von Bezugsrechten, ihre Handelbarkeit und die Behandlung der nicht ausgeübten Bezugsrechte vor. § 4 Nr. 8 VerkaufsProspVO nennt die Stellen, die Zeichnungen des Publikums entgegennehmen sollen, sowie die für die Zeichnung oder den Verkauf der Wertpapiere vorgesehene Frist und die Möglichkeiten, die Zeichnung vorzeitig zu schließen oder Zeichnungen zu kürzen. § 4 Nr. 9 VerkaufsProspVO erwähnt einzelne Teilbeträge, falls das Angebot gleichzeitig in verschiedenen Staaten mit bestimmten Teilbeträgen erfolgt. § 4 Nr. 10 VerkaufsProspVO sieht die Ausstattung ausgedruckter Stücke sowie die Einzelheiten und Fristen für deren Auslieferung vor. § 4 Nr. 11 VerkaufsProspVO nennt Personen oder Gesellschaften, welche die Wertpapiere übernehmen oder übernommen haben oder gegenüber dem Emittenten oder Anbieter ihre Unterbringung garantiert haben. § 4 Nr. 12 VerkaufsProspVO regelt den Ausgabepreis für die Wertpapiere oder, sofern er noch nicht bekannt ist, den Zeitplan der Festsetzung.

Gemäß § 5 VerkaufsProspVO sind Angaben über den Emittenten und über dessen wirtschaftliche Lage erforderlich. Auskunft ist insbesondere über die Firma und den Sitz des Unternehmens zu geben. Das Datum der Gründung, die Rechtsform und die für den Emittenten maßgebliche Rechtsordnung müssen dargestellt werden. Der Gegenstand des Unternehmens und das Registergericht des Sitzes des Emittenten sind zu nennen. § 6 VerkaufsProspVO statuiert Angaben über das gezeichnete Kapital der Fondsgesellschaft und regelt die Nennung der Aktionäre, die unmittelbar oder mittelbar beherrschenden Einfluss auf die Fondsgesellschaft ausüben können.

§ 7 VerkaufsProspVO regelt Angaben über die Geschäftstätigkeit des Emittenten bei Derivate- und Hedge Funds und strukturierten Schuldverschreibungen. Hintergrund: Der Investor kann sich somit ein genaues Bild über die Anlagen und die damit verbundenen Risiken machen. In Verbindung mit § 3 Abs. 2 Nr. 3 AuslInvestmG wird näher konkretisiert, welche Gegenstände der Funds erwerben darf. Dabei muss die Funktionsweise der Kontrakte so verfasst sein, dass ein durchschnittlicher Anleger versteht, wie sein Geld angelegt wird. Beispielsweise muss erläutert werden, ob nur börsengehandelt Papiere oder auch OTC-Geschäfte in Frage kommen.

§ 10 VerkaufsProspVO macht Angaben über die Geschäftsführungs- und gegebenenfalls Aufsichtsorgane des Emittenten.

Zusätzliche Pflichtangaben

In § 2 Absatz 1 Nr. 4 und § 3 Absatz 2 Nr. 1–6 AIG werden zusätzliche Pflichtangaben statuiert. Danach hat eine genaue Berechnung des Wertes eines Fondsanteils/Teilschuldverschreibung zu erfolgen. Es muss festgestellt werden, welche Kurse für börsennotierte Kontrakte maßgeblich sind. Außerdem ist der Bewertungsmaßstab bei nicht börsennotierten Kontrakten zu klären, eben so der Umrechnungskurs bei Werten in Fremdwährung. Daneben müssen die Rücknahmebedingungen und die Gebühren geklärt werden.

Werden fakultative Angaben gemacht, ist darauf zu achten, dass eine drucktechnische Trennung werblicher Aussagen von den Pflichtangaben erfolgt. Zudem darf das Informationsbild nicht verzerrt werden. Schließlich müssen die werbenden Aussagen mit den Anforderungen des Gesetzes gegen den unlauteren Wettbewerb (UWG) stehen.

Vertrieb von strukturierten alternativen Investmentprodukten

Der Vertrieb von strukturierten alternativen Investmentprodukten setzt neben der Erlaubnis nach § 32 des Gesetzes über das Kreditwesen (KWG) die Termingeschäftsfähigkeit und ein Widerrufsrecht voraus.

Erlaubnis

Die Erlaubnis nach § 32 KWG bezieht sich im konkreten Fall auf Funds-Anteile/Schuldverschreibungen als Finanzinstrumente im Sinne des § 1 Abs. 11 KWG.

Nach Auffassung des Bundesamts für Finanzdienstleistungsaufsicht (BAFin) setzt die Definition der Finanzinstrumente in Absatz 11 des § 1 KWG den Abschnitt B des Anhangs der Wertpapierdienstleistungsrichtlinie um, so dass mit dem Begriff der „ausländischen Investmentgesellschaft" im KWG alle ausländischen Organismen für gemeinsame Anlagen im Sinne der Wertpapierdienstleistungsrichtlinie gemeint sind. Der EU-rechtliche Begriff des „Organismus für gemeinsame Anlagen" (OGAW) kann Art. 1 Absatz 2 der Investitionsrichtlinie entnommen werden. Daneben ist nicht, wie im AIG, auf das Anlagespektrum abzustellen, sondern lediglich darauf, ob es ausschließlicher Zweck der Gesellschaft ist, beim Publikum beschaffte Gelder für gemeinsame Rechnung nach dem Grundsatz der Risikostreuung anzulegen. Daher bedarf der Vertrieb von alternativen Investmentprodukten der Erlaubnis nach § 32 KWG.

Termingeschäftsfähigkeit

Zur Bestimmung der Termingeschäftsfähigkeit ist § 53 des Börsengesetzes (BörsG) nicht anwendbar, da die Fondsgesellschaft/der Emittent Börsentermingeschäfte tätigt. § 60 BörsG bestimmt, dass die Vorschriften des BörsG über Termingeschäfte auch Anwendung auf Vereinigungen zum Zwecke des Abschlusses von nicht verbotenen Börsentermingeschäften finden. Allerdings stellen juristische Personen keine Verbindungen im Sinne des § 60 BörsG dar.

Widerrufsrecht

Das Widerrufsrecht statuiert sich aus § 1 des Haustürwiderrufsgesetzes (HWiG). Dies ergibt sich durch einen Umkehrschluss aus § 5 Absatz 2 HWiG. § 11 AIG ist nicht anwendbar.

Chancen für Versicherungsunternehmen

Mit dem Inkrafttreten der neuen Anlageverordnung (AnlV) am 1. Januar 2002, die den § 54 a des Versicherungsaufsichtsgesetzes (VAG a. F.), ersetzt, haben Versicherungsgesellschaften flexiblere Kapitalanlagevorschriften, eine schnellere Einführung neuer Risikoparameter und damit mehr Investitionsmöglichkeiten in Alternative Investments an die Hand bekommen. Schließlich geht es bei den Versicherungen um einen Multimilliarden-Euro-Markt, schätzungsweise 900 Billionen Euro, von denen Lebensversicherungen 500 Billionen Euro enthalten. § 1 Abs. 2

AnlV enthält eine Öffnungsklausel. Danach kann die Deckungs-stockquote und die des übrigen Vermögens von fünf auf zehn Prozent erhöht werden.

Der Deckungsstock umfasst die zu seiner Bedeckung erforderlichen Vermögenswerte und ist ein Teil des gebundenen Vermögens. Der Deckungsstock gewährleistet die Erfüllbarkeit der Versicherungsansprüche und ist während des laufenden Geschäftsjahres entsprechend dem Anwachsen der Deckungsrücklagen zu ergänzen und stets auf der erforderlichen Höhe zu halten. Entnahmen aus dem Deckungsstock sind nur unter bestimmten Voraussetzungen zulässig.

Die VAG-Novelle hat die Investitionsmöglichkeiten für Alternative Investments erweitert. Versicherungsunternehmen legen und legten ihr gebundenes Vermögen nach § 54 Abs. 2 Nr. 1 Abs. 3 des VAG in Darlehensforderungen, Schuldverschreibungen und in Genussrechten an. Nunmehr können sie nach § 1 der AnlV auch in größerem Umfang in Asset-Backed Securities, Credit Linked Notes, Private Equity Funds, High Yield Bonds und in Hedge Funds investieren.

Für Aufregung haben hingegen die jüngsten Äußerungen des BAFin zur Aufnahme kapitalgarantierter Hedge Funds-Inhaberschuldverschreibungen in den Deckungsstock gesorgt. Die Aussage, solche Produkte nur noch im Rahmen der Öffnungsklausel zu gestatten und die existierenden Kapitalgarantien zu ignorieren, steht allerdings im Widerspruch zur bisherigen Verwaltungspraxis und dem Rundschreiben 3/99 des BAFin zur Behandlung strukturierter Produkte.

Asset Backed Securities

Asset Backed Securities (ABS) sind Wertpapiere oder Schuldscheine, die Zahlungsansprüche gegen eine Zweckgesellschaft (Special Purpose Vehicle [SPV]) begründen. Die Zahlungsansprüche werden durch einen Bestand unverbriefter Forderungen (assets) gedeckt (backed), die auf das SPV übertragen werden und im Wesentlichen den Inhaber der ABS als Haftungsgrundlage zur Verfügung stehen. Der Investor kann ein

ABS-Schuldscheindarlehen an das SPV geben. Er kann aber auch eine Schuldverschreibung vom SPV erhalten.

Private Equity Funds

Versicherungsgesellschaften können auch in Private Equity Funds investieren. Private Equity Funds sind in der Regel in der Rechtsform einer Kommanditgesellschaft oder Limited Partnership konstruiert und erwerben eigenkapitalähnliche Beteiligungen an nicht börsennotierten Unternehmen. Investoren werden regelmäßig als Kommanditisten aufgenommen oder sind über Dach-Funds indirekt an Private Equity Funds beteiligt. Voraussetzung für die Zuführung einer solchen Anlage zum gebundenen Vermögen ist eine Beteiligung an der Kommanditgesellschaft nach § 1 Abs. 1 Nr. 13 AnlV. Am 10. Juni 2002 erfolgte das Börsendebüt des Dach-Funds VCH Best of VC GmbH & Co KgaA am Geregelten Markt in Frankfurt a. M. Damit hatten Privatanleger, Vermögensverwalter, Banken und Funds-Manager zum ersten Mal die Möglichkeit, an einem täglich liquiden und breit diversifizierten Private-Equity-Portfolio über eine Aktie zu partizipieren.

High-Yield Bonds

Eine Investition der Versicherungsgesellschaften in High-Yield Bonds – also in Anleihen mit überdurchschnittlich hoher Verzinsung bei gleichzeitig überdurchschnittlich hohem Risiko, bei denen aber kein Investment Grade Rating stattfindet – und damit eine Zuführung zum gebundenen Vermögen möglich ist. Je nach Ausgestaltung der Schuldverschreibung können sie ihrer Rechtsnatur nach von § 1 Abs. 1 Nr. 7–8 AnlV erfasst werden. Das Problem besteht in der Gewährleistung einer möglichst großen Sicherheit. In diesem Zusammenhang hat das Bundesaufsichtsamt für das Versicherungswesen (BAV) in einem Rundschreiben festgestellt, dass zum einen spekulative Anlagen ausscheiden, und zum anderen, dass neben der Sicherheit des Nominalwertes auch Erhaltung der Substanz der Vermögensanlage bedeutet. Entsprechend hoch sind die Anforderungen.

Das Volumen an neu emittierten High Yield Bonds ist einer der wichtigsten Indikatoren für die zu erwartenden Kreditausfälle. Während des Aufschwungs der späten Achtziger Jahre wurden relativ zum Gesamtmarkt große Volumen von High Yield Bonds emittiert. Ab der zweiten Hälfte der Neunziger Jahre wurden erneut große Volumina an High Yield Bonds emittiert, insbesondere von Technologie-, Telecom- und Medienunternehmen. Seit Mitte 1998 stiegen die Ausfallraten an. Die konjunkturelle Abkühlung und das Platzen der Technologieblase ab dem Frühjahr 2000 führten zu einer explosionsartigen Zunahme von High Yield Bonds. Im Moment kaufen Banken in Erwartung einer konjunkturellen Erholung wieder in großem Umfang High Yield Bonds.[58]

Hedge Funds

Eine Investition in Hedge Funds ist für Versicherungsgesellschaften über § 1 Abs. 1 Nr. 13 AnlV nur möglich, wenn der Hedge Funds seinen Sitz innerhalb des Europäischen Wirtschaftsraumes hat, ansonsten ist die Einführung nur über eine Öffnungsklausel möglich. Hinsichtlich der Einhaltung des Gebots der Sicherheit, Rentabilität, Liquidität sowie Mischung und Streuung gelten die bei den High Yield Bonds oben genannten beiden Kriterien. Denn strukturierte Produkte sind Produkte, die gegenüber den nach § 54 VAG zulässigen Vermögensanlagen kein messbares zusätzliches Risiko aufweisen. Davon kann deshalb ausgegangen werden, weil das strukturierte Produkt aus der Verbindung eines Kassa-Instruments mit einem oder mehreren gleichartigen, derselben Risikokategorie zugehörigen derivativen Finanzinstrument besteht, eine Kapitalgarantie gewährt wird, eine Negativverzinsung ausgeschlossen ist und weder Liefer- noch Abnahmeverpflichtungen begründet werden.

Fazit

Alternative Investments sind vor dem Hintergrund der aufgezeigten Rahmenbedingungen nunmehr auch für Versicherungsgesellschaften interessant. Denn sie stellen den Return sicher, den die traditionellen Investments nicht mehr liefern können. Den Versicherungsunternehmen geht es in erster Linie darum, Rendite zu erzielen. Völlig uninteressant ist dabei, wie der Return zustande gekommen ist. Ein Commitment zu einer bestimmten Branche wie etwa zur Biotechnologie- oder zur Telekommunikationsbranche ist nicht feststellbar. Return, that's the name of the game.

Dafür besteht auch ein guter Grund. Denn die Versicherer werden wohl nicht um Beitragserhöhungen herumkommen, um die Prämien zahlen zu können, wenn sie fortlaufend an der traditionellen Asset-Klasse festhalten.

So wollen Lebensversicherer eine konstant hohe Nettoverzinsung der Kapitalanlagen zur Erfüllung der Garantieverzinsung von derzeit 3,25 Prozent p. a., der laufenden jährlichen Überschussbeteiligungen und Direktgutschrift (gemäß BAV seit 1/2002 aufgehoben) sowie einem geringen nicht gebundenen Schlussüberschussanteil. Mit anderen Worten: Es werden hohe laufende Erträge aus den Kapitalanlagen benötigt. Wegen der strukturellen Veränderungen des Kapitalmarktumfeldes sind Alternative Investments in der Kapitalallokation von Versicherungen immer häufiger zu finden. Denn das Zinsniveau ist im historischen Vergleich stark gesunken. Die Kapitalmärkte, vor allem die Aktienmärkte, weisen eine hohe Volatilität auf, und es gibt eine zunehmende Konkurrenz von Bank- und Funds-Produkten. Weil es keinen optimalen Single Hedge Funds-Stil für Versicherungsportfolios gibt, entscheiden sich Versicherungsgesellschaften für eine Risikodiversifizierung und gegen die Chance einer hohen Ertragsvermehrung, die ein Investment in einen Single Hedge Funds bringen könnte. Die Risikodiversifizierung erfüllen Funds of Funds am besten. Denn die Multimanager und Multistrategien garantieren einen Mindestgrad an Diversifizierung und damit an Ertragsstabilität aus folgenden drei Gründen: *Erstens*, es gibt eine aktive Asset-Allokation durch Dach-Funds-Manager. *Zweitens*, es ist ein Einzelinvestment in der Bilanz mit einheitlicher Kostenstruktur. *Drittens*, es werden strukturierte Controlling-Reports geliefert.

3. USA

In den USA gibt es die ältesten und am weitesten entwickelten Regularien für Hedge Funds, die auch die entsprechenden Gesetze in anderen Ländern beeinflusst haben.[57] Hervorzuheben sind hier insbesondere der Securities Act von 1933 und der Investment Company Act von 1940.

a) Allgemeines

In Amerika kann sich de iure jede natürliche und juristische Person an US-Hedge Funds beteiligen. De facto steht aber nur dem vermögenden Kunden eine Partizipationsmöglichkeit offen. So forderte LTCM als Mindesteinlage zehn Millionen Dollar bei einer Mindestlaufzeit von drei Jahren. Im Gegensatz zu Mutual Funds, bei denen die Anleger ihr angelegtes Kapital in der Regel sofort zurückverlangen können, haben Hedge Funds zudem meist eine vertragliche Kündigungsfrist – Lock-out-Periode – von 30 Tagen bis drei Jahren, im Durchschnitt von einem Jahr.

Ein außerhalb den USA registrierter Funds ist nur von den amerikanischen Regularien befreit, wenn er sicherstellt, dass kein Investor in den Vereinigten Staaten wohnhaft ist und dass kein Geld aus amerikanischen Vermögen in den Funds fließt. Eine Ausnahme zu diesem Gesetz ist in Regulation S statuiert. Danach kann ein Funds von den Vorschriften der Securities and Exchange Commission (SEC) befreit werden, wenn Anteile an Personen verkauft werden, die nicht in den USA leben, und das Geschäft in den USA und das Angebot in einer Offshore-Transaktion stattfindet. In jedem anderen Fall unterliegt das Geschäft dem amerikanischen Recht, selbst wenn der Funds in einem Offshore Center registriert sein sollte. Daher bieten große Hedge Funds-Investoren über ein Limited Partnership oder über Limited Liability Companies eine Beteiligung an. Ein Limited Partnership entspricht der deutschen Kommanditgesellschaft, Limited Liability Companies sind GmbHs gleichzusetzen.

Zwei Bundesbehörden überwachen die Struktur, den Handel und die Angebote der Hedge Funds, die SEC und die CFTC. Dabei konzentriert sich die SEC im Wesentlichen auf das Aktiengeschäft. Die CFTC reguliert das Warentermingeschäft sowie den Futures- und Options-Handel. Zusätzlich überprüfen beide Einrichtungen die Einhaltung der Steuervorschriften. Hedge Funds sind am stärksten durch die SEC-Regularien betroffen. Die SEC-Registrierung ist aufwändig und teuer. Zudem ist eine Registrierung auch noch in jedem Staat notwendig, in dem ein Angebot gemacht wird. Vor diesem Hintergrund versuchen Hedge Funds diese Vorschriften immer zu umgehen. Im Wesentlichen stützen sie sich dabei auf den Securities Act von 1933 und auf den Investment Company Act von 1940.

b) Securities Act von 1933

Der Securities Act von 1933 wird auf jedes Anbieten von Anteilen angewandt. Das Gesetz regelt die Darbietung von Informationen über das Funds-Management, die Absatzpolitik und die Unternehmensziele. Die Art und Weise der öffentlichen Werbung wird damit begrenzt. Eine Ausnahme von einer SEC-Registrierung wird in Section 4(2) und Regulation D zur Verfügung gestellt. Danach ist der Verkauf von nicht registrierten Anteilen zulässig, wenn sichergestellt ist, dass das Angebot nicht öffentlich ist. Zeitungsanzeigen und Cold Calling – also unaufgefordertes Telefonmarketing – sind unzulässig.

c) Investment Company Act von 1940

Der Investment Company Act von 1940 regelt die Struktur und die Tagesgeschäfte von Investment Companies. Ziel ist es, Interessenkonflikte, übermäßige Gebühren etc. zu vermeiden. Der Investment Company Act beschränkt Short Selling, den übermäßigen Gebrauch von Derivaten und den Margin-Kauf. Zusätzlich reguliert er die Zusammensetzung des Vorstandes und gibt gewisse Reporting-Standards vor. Mit einer Ausnahme in Section 3(c) (1) wird das Konzept der Personengesellschaft eingeführt. Dem Funds ist eine Bewerbung in der Öffentlichkeit untersagt, und er muss die Anzahl der Investoren auf 100 begrenzen.

Seit kurzem findet eine juristische Debatte hinsichtlich der Amendments zu dem Gesetz statt. Der Zweck des Gesetzes ist erklärtermaßen der Anlegerschutz. Aggressive Werbemaßnahmen sind zwar verboten, aber jetzt scheint jede Art der Werbung als aggressiv eingestuft zu werden, und dies ist wiederum nicht im Interesse des Investors. Denn dies verstellt ihm den Zugang zu bestmöglicher Information. Es ist nicht einfach, scharf zwischen öffentlichem und privatem Angebot zu trennen.

Macht die Nennung des Funds-Namens in einer Datenbank, die öffentlich zugänglich ist und regelmäßig in einer Zeitschrift veröffentlicht wird, das Angebot zu einem öffentlichen? Wie verhält es sich, wenn der Funds-Manager einer Zeitung ein Interview gibt oder wenn die Information auf der Homepage veröffentlicht wird? Ist eine Präsentation in einer Konferenz schon eine öffentliche Werbemaßnahme? Wie ist es zu bewerten, wenn Handzettel oder ein Memorandum am Rande der Konferenz verteilt werden? Cold Calls sind eindeutig verboten. Aber wie sieht es mit Geschäftsfreundschaften oder dem Informationsaustausch unter Nachbarn aus?

Daneben sorgt die Anzahl der Investoren für Verwirrung. Einige Regeln gehen auf Gerichtsentscheidungen zurück. Danach ist der Zusammenschluss von Investoren unter bestimmten Bedingungen erlaubt. Wenn ein Anteil an einem Hedge Funds das Limit von zehn Prozent überschreitet, wird eine Kontrolle angewandt. Nach dieser Regel wird jeder Investor oder Anteilseigner als eine individuelle Beteiligung in diesem Partnership angesehen. Bezüglich Offshore Funds gilt nur eine Begrenzung von US-Investoren auf 99, die Anzahl ausländischer Investoren ist dagegen unbegrenzt. Die Ausgabe von „Sister Funds", die exakt die gleiche Strategie wie der Mutter-Funds fahren und in Wirklichkeit nur dazu dienen, die Beschränkung der Investorenzahlen zu umgehen, ist nicht erlaubt.

4. Europa

Die Europäische Union hat über diverse Richtlinien in die nationalen Rechtskreise eingegriffen und dabei den rechtlichen Rahmen für Investmentfonds erweitert.[59] Hedge Funds sind aber weiterhin verboten. Die Richtlinien sehen Mindestregelungen für die Zulassung, Struktur, Geschäftstätigkeit und Publizitätspraxis der Kapitalanlagegesellschaften vor. Dabei tritt der Gedanke des Verbraucherschutzes moderat zugunsten der Prinzipien Internationalisierung und Flexibilität zurück. Er wird modifiziert durch die Überlegung, dass der Verbraucherschutz dadurch gestärkt werden kann, wenn es mehr Anbieter auf dem Markt gibt.

a) Richtlinie 85/611/EWG

Mit der Richtlinie 85/611/EWG des Rates über die Angleichung der Rechts- und Verwaltungsvorschriften von Investmentfonds vom 20. Dezember 1985 wurde der Versuch unternommen, die europäischen Investitionsgesetze zu harmonisieren.

Ziel war es, das grenzüberschreitende Marketing und den Handel von Fonds-Anteilen zu erleichtern und einen einheitlichen gesetzlichen Rahmen zu schaffen. Daneben stand der Verbraucherschutz ganz oben auf der Agenda.[60] Allerdings werden die europarechtlich zugelassenen Investmentfonds auf eine eng umgrenzte Produktpalette festgelegt. Dies wurde durch eine prozentuale Begrenzung auf zehn Prozent des Anlagevermögens bei Risikopapieren erreicht, so dass Anlagen im Wesentlichen auf börsennotierte Aktien und Schuldverschreibungen begrenzt bleiben. Daneben sollte durch die Begrenzung auf fünf Prozent pro Einzelwert eine hohe Risikostreuung gewährleistet werden. Zins- und Kurssicherungsinstrumente eben so wie Optionen sollten nur intern nutzbar sein, soweit sie technisch erforderlich waren. Dachfonds waren untersagt.

b) Änderung von 1999

Mit der Änderungsrichtlinie vom 17. Februar 2000 wurde eine Reihe von risikoreicheren Finanzprodukten als Anlageobjekt zu den bisher üblichen europaweit zugelassen. Dadurch wurde die Abwanderung risikoreicherer Investment-Fonds in Länder mit geringeren Auflagen gestoppt.

Das Vertrauensprinzip wurde verändert. Statt das Vertrauen darauf zu gründen, dass die Anlageprodukte reguliert sind und aus geregelten Märkten stammen, wurde auf die Herkunft aus einem geregelten bzw. beaufsichtigten Unternehmen abgestellt. Das Risikostreuungsprinzip, das bisher die Konzentration auf einen Emittenten verbot, erlaubte jetzt die Konzentration bis zu 35 Prozent, wenn insgesamt Papiere von fünf Emittenten vorhanden sind.

Von nun an waren Derivate zugelassen, wenn darauf hingewiesen wurde, dass sie ausdrücklich nur für „erfahrene Verbraucher" gedacht waren. Der Schutz vor höheren Kursschwankungen durch Produkt- und Risikobegrenzung wurde durch ein Insolvenzabsicherungsprinzip ersetzt, wonach eine interne Absicherung der Risiken ausreichte. Damit konnte ein Investment-Funds u. a. in nicht voll eingezahlte Aktien investieren. Daneben war ein Engagement in Finanzterminanlagen, Optionsscheine und OTC-Derivate möglich, sofern diese der Risikoabsicherung dienten.

c) OGAW III-Richtlinie

Am 13. Februar 2002 ist die OGAW III-Richtlinie in Kraft getreten. Damit sind die Vorschriften für die Verwaltungsgesellschaft, wie z. B. Koordinierung der Vorschriften für den Marktzutritt, Bedingungen für die Ausübung der Tätigkeit und für die von den Gesellschaften einzuhaltenden Schutzvorschriften, ein gutes Stück vorangekommen. Ein Ergebnis ist die Einführung eines „Europäischen Passes", wie es ihn für die anderen Finanzdienstleister bereits gibt. Durch die Festlegung bestimmter Standards über Risikostreuung und die Eignung von Vermögenswerten soll ein gewisses Schutzniveau für den Anleger garantiert werden.

Außerdem werden Investmentmanagementtechniken wie z. B. die „Nachbildung" von Indizes anerkannt.

d) Einzelstaaten

Bemerkenswert ist die rechtliche Lage in Großbritannien, Irland, der Schweiz und Luxemburg.

Großbritannien

Die britische Finanzaufsicht Financial Services Authority (FSA) plant den Hedge Funds-Markt weiter für Privatkunden zu öffnen.

Die für Finanzdienstleister zuständige Behörde legte ein Diskussionspapier vor, das sich mit dem Verkauf, Marketing und der Regulierung von Hedge Funds beschäftigte. Die Aufsicht sorgte sich darum, dass Privatinvestoren in Hedge Funds investieren, ohne sich vorher ausreichend zu informieren. Die Mindestgrenzen für Investitionen liegen derzeit bei mehreren hunderttausend Euro. Einige Funds denken aber darüber nach, diese Grenze deutlich zu senken.

„Wenn Hedge Funds wirklich an Privatinvestoren gehen, müssen sie transparenter werden und ihre Risiken offen ausweisen", so Alan Ainsworth, Deputy-Chairman des Funds-Managers Threadneedle. Allerdings glaubt die Industrie nicht, dass Großbritanniens Ansatz allein ausreicht.

In Großbritannien gibt es neben der Richtlinie RL 85/611 EWG zusätzliche Regelungen. Da der rechtliche Rahmen weiter ist, können auch Managed Funds zugelassen werden, die verstärkt in Hedge Funds investieren. Als Aufsichtsbehörden gibt es das Securities and Investment Board (SIB) und die Securities and Futures Authority (FSA). Mit dem Financial Services Act 2001 können Funds of Funds gelistet werden. Sie erfüllen die Anlegerschutzkriterien, weil sie in Single Hedge Funds auf einer Long-only-Basis investieren.

Jeder Unit Trust und jede Open-ended-Investmentgesellschaft kann ihre Anteile verkaufen, wenn sie durch die FSA genehmigt ist. Neben diesen beiden traditionellen Investment-Funds gibt es auch noch zwei Klassen von Futures Funds, die seit 1991 als Unit Trusts anerkannt sind: die Non-geared Futures and Options Funds (FOF) und die Geared Futures and Options Funds (GFOF). Investiert werden kann sowohl in Futures und Optionen als auch in OTC Options, Warrants, Währungs-Forwards und in Gold. Dabei müssen FOF-Derivatepositionen gedeckt sein. Zudem dürfen sie keine Warentermingeschäfte eingehen und lediglich ein Leverage von zehn Prozent von ihrem Net Asset Value (NAV) schaffen. GFOF ist es dagegen gestattet, ein Leverage von bis zu 20 Prozent von ihrem NAV herzustellen. Das öffentliche Marketing ist für beide Funds-Typen institutionellen Investoren vorbehalten. Zeitungsanzeigen und Cold Calls sind verboten.

Ausländische Funds, die sich den Anforderungen des EG-Rechts unterworfen haben, unterliegen auch in Großbritannien dem Gemeinschaftsrecht. Non Public Funds haben nicht regulierte, britische open-ended- und Offshore-Strukturen. Sie dürfen von autorisierten Personen an institutionelle und an Retail-Investoren verkauft werden.

Übriges Europa

Im übrigen Europa sind neben Luxemburg auch Irland und die Schweiz Länder, in denen Investmentfonds unkomplizierter aufgelegt werden können. Daher sind verstärkt UCITS-Fonds auf den Markt gekommen. Diese Fonds sind zur Aufnahme so genannter abgeleiteter Anlageinstrumente berechtigt. Vor allem Luxemburg läuft der Konkurrenz zunehmend den Rang ab, weil die Registrierung von Funds of Funds dort besonders schnell und preisgünstig ist, was durch die OGAW III-Richtlinie noch begünstigt wird. Positiv für den Fonds-Standort Luxemburg könnten auch die in der OGAW III-Richtlinie vorgesehenen Regelungen für die Übertragung von Aufgaben an Dritte sein. Insbesondere vor dem Hintergrund der bereits in anderen EU-Ländern vollzogenen Kehrtwendung zur Liberalisierung des Outsourcing bieten sich vor allem für die luxemburgische Funds-Industrie im Bereich der

Fonds-Verwaltung, Fonds-Buchhaltung und Transfer Agency interessante Perspektiven. Luxemburg wird daher seine zentrale Position als paneuropäische Vertriebsstelle weiter ausbauen.

In der Schweiz wurde der Swiss Investment Funds Act im Jahr 1994 um das Prinzip, andere Funds mit speziellen Risiken zuzulassen" erweitert. Diese Regelungen sind in den Art. 35 des Gesetzes über Anlagefonds und in den Artikeln 42 ff. der Verordnung über Anlagefonds enthalten. Damit konnten Hedge Funds bei der Federal Banking Commission (FBC) eine Lizenz beantragen. Die Mindestanlagesumme lag bis zum Mai 2002 nicht unter 10.000 Dollar, wurde aber in der Regel deutlich übertroffen. Es können nur Hedge Funds verkauft werden, die einer stringenten Rechtsordnung unterliegen. Diese Standards sieht die FBC in den Ländern der Europäischen Gemeinschaft, den USA, Guernsey und Jersey als erfüllt an.

Hedge Funds-Manager, die einen Offshore Hedge Funds gegründet haben, können ein Listing an der Irish Stock Exchange beantragen. Ein Listing wird angestrebt, weil man der Auffassung ist, dass Investoren bei börsennotierten Produkten zu höheren Anlagen bereit sind als bei nicht gelisteten. Die Mindesteinlagesumme beläuft sich auf 100.000 Dollar. Außerdem muss der Hedge Funds Rechtsstandards unterliegen, die mit denen der Europäischen Union, der USA, Hong Kong, der Isle of Man, Jersey, Guernsey und der Bermudas vergleichbar sind.

5. Asien

Auch in Asien nimmt die Popularität von Hedge Funds weiter zu. Grund genug für einige Länder, ihre Regulationssysteme zu überprüfen und neu auszurichten.

In Singapur hat die Monetary Authority of Singapur (MAS) im Juni 2001 neue Richtlinien für den öffentlichen Verkauf von Hedge Funds herausgegeben. Danach können sich Investoren mit einer Mindesteinlagesumme von 100.000 Singapur Dollar (36.900 britische Pfund) beteiligen. Daneben fordert die MAS eine hohe persönliche Qualifikation des Hedge Funds-Managers.

Seit dem 17. Mai 2002 können in Hongkong Hedge Funds eine Lizenz beantragen. Die Mindestgröße der Funds muss bei 100 Millionen Dollar liegen, der Manager muss mindestens eine fünfjährige Berufserfahrung aufweisen. Die Mindesteinlagesumme liegt bei 50.000 Dollar für Single Funds und bei 10.000 Dollar bei Funds of Funds.

6. Offshore Center

Neben den USA zählen Offshore Center zu den Hauptstützpunkten von Hedge Funds. Bei den Carribean Offshore Centern kommt neben den Bermudas und den Cayman Islands vor allem den Bahamas, den British Virgin Islands und den Niederländischen Antillen eine besondere Bedeutung zu.

7. Fazit

Die rechtlichen Rahmenbedingungen für Investments in Hedge Funds müssen verbessert werden und sich dabei an internationalen Standards orientieren. Anleger halten sich derzeit mit Investitionen zurück, weil es für sie keine geeigneten Produkte gibt. Obwohl im Rahmen des für das Jahr 2005 avisierten Inkrafttretens des neuen Investmentgesetzes noch zahlreiche Überlegungen anzustellen sind, reicht schon ein Blick ins europäische Ausland, um eine Vorstellung von pragmatischen Lösungsansätzen zu bekommen. Insbesondere die Schweiz geht mit den Regelungen in Art. 35 des Gesetzes über Anlagefonds und in den Art. 42 ff. der Verordnung über Anlagefonds seit langem mit gutem Beispiel voran, und nicht gerade zum Nachteil der Eidgenossen. Für Deutschland wäre die Aufnahme eines Abschnitts „andere Sondervermögen" in das neue Investmentgesetz wünschenswert.

Gleichzeitig sollte die Aufnahme von Hedge Funds als eigene Asset-Klasse in die AnlageVO umgesetzt werden. Dabei könnte zumindest kapitalgarantierten Produkten die gleiche Quote zugewiesen werden wie Aktieninvestments. Ein weiteres Untätigbleiben kann und darf sich der Finanzplatz Deutschland nicht leisten.

VII. The Edge

„Hey, George, reicht nicht eine Milliarde britischer Pfund aus? Warum müssen es denn unbedingt zehn Milliarden sein?", fragten ängstliche Mitarbeiter George Soros am 12. Oktober 1992, dem Vorabend der spektakulären Spekulation gegen die englische Notenbank. Soros ließ sich aber nicht umstimmen, bestand auf dem höheren Einsatz und konnte dabei auch noch sehr gut schlafen. Seine Mitarbeiter bekamen dagegen in der Nacht kein Auge zu.

Der amerikanische Fidelity Fund sendet seinen Investoren vor einem Engagement einen Fragebogen zu, der auch einen Test zur Risikoakzeptanz enthält. Die Investoren werden gefragt, welche der drei folgenden Aussage ihnen am besten gefällt:

1. Sie sind bereit, mehr Risiko mit ihrem gesamten Vermögen einzugehen.
2. Sie sind bereit, mehr Risiko mit einem Teil ihres Vermögens einzugehen.
3. Sie sind bereit, etwas Risiko mit einem Teil ihres Vermögens einzugehen.

Wenn Sie die erste Aussage angekreuzt haben, erhalten Sie 16 Punkte, für die zweite und dritte Aussage jeweils sechs Punkte. Die Punktbemessung ist zwar willkürlich, zeigt aber deutlich, worauf es dem Fonds ankommt. Sie sollen als Investor bei schwierigen Marktsituationen nicht einknicken und den Mut verlieren.

1. Master of the Universe

Risikoaffinität ist also ein entscheidendes Erfolgskriterium für Hedge Funds-Manager, wie auch für Sie als Privatanleger. Sie dürfen keine Angst haben, ja, Sie müssen gleichsam die Gefahr suchen. Das Wichtigste ist Selbstvertrauen. Es entsteht durch die Wahrnehmung und Umsetzung von Chancen. Jeder Hedge Funds-Manager hat eine doppelte Aufgabe. Auf der einen Seite muss er das Tagesgeschäft erledigen – also kaufen, verkaufen oder passen –, auf der anderen Seite muss er sich auf die Zukunft vorbereiten. Ein erfolgreicher Hedge Funds-Manager antizipiert, schafft und reagiert schnell auf Veränderungen. Hedge Funds-Manager haben enorme Soft Skills, die ihnen bei der Umsetzung ihrer Pläne helfen. Ihre Konzepte, ihre Kompetenz und ihre Verbindungen stützen sich auf geistige Fähigkeiten wie Phantasie, Mut, Kreativität, Umgänglichkeit, diplomatisches Geschick und Vertrauen. Vor allem aber kommt es auf die Kreativität an. Kreativität besteht darin, prima facie unvereinbare Elemente neu zu kombinieren, so dass am Ende auf der Objektseite qualitativ Neues entsteht. Hierzu bedarf es einer großen Sorgfalt und Entschlossenheit. Hedge Funds-Manager müssen das Ohr am Markt haben. Sie müssen gleichsam das Gras wachsen hören. Der Investmentprozess muss spielerisch sein.

2. Spiel ist harte Arbeit

Aber das Spiel ist harte Arbeit. So macht Soros sechs unterschiedliche Phasen im Aufbau einer Investmentposition aus. Die *erste Phase* besteht darin, einen noch nicht wahrgenommenen Markttrend zu erkennen. Die *zweite Phase* tritt ein, wenn sich der Markttrend verstärkt. Der Fall von American-Express-Aktien im Jahr 1982 von 62 auf 35 Dollar ist ein exzellentes Beispiel dafür. Ein panischer Markt beschleunigte den Preisverfall bei dieser angeschlagenen Aktie. Ein anderes Beispiel war die Politik der britischen Regierung, die im Jahr 1992 darauf abzielte, das System der festen Wechselkurse aufrechtzuhalten. Das Ziel bestand darin, das britische Pfund unter allen Umständen auf einem Wechselkurs von 2,95 Mark zu halten. Diese Politik versuchte krampfhaft, die Rezession der britischen Wirtschaft zu leugnen. Die *dritte Phase* ist ein erfolgreicher Test des Marktes. Soros war der Auffassung, dass der Währungsmarkt im Jahr 1992 zwei Wochen vor Austritt des britischen Pfundes durch die Abwertung der Lira getestet wurde. Die Italiener mussten ihre Währung um sieben Prozent devaluieren. Diese Abwertung war die maximale Zurückstufung, die von den Regeln des Europäischen Währungssystems erlaubt war, konnte aber letztlich nicht die Ängste vor einem Auseinanderfallen des Währungssystems beseitigen. Die *vierte Stufe* ist die zunehmende Divergenz zwischen Wahrnehmung und Realität. Die Anstrengungen der britischen Regierung, ihre Währung im Europäischen Wechselkurssystem zu halten, war ein Versuch, diese Illusion aufrechtzuhalten. Man kann dies als kognitive Dissonanz bezeichnen, der viele Investoren unterliegen, wenn sie sich davon überzeugen wollen, dass ihre Information mit der Wirklichkeit übereinstimmt.

Der Höhepunkt ist die *fünfte Stufe*. Man kann kaum ein besseres Datum wählen als den 13. Oktober 1992, den *Black Wednesday*. Schon am Morgen war der Sterling schwer unter Druck. Am Mittag wurden die Zinssätze ein erstes Mal um zwei Prozent angehoben. Um 14.15 Uhr wurden dann die Zinssätze nochmals erhöht. Es half aber alles nichts. Die britische Regierung konnte nichts gegen die Spekulation tun und zog den Sterling gezwungenermaßen aus dem Kurs fester Wechselkurse zurück und wertete damit die eigene Währung ab. Soros hatte zehn Milliarden Sterling leer verkauft. Den *Black Wednesday* nannte Soros später mit leicht triumphierendem Unterton *White Wednesday*. Er hatte schließlich an diesem Tag 958 Millionen Dollar verdient.

Die *finale Phase* in diesem Boom und Bust Circle ist, was Soros die Umkehrung des Spiegelbildes nennt. Das ist der Moment, wenn die Assets, die von ihren übertriebenen Niveaus stark gefallen sind, wieder anfangen, sich zu erholen. John Meriwether setzte diese Idee in geradezu genialer Weise um, als er im Jahr 1987 wieder anfing, Anleihen zu kaufen.

3. Freud oder Skinner, das ist hier die Frage!

Welche mentalen Fähigkeiten führen zum Erfolg? Was ist das Besondere an den Soros' und Buffetts?

Freud oder Skinner, das ist hier die Frage. Ist Investment-Gurus alles in die Wiege gelegt oder haben sie alles gelernt?

Skinners größter Triumph war ja bekanntlich, einer Taube das Tischtennisspielen beigebracht zu haben. Eine Meinung kann nur die Richtige sein. Entweder ist das menschliche Verhalten das Produkt unbewusster Motive und Kindheitserfahrungen, oder es ist das Produkt von externen Einflüssen, von Belohnungen und Bestrafungen, die sie oder ihn geprägt haben. Train vergleicht große Investoren mit Newton und Einstein.[61]

Das würde bedeuten, dass große Investoren unnormale Wesen sind. Buffett und Soros haben große Konzerne aufgebaut. Man kann sie also nicht so ohne weiteres diskriminieren. Forschungen haben aber ergeben, dass geniale Menschen oftmals einen hohen Preis für ihre außergewöhnlichen Fähigkeiten zahlen.[62] Anthony Storr hat argumentiert, dass 40% aller kreativen Leute schwerwiegende Gesundheitsprobleme haben.[63] Forschungen der Universität Amsterdam zeigen, dass Genies in der Regel zwei Lehrer hatten. Der erste Lehre vermittelte ihnen die Liebe zum Objekt. Der zweite Lehrer brachte ihnen das Pauken bei. Was ist also richtig?

4. Lieber Poker als Roulette

Freud hat argumentiert, dass Menschen danach streben, Erregung zu reduzieren. Wenn Sie sexuell erregt sind, fühlen Sie einen Druck, Liebe zu machen.[64] Haben Sie Liebe gemacht, fühlen Sie sich entspannt, und die Erregung wird kaum mehr wahrnehmbar und tritt in den Hintergrund. Sind Hedge Fund-Manager daher permanent erregt? Im Jahr 1960 schrieb Hans J. Eysenck, dass Extrovertierte eine größere Affinität zum Risiko hätten als Introvertierte, und begründete dies mit biologischen Voraussetzungen. Extrovertierte hätten eine niedrigere kortikale Erregung und benötigten daher viel mehr Stimulation als Introvertierte.[65] Erfolgreiche Manager sehen nach Aussagen von Michael Apter[66] das Leben als psychologisches Spiel an, als eine Art Challenge and Response. Sie sehen die Dinge sportlich und handeln sportlich. Sie spielen aber lieber Poker als Roulette. Was gilt denn nun? Freud oder Skinner? Beide haben wohl – wie nicht anders zu erwarten – etwas Recht.

5. Eine neue Grammatik

When there is blood in the street, then you have to buy!

Der Investmentprozess ist ein Balanceakt: Wenn Hedge Funds-Manager ihr Handeln so sehr auf die Zukunft ausrichten, dass sie in der Zukunft gefangen werden, wird es ihnen nicht gelingen, in der Gegenwart gut zu performen, um Teil der Zukunft zu sein, wenn diese eintrifft. In der dritten und vierten Juliwoche 2002 kam es vor allem an den europäischen und an den US-Börsen zu einem Ausverkauf. Die Stimmung war vor dem Hintergrund der Worldcom-Pleite so schlecht, dass die Investoren panisch ihre Aktien auf den Markt warfen. Am 23. Juli 2002 war der Dow Jones am Vortag im Intraday unter die psychologisch wichtige 8.000-Punkte-Marke gefallen. Am 24. Juli 2002 kam es dann zu einem massiven Stimmungsumschwung. Der Dow Jones legte bei einem Rekordvolumen von 2,74 Milliarden gehandelten Aktien sechs Prozent auf 8.191 Punkte zu, die Nasdaq zog um 4,7 Prozent auf 1.290 Punkte an. Dabei wurden an der Nasdaq 2,4 Milliarden Aktien gehandelt. Der DAX eröffnete am 24. Juli bei 3.515 Punkten, lag bis gegen 16.30 Uhr mit 7,7 Prozent auf 3.265 Punkte im Minus und ging dann aber mit einem Plus von 3,3 Prozent auf 3.632 aus dem Handel. Der NEMAX All Shares eröffnete bei 517 Punkten, lag am Nachmittag mit knapp fünf Prozent im Minus bei 459 Punkten und ging mit einem Zugewinn von 2,5 Prozent auf 530 Punkten aus dem Handel. Auf Xetra wurde beim DAX das Rekordvolumen von 168.905.272 Aktien gehandelt. Der NE-MAX All Shares erreichte das Rekordvolumen von 10.123.729 gehandelten Aktien. Die Gegenwart kann grausam zu jenen sein, die sie nicht annehmen. *When there is blood in the street, then you have to buy*, so ein erfahrener Marktteilnehmer. Wenn Hedge Funds-Manager ihr ganzes Handeln auf die Gegenwart konzentrieren und die Zukunft ignorieren, entgehen ihnen die enormen Vorteile. Nach dem Imclone-Debakel am 28. Dezember 2001 war das Sentiment für Biotechnologiewerte völlig zerstört. Top-Werte wie Myriad Genetics, Millennium Pharmaceuticals und Medarex konnten noch so gute Forschungsergebnisse aufweisen. Die Fundamentaldaten wurden nicht im Aktienpreis reflektiert. Investoren waren zu skeptisch. Immerhin hatte es staatsanwaltliche Ermittlungen gegen Imclone gegeben, dessen Vorstände die Investoren über die Wirksamkeit der Darmkrebsmedikaments Erbitrux getäuscht hatten. Am 24. Juli 2002 meldete jedoch der Branchenprimus Amgen nachbörslich einen Gewinn von 38 Cent pro Aktie und konnte damit die Analystenschätzungen um 13 Cent schlagen. Damit begann sich die Stimmung langsam wieder zu drehen. Man darf nicht auf alles eine Antwort haben.

6. Nicht auf alles eine Antwort haben

James Jundt erklärt, dass das Einzige, was sich ändert, die Veränderung ist. Der amerikanische Hedge Funds-Manager hat einen reichen Erfahrungsschatz und sah im Sentiment der Märkte der Jahre 2001 und 2002 Parallelen zum Aktienmarkt im Jahr 1982. Er fing im Frühjahr 2002 wieder an, Positionen aufzubauen.

Max Zulauf, Schweizer Hedge Funds-Manager, vertrat dagegen im Frühjahr 2002 die Auffassung, dass den Märkten eine weitere Konsolidierungswelle bevorstehen würde, und untermauerte dies mit fundamentalen und technischen Argumenten.[67] Die Märkte zeigten branchenübergreifend typische Verhaltensmuster. In Bullen- und in Bärenmärkten vollziehen sich die Bewegungen nach oben und nach unten in der Regel in fünf Wellen. Dies treffe auf japanische und europäische Werte ebenso zu wie auf Werte der Old und New Econonmy. Im Frühjahr 2002 hätten die Märkte aber noch nicht den Abwärtszyklus in allen fünf Phasen durchlaufen. Daher stehe eine weitere Konsolidierung bevor. Erst wenn die fünfte Phase durchgestanden sei, könnten die Märkte wieder in einen Aufwärtstrend wechseln, so Zulauf.

Equity Bear Market Roadmap

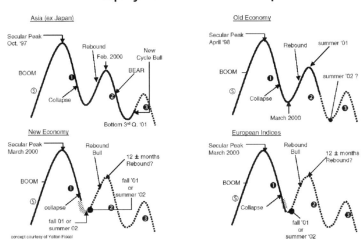

Quelle: Zulauf Euroforumkonferenz, 27.02.02, Frankfurt a. M.

Old Economy Equity Markets

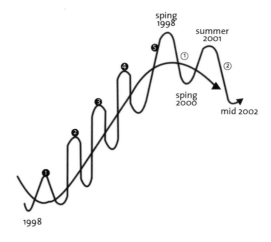

Quelle: Zulauf Euroforum Konferenz 27.02.02, Frankfurt a. M.

Die Korrektur sei nach der Millenniumsrallye notwendig, weil die Bewertungen immer noch sehr hoch seien. Auch aus charttechnischer Sicht sei ein weiterer Pull-Back unausweichlich. Er werde jedenfalls weiter short gehen, so Zulauf am 27. Februar 2002 in Frankfurt a. M.

7. Innovation ist ebenso sehr Inspiration wie Transpiration

Hedge Funds-Manager sind innovativ. Innovation ist ebenso sehr Inspiration wie Transpiration, ebenso sehr visionäre Kraft wie das Ergebnis nüchterner Arbeit. Qualität beginnt mit Qual. Hedge Funds-Manager müssen einerseits innovative Strategien entwickeln, andererseits Entscheidungen treffen, ob die Aktien des Unternehmens, in die sie short oder long gehen wollen, einen Wettbewerbsvorteil oder -nachteil auf kurze, mittlere und lange Sicht haben. Mit anderen Worten, ob es innovativ ist oder nicht. Innovationen erstrecken sich auf den gesamten Wirtschaftsprozess. Innovationen entstehen nicht im luftleeren Raum. Es sind die Rahmenbedingungen, die entscheidend zum Erfolg oder Misserfolg beitragen. Dazu gehören neben dem Stand von Technik und Wissenschaft sowie dem wirtschaftlichen Klima auch das gesellschaftliche, politische und kulturelle Umfeld. Fortschritt und ein beschleunigter Wandel erfordern eine ständige Neuorientierung sowie die Entwicklung neuer Methoden und Strategien, um den veränderten Umständen zu begegnen: die Fähigkeit zur Innovation. Innovation aufgrund antizipatorischen Denkens entsteht dadurch, dass man sich weniger mit sich selbst beschäftigt – *ich gewinne, die anderen verlieren* –, sondern mit den Reaktionen der anderen Beteiligten. Soros nennt diese Fähigkeit *reflexivity*. Hedge Funds-Manager müssen die Perspektiven anderer aufgreifen und integrieren.

Im Jahr 1994 wurde die Spieltheorie mit dem Nobelpreis für Wirtschaftswissenschaft prämiert. Begonnen hatte es im Jahr 1944, als das Mathematikgenie John von Neumann und der Ökonom Oskar Morgenstern ihr Buch „Theory of Games and Economic Behavior" veröffentlichten. Sogleich als eine der größten wissenschaftlichen Errungenschaften des Jahrhunderts gepriesen, bot das Buch ein systematisches Verfahren, das Verhalten von Spielern in Situationen zu verstehen, in denen das Glück eines jeden von dem der anderen abhängt. Neumann und Morgenstern unterschieden zwei Arten von Spielen. Im ersten Fall agieren die Spieler miteinander nach speziellen Einsatzregeln, etwa aufgrund von Verträgen, Kredit- oder Tarifvereinbarungen. Im zweiten Fall handelt es sich um ungehemmte Spiele. Darin gehen die Spieler ohne von außen auferlegte Regelzwänge zu Werke.

Für regelgebundene Spiele bietet die Spieltheorie das Prinzip: Jeder Aktion folgt eine Reaktion. Um zu analysieren, wie die übrigen Spieler auf einen Spielzug antworten werden, müssen alle Reaktionen so weit wie möglich im Voraus durchgespielt werden. Es geht darum, den künftigen Spielverlauf möglichst weit zu überblicken, um rückschließen zu können, welche Aktionen zu dem Ergebnis führen, das am Ende erreicht wird.

Für die ungeregelten Spiele hält die Spieltheorie das Prinzip bereit: Niemand kann aus dem Spiel mehr herausholen, als er selbst dazu beiträgt. Die Differenz ist der Mehrwert des herausgelösten Spielers. Bei ungeregelten Interaktionen können sie nicht mehr herausziehen als den eigenen Mehrwert.

Hinter den beiden Prinzipien steckt eine unterschiedliche Sichtweise. Viele sehen Spiele egozentrisch, das heißt, nur mit der eigenen Position im Blick. Die Haupterkenntnis der Spieltheorie ist jedoch allozentrisch zu sehen, also zu sehen, wie wichtig die anderen sind. Um zu antizipieren, müssen Hedge Funds-Manager in der Lage sein, sich in die Köpfe der anderen Marktteilnehmer zu versetzen. Um die eigene Performance zu erhöhen, müssen sich Hedge Funds-Manager nicht fragen, was die anderen geben können, sondern was sie den anderen geben können. Hedge Funds-Manager können von den Einsichten der Spieltheorie profitieren, indem sie ein Spiel so gestalten, wie es für ihren Funds richtig ist. Sie finden mit dieser Sichtweise heraus, ob ein Trend zustande kommt, sich verstärkt oder sich umkehrt. In vielen Fällen kann sich das Verändern eines Spiels allerdings weit mehr lohnen, als an dem bisherigen Spiel festzuhalten. Geändert werden können die Spieler, die Regeln, die Wahrnehmung, der Mehrwert sowie der Rahmen des Spiels.

Innovationen entstehen aus unerwarteten, überraschenden und selbst respektlosen geistigen Verbindungen. Revolutionäre Innovationen sind nur schlecht planbar. Sie erfordern starke engagierte Persönlichkeiten mit Intuition, Risikobereitschaft und Durchhaltevermögen. Qualität beginnt mit Qual.

Das Denken über Grenzen hinweg oder integratives Denken ist der ultimative investmentspezifische Schritt. Probleme und Möglichkeiten integrativ zu sehen bedeutet, sie als Gesamtheit zu sehen, die mit größeren Gesamtheiten zusammenhängt, statt Information und Erfahrung in einzelne Teile zu zerlegen, die verschiedenen, voneinander getrennten Kategorien zugeordnet sind, die nie miteinander in Berührung kommen. Wie wirkt sich das Greenspan-Gambit aus. Konnte Alan Greenspan mit seinen 13 Zinssenkungsrunden, die die amerikanischen Interest-Rates von 6,5 Prozent im Jahr 2000 bis auf 1,25 Prozent im Jahr 2002 reduzierten, wirklich die US-Wirtschaft beleben oder wurde nicht lediglich künstlich Geld in den Markt gepumpt, um die Aktienkurse zu stützen? Das Verwischen der Grenzen und das Hinterfragen der Kategorien lassen neue Möglichkeiten entstehen.

9. Der Investmentprozess ist paradox

Hedge Funds-Manager sind sich bewusst, dass sie durch Wahrnehmung mit zahlreichen Paradoxien konfrontiert sind. Es gibt keine objektive Realität. Jeder nimmt sie aufgrund seines Intellekts und seiner Gefühle anders wahr.

Wir leben in einer neuen Zeit. Die Zeitdimensionen verschwimmen. Die Zukunft in der Gegenwart, das ist es, was wir heute leben müssen, mit einem Fuß in beiden Zeiten. Je erfolgreicher Sie sind, die Zukunft vorauszusagen, desto stärker destabilisieren Sie die Gegenwart.

Hedge Funds-Manager müssen ständig ihre Gegenwart destabilisieren und definieren ihre Werte wegen der rasant wechselnden Umwelt selbst und permanent neu. Zu einmal getroffenen Entscheidungen stehen sie aber und halten sie bei allem, was sie tun, hoch. Als die T-Aktie im Juli 2002 unter den Emissionskurs gefallen war und die öffentliche Meinung ein weiteres Abrutschen des Kurses für nicht oppurtun hielt, sagte der Hedge Funds-Manager: I don't care. Er lasse sich nicht von moralinen Argumenten und political correctness irritieren. Ihm komme es auf die Fundamentaldaten und die Markttechnik an und nicht auf das, was Politiker und Medien im Sommer 2002 in Hinblick auf eine schützenswerte deutsche Aktienkultur gesagt haben.

Das Kurs-Gewinn-Verhältnis, das noch vor einer Generation Goldstandard für Investmententscheidungen war, hat seinen Sinn verloren. Die Gewinne werden in der Gegenwart gemeldet, doch sie sind Nachrichten in der Vergangenheitsform. Der Aktienkurs wird in der Gegenwart ermittelt, doch er ist ein Übergangsmaßstab, und im KGV wird er einem historischen Wert gegenübergestellt. Im Gegensatz dazu wird die Marktkapitalisierung in der Zeitform von Zukunft/Gegenwart gemessen: Diese Kennzahl gibt wieder, was das Unternehmen heute aufgrund der Erwartungen bezüglich seiner zukünftigen Entwicklung wert ist. Was den Börsenkurs letztlich aber bestimmt, sind Absatzprognosen und Produktvertriebspläne. Auf diese Fragen war die Deutsche Telekom viele Antworten schuldig geblieben.

Vor allem bei börsennotierten Private-Equity-Dachfonds treten Bewertungsanomalien auf. So koppelt sich der Börsenkurs vom NAV aufgrund des temporären Ungleichgewichts von Angebot und Nachfrage ab. Zudem repräsentiert der NAV nicht immer den intrinsischen Wert – also den Wert, der auch die Zukunftsperspektiven und andere weiche Faktoren diskontiert –, was durch den Vertrauensverlust an der Börse noch verstärkt wird.[68]

10. Unser größter Konkurrent ist unsere eigene Vorstellung von der Zukunft

Um kurzfristig zu reüssieren, muss man langfristig denken. Im Jahr 1998 zahlten CBS, Fox und ABC gemeinsam 12,8 Milliarden Dollar für die Übertragungsrechte der Spiele der National Football League (NFL) bis ins Jahr 2005. Zu dieser Zeit betrug der Preis, der für den aktuellen Verkauf eines Teams erzielt wurde, 250 Millionen Dollar. Für die Summe, welche die Netzwerke gemeinsam auf den Tisch gelegt hatten, hätten sie alle 30 Teams der NFL kaufen, sich selbst zum Nulltarif Übertragungsrechte bis in die Ewigkeit einräumen und noch Milliarden Dollar übrig behalten können.

Die Unfähigkeit, in der Zukunft erfolgreich zu sein, wird auf einen Mangel an Vorstellungskraft zurückzuführen sein.

Die Doppelklicktechnologie wurde nicht von Microsoft erfunden und auch nicht von Apple, sondern von Xerox. Warum ziert daher nicht das Xerox-Logo statt jenes von Apple, Dell oder Hewlett-Packard unsere Desktops? Weil Xerox Windows verschenkt hat. Warum? Weil Xerox „the document company" war und ist und der PC daher nicht in die Unternehmensgeschichte passte. War das eine falsche Entscheidung? Ja, sofern diese Entscheidung auf der Unfähigkeit beruhte, Abstand von den epischen Schlachten um die inneren Ressourcen zu nehmen, die stets die Gegenwart beherrschen, und stattdessen Xerox sowohl ein erfolgreiches Unternehmen im Bereich der Dokumentenbearbeitung als auch ein erfolgreiches PC-Unternehmen sein würde. Nein, sofern die Entscheidung genau das Gegenteil war und auf der Überzeugung beruhte, dass die Hinwendung zum PC die Kernkompetenzen des Unternehmens zerstören und sowohl die Geschichte des Unternehmens als auch seine Marke in eine unvorteilhafte Richtung lenken würde. Mittlerweile ist klar, dass Xerox besser die Doppelklicktechnologie weiterverfolgt hätte.

Sie müssen ein Ziel anstreben, das zu erreichen Sie nicht erwarten dürfen. Wenn Sie darauf warten, dass sich die Zukunft einstellt, haben Sie keine Zukunft. Wenn Sie sich auf den Weg machen, um Ihre Zukunft zu finden, wird Ihr Handeln automatisch die angestrebte Zukunft verändern

Hedge Funds-Manager leben nach diesen Grundsätzen. Sie halten Ihre Werte hoch. Sie halten durch. Sie lernen dazu. Sie geben nicht auf. Sie bleiben nicht im Heute verhaftet, sondern denken schon an das, was morgen passieren wird. Sie erkennen Chancen und nutzen mutig und entschlossen die sich bietenden Möglichkeiten.

11. Exkurs: Behavioral Finance

Hedge Funds-Manager greifen natürlich auch auf Erkenntnisse des Behavioral Finance zurück. Den Superstars von LTCM unterliefen hierbei allerdings viele Fehler. Nachfolgend sollen die einzelnen Phänomene angesprochen werden, die vorher nur kurz angetippt worden sind.

Einleiten möchten wir mit einer kleinen Story:

Franks Tag beginnt früh. Um 5.30 Uhr klingelt der Wecker. Einen Kilometer wohnt er von der City entfernt, dort, wo die Mieten noch erschwinglich sind. Frank bewegt sich kaum. Er hat Kopfschmerzen vom nächtlichen Alkoholexzess. Dann steht er doch auf und schalte CNBC an. Today's business Europe mit Simon Hobbs. Er hat keine Lust auf Tokio Financial Futures, auf indische Pharmawerte und britische Medientitel. Er springt unter die Dusche. Rasiert sich. Das Geschäft verlangt Smartness. Frank erreicht mit letzter Kraft die U-Bahn und fährt Richtung Stadtzentrum. Frank kauft und verkauft Aktien hauptsächlich für Großkunden seiner Bank, aber er tradet auch für das Kreditinstitut. Frank wurde als Absolvent der Albertus-Magnus-Universität zu Köln rekrutiert. Im ersten Jahr erhielt er 40.000 Euro. In der Hype-Phase von 1998 bis 2000 ging er inklusive Provisionen mit 75.000, zuweilen sogar mit über 100.000 Euro nach Hause. Heute ist er froh, noch einen Job zu haben.

Frank ist in der Bank angekommen und nimmt sich im Vorbeigehen ein Croissant. Er ist gerne in der vornehmen Bank, denn er schätzt das Gefühl, zu Leuten zu gehören, die sich diesen Luxus leisten können. In den vergangenen Monaten ist Frank unter Druck geraten. Die Börse lief gegen ihn. Er geht zum Kaffeeautomaten, denn er hat immer noch wahnsinnige Kopfschmerzen. Frank ist unter den glücklichen Absolventen gewesen, die eine Trainee-Stelle bekommen haben. Er hat es bis in das Investmentbanking geschafft. Im vorigen Monat hat er eine Million Euro verloren. Noch ein schlechter Monat, und er kann seine Sachen packen.

Wenn er es weiter vermasselt, kann das sehr schnell gehen. Die Axt fällt sofort nach unten. Ohne Pardon. Letztlich kommt es auf die Zahlen an, und bei Rot auf dem Bildschirm hast du eben verloren. Frank hat 20 Monitore im Auge, aber die Bildschirme geben ihm keine Inspiration, sondern nur Schuldgefühle. Er sieht eine Aktie. Bingo. Die Aktie der Gesellschaft schließt in Sydney bei 12,22 Aussie-Dollar. In Tokio wird das Papier aktuell mit 7,95 Dollar gehandelt. Wenn es Frank gelingt, in Tokio zu verkaufen und im gleichen Moment in Sydney zu kaufen, wird er einen Gewinn von zwei Cent einstreichen: Globale Märkte zeigen häufig diese Preisanomalien, die von Computerprogrammen nicht erfasst werden. Nur das menschliche Auge sieht es. Und wenn das Auge schnell genug ist, macht der Anleger einen Arbitragegewinn. Er gibt den Trade auch in Aussie-Dollar ein, damit niemand von der Arbitrage Wind bekommt und ihm das Geschäft wegnimmt.

Frank macht das Geschäft für 12,21 Aussie-Dollar. Geschafft! Frank hat einen Gewinn von 13.000 Euro erzielt. Er grinst. Das war wirklich smart. Er ist 27 Jahre. Seine Freundin hat in vor kurzem verlassen, weil er zu viel getrunken hat. Sie hat ihn damit aufgezogen, dass er nicht smart genug sein. Sie wollte ihn schon zum Psychologen schicken. Und jetzt das. Hat er es ihr also doch gezeigt. Frank hasst Selbstzweifel. Er hat jetzt 13.000 Euro in wenigen Sekunden gemacht. Das ist zwar nicht brillant, aber doch ganz okay. Frank fühlt sich selbstbewusst. Selbstbewusstsein ist entscheidend. Wenn Du Selbstvertrauen hast, läuft alles von selbst, hört er noch einen erfahrenen Broker reden. Recht hat er. Der Tag hat gut angefangen.

a) Grundlage

Ausgangspunkt des *Behavioral Finance* ist die These, dass sich Menschen nur begrenzt rational verhalten können, wie aus dem oben zitierten Beispiel hervorgeht.[70] Neben der Gewinnerzielungsabsicht wird den Marktteilnehmern zugebilligt, noch andere Beweggründe zu haben. So neigen Investoren dazu, spontan und emotional auf Nachrichten zu reagieren und einzelnen Ereignissen eine zu große Bedeutung beizumessen. Außerdem meinen viele Anleger, dass mehr Information bessere Entscheidung bedeuten. Daneben unterliegen die Investoren visuellen Illusionen bei der Betrachtung von Charts. Sie neigen dazu, ihre eigene Prognosefähigkeit und Prognosegenauigkeit zu überschätzen. Gleichzeitig ist der Blick Ende 2000 immer mehr dafür verloren gegangen, dass der Aktienmarkt seit Mitte der Neunziger Jahre einen enormen Aufschwung erlebt hatte. Seit Mitte 2001 befindet sich der Markt daher in einer harten Konsolidierungsphase, die noch bis ins Jahr 2003 andauert. So weist Shiller nach, wie die Millenniumsrallye letztendlich durch *Behavioral Finance* induziert worden ist.[71]

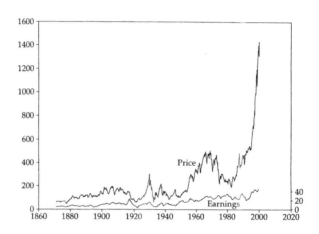

Aktienpreise und Gewinne, 1871 bis 2000, Real S&P Composite Stock Price Index von Januar 1871 bis Januar 2000 und Real S&P Composite earnings von Januar 1871 bis September 1999

Quelle: Shiller, Robert J., Irrational exuberance, p. 6

Im Folgenden werden einige typische Phänomene von *Behavioral Finance* näher dargestellt. Dabei spielt die kognitive Dissonanz[72] eine zentrale Rolle. Die Kernaussage der Theorie der kognitiven Dissonanz ist, dass jeder Mensch versucht, Unstimmigkeiten in Wahrnehmung und Denken möglichst schnell zu beseitigen, da er diese als unangenehm empfindet.

b) Representiveness

Representiveness bezeichnet die Tendenz der Investoren, in Stereotypen zu denken.[73] Vor allem die Auffassung, dass Ergebnisse aus der Vergangenheit sich in der Zukunft wiederholen werden, steht für die psychologische Schieflage. Daher glauben Investoren etwa, dass die Sieger der Vergangenheit auch die Sieger der Zukunft sein werden. Das Gegenteil ist in der Regel eher der Fall. Aktien, die in der Vergangenheit gut gelaufen sind, weisen in der Zukunft eine Underperformance auf, und Aktien mit einem dürftigen Kursverlauf können den Markt outperformen, ganz im Sinne der Dogs of the Dow Theory. Als Dogs of the Dow werden die fünf Aktien bezeichnet, die in einem Jahr am schlechtesten abgeschnitten haben.

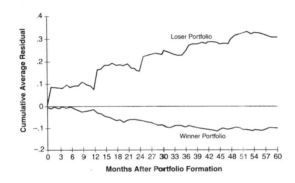

Verlierer der Vergangenheit sind oftmals Gewinner der Zukunft. Kumulierter Durchschnitt für Gewinner- und Verliererportfolios mit jeweils 35 Aktien in 60 Monaten.

Quelle: De Bondt, W.F.M./Thaler R.H Does the Stock Market overreact? in: The Journal of Finance 1995, p. 803

c) Overconfidence

Overconfidence steht für das unerschütterliche Vertrauen in die eigenen Fähigkeiten und das eigene Urteilsvermögen. Die Frage, ob man sich für einen guten Fahrer hält, beantworten zwischen 65 und 80 Prozent der Befragten mit einem selbstbewussten Ja. Tatsächlich können aber nur 50 Prozent als gute Autofahrer bezeichnet werden.[74]

Auch LTCM erlag oftmals der Selbstüberschätzung. Auf die kritische Frage, die Andrew Chow auf einer LTCM-Roadshow stellte, inwieweit es dauerhaft möglich und rentabel sei, Preisanomalien auszubeuten, antwortete Myron Scholes: *„As long as there continue to be people like you, we'll make money."* Der Nobelpreisträger war sichtlich verärgert über die seiner Meinung nach unnötigen Zweifel des Vizepräsidenten von Conseco Capital. In einem weiteren Fall überschätzte LTCM die Stabilität des Bewertungsunterschiedes in den Papieren des englisch-niederländischen Unternehmens Royal Dutch/Shell Transport. Eine Studie von Froot/Perold[75] hatte ergeben, dass sich der Cashflow zwischen Royal Dutch und Shell Transport im Verhältnis 60:40 aufteilt. Dies hätte eigentlich dazu führen müssen dazu, dass Royal Dutch 1,5-mal höher bewertet werden müsste als Shell Transport. Shell wurde aber traditionell nicht paritätisch bewertet, sondern bereits mit einem Abschlag von 18 Prozent. Als die 18 Prozent unterschritten wurden, ging LTCM in Shell Transport long und in Royal Dutch short. Allerdings trat nach kurzer Zeit das Gegenteil ein: Die Bewertungsanomalie weitete sich aus.

d) Aversion to ambiguity, Loss aversion

Aversion to Ambiguity drückt die Tendenz aus, dass Menschen in der Regel nach Sicherheit streben und Unsicherheit vermeiden wollen. Unter dieses Stichwort lässt sich daher auch die von der Federal Reserve initiierte Rettungsaktion von LTCM subsumieren. Der Präsident der US-Notenbank Alan Greenspan und der Präsident der New Yorker Notenbank William J. McDonough erklärten, es sei nicht auszuschließen gewesen, dass das globale Finanzsystem erheblichen Schaden genommen hätte,[76] wenn das Bankenkonsortium nicht gehandelt hätte. Nach anderer Auffassung hätte aber durchaus noch die Möglichkeit bestanden, dass sich LTCM erholt, ohne das globale Finanzsystem zu gefährden.[77]

Loss aversion bezeichnet die Verlustaversion des Menschen. Kahneman und Tversky haben die Verlustaversion eindeutig nachgewiesen:[78] Bei der Wahl zwischen einem sicheren Verlust von 7.500 Dollar und einer 75-Prozent-Chance, 10.000 Dollar zu verlieren, bei einer gleichzeitigen

25-Prozent-Chance, nichts zu verlieren, entscheiden sich die meisten Befragten damit für die zweite Variante. Hintergrund: Menschen hassen es zu verlieren. Bei der zweiten Alternative hat man immerhin noch die Möglichkeit, einen Verlust und gleichzeitig auch das Eingeständnis einer Niederlage zu vermeiden. Für diese Optionen geht die Mehrheit der Befragten auch das Risiko eines höheren Verlusts ein, denn so könnte man sich immerhin ersparen, die Niederlage seiner Umwelt – etwa seinem Partner – erklären zu müssen.

Warren Buffett[79] meint bezüglich Aktieninvestments: Man solle die Hände von Aktien lassen, wenn man einen Verlust von 30 bis 40 Prozent finanziell, aber vor allem mental nicht verkraften könne. Interessant ist in diesem Zusammenhang das Ergebnis einer Untersuchung von Bell[80]. Bei der Wahl zwischen der Chance, in einer Lotterie entweder 10.000 Dollar zu gewinnen oder leer auszugehen, und sicheren 4.000 Dollar entscheidet sich die Mehrheit der Befragten für die sichere Variante getreu dem Motto: Lieber den Spatz in der Hand als die Taube auf dem Dach.

e) Sonstige emotionale und kognitive Aspekte

Anleger unterliegen einer Reihe weiterer typischer emotionaler und kognitiver Schwächen, die sie davon abhalten, optimale Entscheidungen zu treffen.

Mit *Frame Dependence* lässt sich die Art und Weise beschreiben, wie Menschen auf neue Fakten reagieren. Die Gewinnwarnungen der High-Tech-Prominenz wie Apple und Marconi haben Analysten und Anleger dazu animiert, die Ertragsaussichten auch kleiner Unternehmen herunterzuschrauben. Dabei dominierte der Gedanke, dass kleine Unternehmen erst recht durch das negative wirtschaftliche Umfeld der Jahre 2001 und 2002 Nachteile hinnehmen müssen, wenn schon große Player in Schwierigkeiten sind. Dass kleine Unternehmen über eine flexiblere Struktur und eine innovativere Technik verfügen, trat dabei in den Hintergrund.

Seit der Enron-Krise haben die Bedenken an der ordnungsgemäßen Buchführung auf alle Sektoren übergegriffen. Selbst das Establishment wie General Electric sieht sich Vorwürfen ausgesetzt. Mit seinen am 14. Mai 2002 veröffentlichten „Measures of Corporate Earnings" will Standard & Poor's mehr Klarheit in die Ertragslage börsennotierter Unternehmen bringen. Nach diesen neuen Kriterien, die gemeinsam mit Universitäten und Portfolio-Managern erarbeitet wurden, sollen etwa zukünftig Stock Options in den Gewinn mit eingerechnet werden. Dies hätte zur Folge, dass das Kurs-Gewinn-Verhältnis steigen würde und die Aktienkurse weiter nach unten angepasst werden müssten. Neue Bilanzskandale bei Worldcom, bei Xerox und bei AOL sowie die Verwicklung von JP Morgan Chase und der Citigroup in das Enron-Debakel schienen den Investoren in ihrem Pessimismus Recht zu geben. Konsequenz: Am 23. Juli 2002 rutschte der Dow Jones im Intraday unter die psychologisch wichtige 8.000-Punkte-Marke. Viel Lärm um nichts?

Aber es geht auch in die andere Richtung: Aktien von Biotechnologieunternehmen, die sich auf die Behandlung bakterieller Krankheiten spezialisiert haben, explodierten nach den ersten Milzbrand-Fällen in den USA. Dabei ist das Geschäft mit Mitteln gegen Anthrax für größere Pharmakonzerne wie DuPont oder Bayer eher ein Nebengeschäft. Investoren rechneten aber mit hohen Staatsausgaben für die Anthrax-Bekämpfung, wovon insbesondere kleinere Biotechnologieunternehmen wie Nanogen, Avant Imunotherapeutics, Cepheid und Genvec profitieren dürften.[81] Daher gingen ihre Kurse auch durch die Decke.

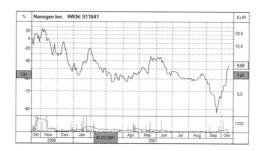

Gambler's Fallacy charakterisiert das blinde Vertrauen in die Gesetzmäßigkeit großer Zahlen. Nach zehn Mal Schwarz, denkt der Beteiligte am Roulettetisch, ist es sehr wahrscheinlich, dass beim nächsten Mal wieder Rot kommt. An den Kapitalmärkten handelt der Investor nach dem Motto: Was fällt, muss auch wieder steigen.[82]

Anchoring ist Verankerungsheuristik und dient der schnellen Urteilsfindung.[83] So werden zum Beispiel im Vorfeld von Wirtschafts- und Unternehmensdaten Umfragen von Thomson First Call durchgeführt. Diese liefern Richtwerte und erlauben den Anlegern eine schnelle Urteilsfindung. Allerdings kann der Investor auch häufig falsch liegen, denn Aktien, die in den Vergangenheit mit ihren Gewinnen positiv überrascht haben, sind riskanter als die Bad Guys, die in der Vergangenheit enttäuscht haben.

Beim *Mental accounting* werden einzelne Handlungen und/oder Geschäfte auf separate geistige Konten verbucht.[84] Dadurch lässt sich der Stress leichter bewältigen, dem man ausgesetzt ist, wenn ein Trade einmal nicht so gut gelaufen ist. Gleichzeitig vernachlässigt der Anleger aber dadurch Risikozusammenhänge zwischen einzelnen Geschäften, was seine Verlustanfälligkeit wiederum erhöht.

Hedonic Editing bezeichnet die Tendenz, sehr gut verlaufene Trades besonders hervorzuheben, obwohl sie gemessen am Gesamtwert des Portfolios nur marginale Bedeutung haben.

f) Contrary Thinking

Immer mehr Zuspruch erhält die Idee des „Contrary Thinking"[85]. Ihr liegt der Gedanke zugrunde, dass die Masse am enthusiastischsten und optimistischsten ist, wenn sie vorausschauend und vorsichtig sein sollte, und sie am ängstlichsten ist, wenn sie am mutigsten sein soll. Da die Masse nicht denkt, sondern impulsiv handelt, ist die öffentliche Meinung häufig falsch. Beeindruckendes Beispiel war die Tulpenzwiebelhysterie. In den Niederlanden war zwischen 1633 und 1637 eine regelrechter Run auf Tulpenzwiebel ausgebrochen.[86] So kostete ein Semper Augustus, der als die wertvollste Tulpe galt, in der Spitze bis zu 5.500 Floriner, was umgerechnet 660.000 Dollar waren. Viele Niederländer hatten trotz des Wissens um die irrationalen Kurssteigerungen Haus und Hof verpfändet, um am Ende völlig verarmt dazustehen. Im November 1636 war der Preis nämlich auf 300 Floriner eingebrochen.

Während eines Trends liegt die Masse allerdings richtig. Die Contrary Opinion ist daher vor allem in Phasen des Trendwechsels ein wichtiges Instrumentarium. Ein wichtiger Indikator sind die Titelseiten. Die schädlichste Nachrichtenlage für eine Aktie oder für eine Branche ist die, wenn die Aktie auf der Titelseite einer Zeitung erscheint und besprochen wird. Kurze Zeit später folgt dann der Absturz, zumindest eine deutliche Korrektur. Hier darf der „Noise Level" nicht überschritten werden. Werde zu viel Positives über eine Aktie/Branche berichtet, müsse man skeptisch werden und eher zum Verkaufen tendieren.[87]

Das Ganze beruht auf einer fundamentalen Börsenregel: Sind die Erwartungen an eine Aktie/Branche hoch, sind viele Anleger investiert, weil jeder an dem Kursanstieg partizipieren will. Gleichzeitig fehlt es aber an freiem Kapital. Da hohe Erwartungen leicht enttäuscht werden können, ist der Kursrückgang drastisch, weil viele enttäuscht sind und das Geld für andere Engagements nutzen wollen. Bei niedrigen Erwartungen dagegen stehen die Investoren Gewehr bei Fuß. Kommt eine positive Nachricht, geht die Aktie deutlich nach oben.

g) Panische Märkte

Vor allem aber in panischen und hoch volatilen Märkten, wie nach den Terroranschlägen vom 11. September 2001, ist Behavioral Finance ein Mittel des Risikomanagements und der Performancesteuerung.

Um die Chancen und Risiken nach dem 11. September 2001 zu erfassen, wäre es sinnvoll gewesen, die Erkenntnisse der Psychotraumatologie auf die Märkte zu übertragen. Nach der Tragödie in New York durchlebten die Zeitzeugen traumatypische Momente, die sich in Wochenrhythmen in Schock-, Verarbeitungs- und Erholungsphase aufgliederten. In den fiebrigen Tagen vom 11. bis zum 21. September befanden sich auch die Märkte in einer Schockphase und reagierten mit Sell-outs. Vor diesem Hintergrund hätten Investoren sofort aussteigen sollen, um ihre Verluste zu begrenzen, denn die Märkte mussten die Welt des Terrors, die neben den Einzelschicksalen auch das Wirtschaftssystem zu zerstören drohte, erst einmal verarbeiten, und dies geschah durch panikartige Verkäufe: bei europäischen Werten sofort am 11. September oder am 13. September, nach der ersten technischen Erholung, bei US-Werten am 17. September, d. h. bei der Wiederaufnahme des Handels in New York.

Die Marktteilnehmer konnten in dieser ersten Phase die Ereignisse nicht rational bewerten und fürchteten weitere Anschläge und einen langanhaltenden, zermürbenden und ungewissen Kampf der westlichen gegen die islamische Welt und damit als Folge eine tief greifende Rezession der Weltwirtschaft. Hierin manifestierte sich eindrucksvoll die Theorie der kognitiven *Dissonanz*. Deren Kernaussage ist, dass jeder Mensch versucht, Unstimmigkeiten in Wahrnehmung und Denken möglichst schnell zu beseitigen, da er diese als unangenehm empfindet. In den Septemberwochen trat eine Umkehrung auf: Der Schock war so groß, da hätten viele nur noch das rettende Ufer gesucht. Nur raus aus dem Markt, lautete die Devise. Alles andere hätte man nur schwer ertragen können. Ab dem 24. September setzte die Erholung ein. Investoren war zu diesem Zeitpunkt klar, dass die USA sehr besonnen vorgingen, um die Gefahr einer Eskalation möglichst gering zu halten. Die Vereinigten Staaten hatten eine globale Anti-Terror-Koalition zusammengebracht, in der auch Russland und China vertreten waren. Diese Umstände gaben den Investoren einen Teil ihres Kontrollgefühls wieder zurück, so dass die Anleger wieder Geld in den Markt gaben.

h) Fazit

Behavioral Finance ist ein wesentlicher Faktor an den internationalen Finanzmärkten. Wie dramatisch ein durch Angst induzierter weltweiter Kursverfall an den Börsen ist, wurde in den beiden Wochen nach den Terroranschlägen vom 11. September 2001 deutlich. Die Kursverluste in New York waren größer als in den Crashs von 1929 und 1987. Auch LTCM wurde zu oft Opfer emotionaler und kognitiver Fehlleistungen. Die Federal Reserve erkannte die Gefahren, die vom Behavioral Finance für den Aktienmarkt ausgehen. Alan Greenspan erklärte in Anspielung auf mögliche weitere Zinssenkungen im Jahr 2001, dass es nicht Aufgabe der Fed sei, die sich kurstreibend auswirkende Behavioral Finance zu stärken, sondern allein die US-Wirtschaft anzuschieben.[88]

Wie anfällig der Markt seit Mitte der Neunziger Jahre gegen Behavioral Finance geworden war, zeigte die Reaktion der Anleger auf Äußerungen von Alan Greenspan am 5. Dezember 1996. Damals kritisierte der Präsident der amerikanischen Notenbank den Zustand der Märkte mit dem Begriff „Irrational Exuberance". Daraufhin fiel der Nikkei um 3,2 Prozent, der Hang-Seng gab knapp drei Prozent nach, der DAX und der FTSE rutschten um jeweils vier Prozent ab. Der Dow Jones büßte am Folgetag 2,3 Prozent ein. Investoren müssen daher immer die Zinspolitik der US-Notenbank im Auge haben.

Die Rahmenbedingungen haben sich derart verschoben, dass der Einfluss von Behavioral Finance immer stärker bemerkbar wird. So hat das Gambling in den USA in den Neunziger Jahren deutlich zugenommen und den Aktienmarkt nicht unwesentlich angefacht.[89] 7,5 Millionen erwachsene US-Bürger werden als pathologische Spieler eingeschätzt.[90]

Die Baby-Boomer-Generation[91] wird auch noch in den nächsten Jahren risikoreicher investieren als ihre Eltern in der Vergangenheit[92].

Letztlich ist festzuhalten, dass die Performance einer Aktie von der Wahrnehmung und der emotionalen Bindung der Investoren an das Unternehmen abhängt. So wurden High-Techs wie etwa Vodafone oder Logica im Jahr 2000 massiv verkauft, auch weil die Anleger nicht die gleiche emotionale Nähe zu diesen Werten hatten wie etwa zu Coca Cola, Dupont oder Walt Disney, mit denen sie als Kind groß geworden waren.[93] Es gibt keine kollektive Wirklichkeit. Jeder Mensch auf diesem Planeten hat heute die Möglichkeit, sich mit anderen Menschen zu vernetzen, doch jeder andere bewohnt eine andere Realität. Haben Sie die Einstellung eines Aufrührers, eines Hedge Funds-Managers. Sie müssen gegen etablierte Methoden und gegen die herrschende Ordnung ankämpfen.

VIII. Ausblick

Das Buch hat verdeutlicht, dass Alternative Investmentformen ihren Weg nach Deutschland gefunden haben, als souveräne Asset-Klasse angekommen sind und zu weiteren Höhenflügen ansetzen werden.

Estimated Growth of Hedge Fund Assets 1990 to 2002

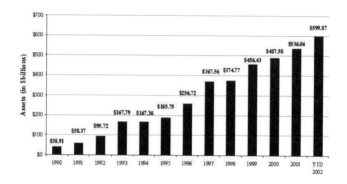

Estimated Number of Hedge Funds
1990 to Q3 2002 (ex FOF)

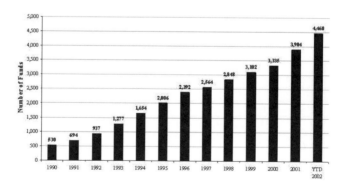

Hedge Funds stellen die Königsdisziplin dar. Ihre Erfolgsstory wird sich zwangsläufig fortsetzen, da Anleger weltweit absolute Renditen unabhängig von Marktverläufen anstreben und zudem eine echte unkorrelierte Komponente zur Portfoliodiversifizierung suchen. Die Nachfrage ist enorm. Heute gehören Hedge Funds und hierbei Hedge Dachfunds zu den Segmenten der „Investment Management Community" mit dem schnellsten Wachstum. In den vergangenen zehn Jahren ist ihre Zahl rapide gestiegen. 1990 gab es 200 Funds mit rund 20 Mrd. Dollar, 1998 waren es 3.000 Fonds, die 400 Mrd. Dollar verwalteten. Ende 2002 wurden über 6.000 Hedge Funds mit einem Gesamtmarktwert von rund 600 Milliarden US Dollar geschätzt – Tendenz weiter steigend. Der Grund für dieses beispiellose Wachstum liegt auf der Hand: Geld und Talent ziehen einander an. Allein im vierten Quartal 2001 wurde ein Nettozufluss von 8,8 Milliarden Dollar auf 31 Milliarden Dollar für das Gesamtjahr gemessen, womit das Rekordjahr mit einem Nettozufluss von 22,2 Milliarden Dollar übertroffen wurde. Im Jahr 2001 stiegen damit die Assets under Management global um 34 Prozent.[94] In Europa legten Hedge Funds sogar um 40 Prozent zu.

Dabei flossen elf Milliarden Dollar in existierende Hedge Funds und 6,6 Milliarden Dollar in Start-ups.[95] Für die kommenden Jahre wird mit einem weiteren massiven Anstieg des Investitionsvolumens gerechnet.[96] Hedge Funds befinden sich gerade am Anfang ihres Lebenszyklus:

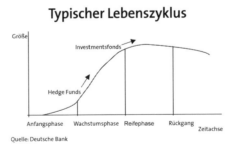

Typischer Lebenszyklus

Quelle: Deutsche Bank

Das Buch hat deutlich hervorgehoben, dass Hedge Funds im Zeitablauf aktienähnliche Returns und anleihenähnliche Risiken zeigen. Mit anderen Worten: Sie erzielen eine deutlich überlegene Rendite in fallenden bzw. stark negativen Märkten. Sie demonstrieren eine zufrieden stellende Ertragsstärke in steigenden und boomenden Märkten, und sie erreichen diese Ergebnisse auch noch mit einer rentenähnlichen Volatilität, d. h. mit einem deutlich geringeren Risiko.

Die in Deutschland angebotenen Produkte, insbesondere Index-Zertifikate, haben eine maximale Liquidität, so dass der Anleger sich jederzeit von seinen Anlagen in Hedge Funds wieder trennen kann. Auf der regulatorischen Seite ist zwar mit europäischem und hier insbesondere britischem Blickwinkel einiges in Gang gekommen. So plant etwa die britische Financial Services Authority (FSA) die Öffnung von Hedge Funds für Retail-Kunden. In Deutschland sind die Signale dagegen widersprüchlich. Einerseits soll ein neues Investment-Gesetz geschaffen werden, um den deutschen Markt für Hedge Funds zu öffnen und die Gründung von Hedge Funds zu fördern. Andererseits bleibt das BAFin bei seiner restriktiven Haltung, kapitalgarantierte Hedge Funds-Zertifikate nur im Rahmen einer Öffnungsklausel in den Deckungsstock zuzulassen. Ob dies dem Finanzplatz Deutschland weiterhilft, darf allerdings trefflich bezweifelt werden.

Die Gewichtung von Hedge Funds-Anlagen in Privatkundenportfolios sollte eine Gewichtung von 20% nicht übersteigen. Das Gros ist weiterhin von traditionellen Anlagen wie Aktien und Renten zu bilden. Privatinvestoren sollten ihre Hedge Funds-Investitionen auf breit diversifizierte Dachfonds konzentrieren. Definieren Sie Ihre Anlage richtig. Das ist eine auch wichtige psychologische Frage.

Auch Private Equity und Venture Capital und hier insbesondere im Rahmen von Fund of Funds Konstruktionen befinden sich weiter im Aufschwung.

Verteilung von Fund of Funds-Renditen von 1999 bis 2001

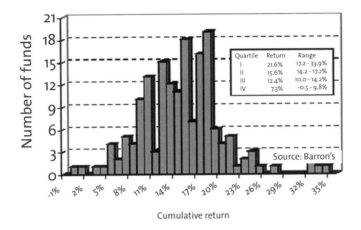

Quelle: Mac Lamm, Hedge Fund Risks and Returns Revisited: A new paradigm

Zunahme der PE-Fund of Funds

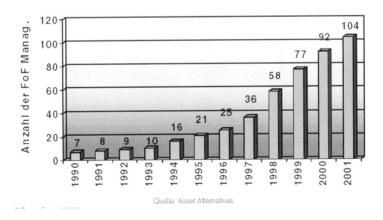

Quelle: Asset Alternatives

Private Equity und Venture Capital sind Asset-Klassen, die besonders in Deutschland eine hohe volkswirtschaftliche Notwendigkeit haben. Deutschland hat kein kapitalisiertes Rentensystem, das die Börsenkapitalisierung von deutschen gelisteten Unternehmen auf ein allgemein höheres Niveau schrauben und damit deutsche Unternehmen weniger angreifbar für Firmenjäger machen würde. Deutschlands wirtschaftliche

249

Stärke – immerhin die drittgrößte Volkswirtschaft der Erde – wird nicht durch eine entsprechend hohe Börsenkapitalisierung reflektiert.

Rückgrat der deutschen Wirtschaft und damit Hauptarbeitgeber ist der Mittelstand. Da die Unternehmen in der Regel an keiner Börse notiert sind, gibt es für Investoren keine Möglichkeit, an einer erfolgreichen Geschäftsentwicklung zu partizipieren. Geschäftsbanken ziehen sich aus Rentabilitätsgründen aus diesem Marktsegment mehr und mehr zurück. Private-Equity-Produkte füllen diese Lücke. Junge Unternehmer mit brillanten – sogar marktreifen – Geschäftsideen sind oftmals gezwungen, ins Ausland abzuwandern, um das für den Aufbau ihres Geschäftes notwendige Risikokapital zu erhalten. Venture-Capital-Produkte füllen diese Lücke.

Umfragen zeigen eine überproportionale Allokation der Fund of Funds Commitments in Venture Capital.

Marktstatus

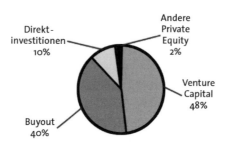

Venture Capital übergewichtet

Quelle: Asset Alternatives

Sie können davon ausgehen, dass alternative Investmentformen die höchsten Wachstumsraten in den nächsten Jahren verzeichnen werden.

ANHANG

Im Anhang möchten wir Ihnen v. a. die Grundlagen der Technischen Analyse, der Kapitalmarkttheorie sowie des Black-Scholes-Modells näher bringen. Alle Punkte sind für die Performance und das Risikomanagement von Hedge Funds entscheidend.

I. Technische Analyse

Hedge Funds bedienen sich auch Instrumentarien der Technischen Analyse. Vor allem Managed Futures wie Quadriga greifen auf computergesteuerte Handelssysteme zurück. Insbesondere Trendfolgesysteme stehen dabei im Fokus. Die Trendfolge-Indikatoren sind darauf ausgerichtet, die vorherrschende Trendrichtung anzuzeigen. Ein bestimmter Trend hat so lange Gültigkeit, bis ein Trendfolger seine Richtung ändert.[97] Mittlerweile gibt es eine Vielzahl von Trendfolgeindikatoren, und tägliche kommen neue hinzu.[98]

1. Etablierte Indikatoren

Von den etablierten Trendfolgern werden vor allem Gleitende Durchschnitte und Moving Average Convergence Divergence (MACD) eingesetzt.

a) Gleitende Durchschnitte

Gleitende Durchschnitte (GD), auch Moving Averages (MA) genannt, sind die am häufigsten verwendeten Trendfolge-Indikatoren und dienen der Glättung von Kursverläufen. Sie zeigen nicht nur grafisch den Trend der Aktie an, sondern kennzeichnen auch Unterstützungen und Widerstände. Gleitend bedeutet, dass mit jedem neuen Kurs der älteste Kurs des Betrachtungszeitraums aus der Berechnung herausfällt. Je größer die gewählte Periode ist, desto flacher verläuft ein gleitender Durchschnitt und desto größer ist seine glättende Wirkung, da mehr Schwankungen eliminiert worden sind.

Bei einem einfachen GD berechnet man den arithmetischen Mittelwert des Kurses im Beobachtungszeitraum. Dabei werden die Kurse auf Schlusskursbasis addiert und durch ihre Anzahl dividiert.

$$\mathbf{MOV}_t = \frac{1}{n} \sum_{i=t}^{t-n+1} x_i$$

n......Periode

Bei einem gewichteten GD wird den aktuelleren Kursdaten eine höhere Bedeutung zugemessen als den weiter zurückliegenden.

$$\mathbf{MOV\_W}_t = \frac{W_1 X_t + W_2 X_{t-1} + \dots W_n X_{t-n+1}}{W_1 + W_2 + \dots + W_n}$$

n.....Periode **W...Gewichtungsfaktor**

Bei einem exponentiell gewichteten GD wird vom aktuellen Kurs der exponentielle GD vom Vortag subtrahiert und diese Differenz anschließend mit einem exponentiellen Wertungsfaktor multipliziert.

$$SF = \frac{2}{n+1} \quad \mathbf{MOV\_E}_t = \mathbf{MOV\_E}_{t-1} + (SF \times (X_t - \mathbf{MOV\_E}_{t-1}))$$

Die Interpretation von GD ist relativ einfach: Wird ein GD von unten nach oben durchstoßen, liegt ein Kaufsignal vor. Wird ein GD nach unten durchbrochen, ist ein Verkaufssignal generiert worden. Oftmals werden mehrere GD mit unterschiedlichen Perioden kombiniert und auf Überkreuzungen hin untersucht. Danach liegt ein Kaufsignal vor, sobald ein kurzfristiger GD den langfristigen GD von unten nach oben schneidet. Ein Schnitt des kürzeren GD mit dem langfristigen GD von oben nach unten erzeugt ein Verkaufssignal.

Der Vorteil des GD liegt darin, dass der Anleger eindeutige Signale über die neue Trendrichtung und Trendstärke erhält. Die Nachteile sind im Time Lag zu sehen: GD geben eher verspätet Auskunft über die Richtung der Märkte. In Seitwärtsmärkten liefern sie zudem Fehlsignale. Daher sollten GD nur in Verbindung mit anderen Indikatoren oder Price Pattern eingesetzt werden.

Der hier abgebildete Chart der Telekom-Aktie dokumentiert dies:

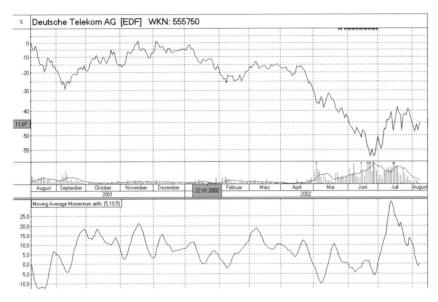

Quelle: Logicalline

b) MACD

Der MACD-Indikator wurde 1979 von Gerald Appel entwickelt und gehört zu den populärsten Instrumenten der Technischen Analyse. Dabei handelt es sich um die Differenz zwischen einem schnell exponentiell gleitenden und einem langsam gleitenden Durchschnitt. Beim MACD wird standardgemäß eine Kombination aus zwölf Einheiten schnellen und 26 Einheiten langsamen Durchschnitten verwendet. Wenn die 12-Einheiten-Linie die 26-Einheiten-Linie nach oben durchkreuzt, ist das ein Kaufsignal, ein Durchstoßen nach unten ist ein Verkaufssignal. Mit anderen Worten: Wenn der MACD ansteigt, liegt ein Aufwärtstrend vor, wenn er fällt, ein Abwärtstrend.

$$\text{MACD} = \text{XMA}_1 \ (12 \ \text{Tage}) - \text{XMA}_2 \ (26 \ \text{Tage})$$

II.   XMA = exponentiell geglätteter gleitender Durchschnitt

II. XMA = exponentiell geglätteter Gleitender Durchschnitt

Zu den Stärken des MACD gehört, dass er einen Trendwechsel relativ schnell anzeigt. Zudem weist er keine großen Ausschläge aus, so dass in der Regel eindeutige Aussagen getroffen werden können. Schwächen hat der MACD in lange anhaltenden Trendphasen: Dort dreht er oft gegen die Richtung des Haupttrends und generiert damit Fehlsignale. Man spricht in diesem Zusammenhang von Mehrfach-Divergenzen. Bei volatilem Range-Trading treten Verzögerungseffekte auf, so dass die Signale oftmals zu spät erkannt werden. Um die Aussagekraft des MACD zu optimieren, sollte er daher mit anderen Indikatoren kombiniert werden. So können z.B. Trendlinien gesetzt werden. Je näher Divergenzen an der Mittellinie liegen, umso markanter sind die Signale.

Die folgende Grafik des Kursverlaufes der SAP-Aktie zeigt die Interdependenz zwischen Indikator und tatsächlichem Kursverlauf der Aktie.

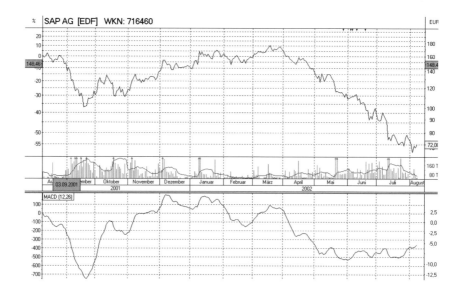

Quelle: Logicalline

c) Newcomer

Unter den Newcomern haben sich vor allem der Variable Index Dynamic Average (VIDYA) und der Commodity Channel Index (CCI) bewährt.

VIDYA

Der VIDYA wurde von Tushar Chande 1992 veröffentlicht.[99] Er ist ein automatisch auf die Volatilität der Märkte adjustierter exponentieller GD. Basis ist eine normierte Volatilität, die durch einen Vergleich zwischen einer kurzfristigen Standardabweichung der Schlusskurse und einer langfristig festgesetzten Standardabweichung hergestellt wird. Dabei bestimmt die Konstante die Länge des exponentiellen GD. Je höher die Volatilität eines Marktes, desto geringer ist der Anteil der Vortageskurse. Durch die damit erzielte verkürzte Periodenlänge kann der Indikator schneller auf Kursveränderungen reagieren.

$$\textbf{VIDYA} = \textbf{K x S x Close} + (\textbf{1- K x S}) \textbf{ x VIDYA}_{t-1}$$

S = geglättete Konstante
K = relative Volatilität

Ein Aufwärtstrend liegt vor, wenn die Schlusskurse über dem VIDYA liegen, umgekehrt bei Abwärtstrends. Seine Stärke liegt in einer starken Annäherung an das Kursgeschehen. Seine Schwächen treten in Seitwärtsbewegungen des Marktes zu Tage. Daher sollte der VIDYA nur in Kombination mit Oszillatoren[F7] und anderen Kursmustern eingesetzt werden.

Die Grenzen der technischen Analyse werden am Beispiel der MLP-Aktie deutlich. Der Kursverlauf wurde von anderen Faktoren bestimmt, wie Sie den unterschiedlichsten Presseveröffentlichungen im Sommer 2002 entnehmen konnten.

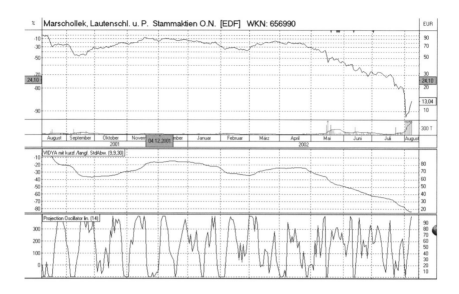

Quelle: Logicalline

CCI

Der CCI ist ein trendfolgend ausgerichteter Indikator und von Donald
Lambert erstmals 1980[100] vorgestellt worden. Sein Zweck sollte anfangs
darin bestehen, zyklische und periodische Eigenschaften der Termin-
märkte zu erkennen. Er drückt die Entfernung der aktuellen Kurse von
ihren Gleitenden Durchschnitten (GD) aus. Die Formel berechnet einen
GD der täglichen Durchschnittskurse ($H+L+\frac{C}{3}$) und deren mittlerer
Abweichung MAB_n, die sich aus der Summe der Differenzen zwischen
dem Durchschnittskurs jeder Periode und seinem GD ergibt. Das Ergebnis wird dann mit der Konstante 0,015 multipliziert und durch die
Differenz zwischen dem GD und dem heutigen Durchschnittspreis dividiert. Dieser Unterschied bewirkt, dass der CCI bei stärkeren Kursbewegungen weiter expandiert als herkömmliche Indikatoren, so dass sich
mit ihm eine Trendintensität quantifizieren lässt. Der CCI oszilliert um
eine Null-Linie, wobei seine Extrembereiche oberhalb 100 und unter-
halb -100 liegen.[101]

256

$$CCI = \frac{(Kurs\ (H + L + \frac{C}{3}) - GD\ von\ Kurs)}{0.015\ x\ MAB_n}$$

Werte zwischen +100 und -100 deuten auf trendlose Märkte hin, die keine Handelsindikation liefern. Je steiler die Verlaufskurve, desto stärker der Trend. Kauf- und Verkaufssignale ergeben sich erst durch das Kreuzen der Linien 100 beziehungsweise -100. Der CCI liefert außerdem Divergenzformationen, die eine baldige Trendwende erwarten lassen. Bei einer längeren Parametereinstellung – > 20 – kann ein Schneiden der Null-Linie als Trendumkehr gewertet werden. Je kürzer der gewählte Periodenzeitraum – < 10 –, desto stärker oszilliert der CCI. In diesen Fällen eignet er sich auch als Overbought/ Oversold-Indikator, der gute trendkonforme Signale liefert. Eine Glattstellung kann erfolgen, wenn die Extremzone -100 von unten nach oben (Close Long) und wenn +100 von oben nach unten (Close Short) durchbrochen wird.

Ein großer Vorteil ist, dass neben der Trendrichtung auch die Trendstärke angezeigt wird. Zudem sind kurzfristige Signale in Richtung des längerfristigen Trends besonders gut. Ein Nachteil besteht darin, dass die Verlaufskurve des CCI selbst bei längeren Parametereinstellungen relativ unruhig ist. Daher sollten Ein- und Ausstiegssignale mit Hilfe der Zonenanalyse optimiert werden. Auch Formations- und Trendlinienanalyse lassen sich zur Optimierung nutzen.

Die eben gemachten Ausführungen sind am nachfolgenden Chart der Siemens-Aktie ablesbar.

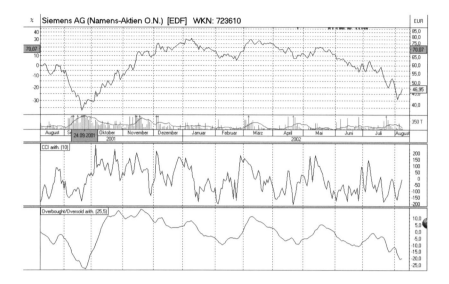

Siemens AG (Namens-Aktien O.N.) [EDF] WKN: 723610

Quelle: Logicalline

d) Next Generation

Bei den Indikatoren der Next Generation sind vor allem der Kauf-
manns-Adaptive-Moving-Average-Indikator (KAMA) und der Polari-
zed-Fractal-Efficiency-Indikator (PFE) zu nennen.

KAMA

Der KAMA wurde von Perry J. Kaufmann in seinem Buch „Trading
Systems and Methods"[102] entwickelt. Grundidee ist, dem Konzept des
GD einen „Adaptiven Ansatz" hinzuzufügen, der sich mehr auf Trend-
differenz als auf Volatilitäten stützt.

$$KAMA = KAMA_{t-1} + SC \text{ x } (Preis - KAMA_{t-1})$$

Eine Trendphase wird durch einen fallenden bzw. einen steigenden
KAMA sowie darunter liegende Kurse signalisiert. Verläuft der KAMA

258

fast horizontal, liegt eine Seitwärtsphase vor. Zu den Vorteilen des KAMA gehört, dass er Seitwärtsmärkte durch einen relativ flachen Verlauf eindeutig bestimmt. Außerdem kann er als Widerstands- und Unterstützungsindikator verwendet werden, denn er hält in leicht ansteigenden oder leicht fallenden Märkten einen Abstand zu den Kursen. Probleme hat der KAMA beim Übergang vom Seitwärts- in einen Trendmarkt. Dort braucht der KAMA zu viel Zeit. Auch hier gilt: Der KAMA ist am besten zu nutzen, wenn zusätzliche Indikatoren eingesetzt werden.

Im Anschluss an die Ereignisse des 11. September fielen die Indikatoren auf Tiefstände und lieferten ein deutliches Kaufsignal für die Daimler-Chrysler-Aktie.

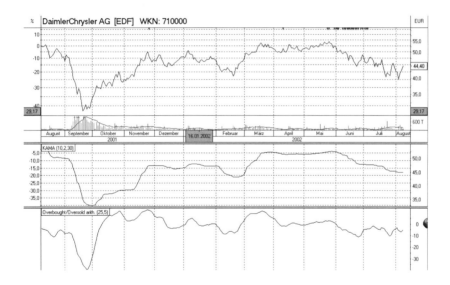

Quelle: Logicalline

PFE

Beim PFE handelt es sich um einen 1994 in „Technical Analysis of Stocks and Commodities" von Hans Hamula vorgestellten Trendfolger.[103] Basierend auf Erkenntnissen der Chaostheorie untersucht der PFE, ob eine Marktbewegung geradlinig oder in Wellen verläuft.

$$PFE = \sum_{i=2}^{(+/-)} \frac{\sqrt{(close - close_1)^2 + n^2}}{\sqrt{(close - close_{i-1})^2 + 1}}$$

Der PFE bewegt sich in einer Bandbreite zwischen + 100 und – 100. Dabei geben Werte zwischen + 40 und + 60 einen positiven Trend an, Werte zwischen – 40 und – 60 einen negativen Trend. Bleibt der PFE in seinen Extremzonen, besteht kein Zweifel an der Fortführung des Trends. Der Bruch der Mittellinie hat keine Bedeutung. Trendphasen und Trendwechsel werden daher eindeutig und schnell angezeigt. In Seitwärtsmärkten kommt es allerdings zu Fehlsignalen.

Ende Februar 2002 zeigten die Indikatoren einen deutlichen Trendwechsel im Kursverlauf der Infineon-Aktie an.

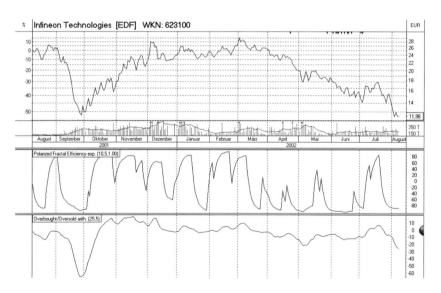

Quelle: Logicalline

e) Fazit

Die Anwendung der Technischen Analyse setzt großes Detailwissen voraus, was die Reaktion und die Interaktion der einzelnen Indikatoren anbelangt. Nach Auffassung Floreks sind die etablierten Indikatoren denen der nachfolgenden Generationen unterlegen.[104] So zeigt etwa der Vergleich zwischen dem RMI-Indikator und dem MACD, dass Letzterer oftmals dem Trend hinterherhinkt, dafür aber weniger Fehlsignale liefert.

Der nachfolgende Nasdaq-100-Kurverlauf illustriert das Zusammenspiel zwischen RMI und MACD anschaulich.

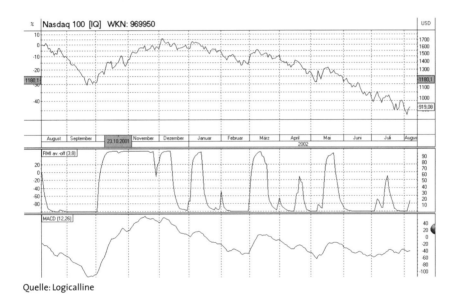

Quelle: Logicalline

Unter einer optimierten Vorgehensweise versteht er eine „Mega Mix-Party". Dabei seien beispielsweise zu langsame Trendfolge-Indikatoren – MACD, CCI, GD – mit zu schnellen Oszillatoren – Momentum, RSI – zu kombinieren. Auch aus Candlestick-Charts lassen sich Trendfolge-signale generieren.

Auf LTCM bezogen ist festzuhalten, dass sich ein Ausstieg aus dem Ge-

schäft mit russischen Rubel-Anleihen bereits im Mai/Juni 1998 aufge-
drängt hatte, denn dort war die Erholung eindeutig abgebrochen und
der Aufwärtstrend endgültig verlassen worden.

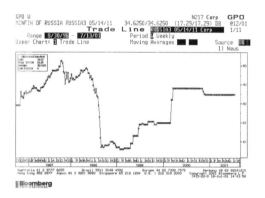

Russische Rubel-Anleihen von 1997 bis 2001

2. Gann-Theorie

Im Rahmen eines optimierten Trendfolgesystems sollte auch die Gann-
Theorie berücksichtigt werden.[105] Sie geht auf William D. Gann (1878-
1955) zurück, der heute als einer der besten und einflussreichsten Technischen Analysten aller Zeiten gilt.

Im Zentrum steht die Überlegung, dass die Märkte mathematischen
Gesetzen höchster Ordnung folgen und dabei gleichzeitig bestimmten
Naturgesetzen unterliegen. Nach Gann bilden Preis und Zeit eine voneinander abhängige zyklische Einheit, so dass auch von einer
Preisdimension und einer Zeitdimension gesprochen werden kann, die
gemeinsam einen Preisraum definieren. Diese Preisräume unterliegen
mit ihren Aktions- und Aktivitätssphären individuellen Schwingungs-
gesetzen, deren Frequenzen die Basis sämtlicher Kursentwicklungen
darstellen. Während traditionelle Analyseansätze vorwiegend den
Kursverlauf betrachten, konzentrierte sich Gann auf die Preisraum-
Intervalle. Ausgangspunkt seiner Konstruktionen waren signifikante
Wendepunkte im Chart. Gann unterstellte, dass ein solcher Ex-
trempunkt preislich und zeitlich definierbar ist und dass das Preis-Zeit-

Verhältnis konstant bleibt. Demnach sollten nicht nur Chartmarken prognostizierbar sein, sondern auch der Zeitpunkt ihres Eintreffens.

Mit Hilfe von Cardinal Squares legte er markante Chart- und Kursmarken fest. Gann suchte danach markante Kursmarken und wandelte diese in Zeiteinheiten um, d. h. 100 Euro gleich 100 Tage. Die jeweilige Zeiteinheit projizierte er in die Zukunft. Beim Erreichen dieser Zeiteinheit sind Preis und Zeit „squared", wodurch eine Trendwende möglich ist. Ganns Instrumente waren 360-Grad-Winkel, Dreiecke und Quadraturen.

Die nachfolgende Abbildung zeigt den australischen All Ordinaries Index von Ende Januar bis Anfang Dezember 1999. Genauer betrachtet wird der Zeitraum vom 21. Juli bis zum 14. Oktober 1999. Die horizontalen Linien sind 45 Punkte lang. Sie lassen sich in 45 Tage lange vertikale Linien umwandeln. Das Hoch bei 3.130 Punkten liegt genau 45 Tage vom lokalen Tief bei 2.970 Punkte entfernt. Verbindet man die Linien zu einem Rhombus und fügt einen weiteren an, kann man das nächste Tief bei 2.770 Punkte prognostizieren. Das ist exakt 360 Punkte und 90 Tage vom lokalen Hoch entfernt. Damit ist der Zyklus „squared" und somit abgeschlossen. Daher ist ein Trendwechsel möglich.

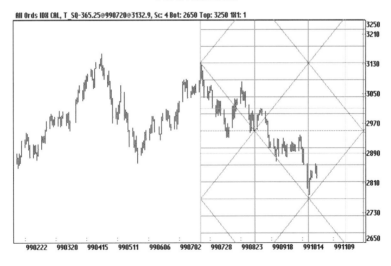

All Ordinaries

All Ordinaries Index von Ende Januar bis Anfang Dezember 1999

3. CBOE Volatility Index

Der CBOE Volatility Index (VIX) wurde im Jahr 1993 eingeführt und misst die implizite Volatilität von acht Call- und Put-Optionen. Diese acht Optionen werden nach Laufzeit und dem Maß, wie sie in, aus oder am Geld sind, gewichtet. Als Ergebnis erhält man eine fiktive Option, die am Geld ist und eine Laufzeit von 30 Tagen hat. Der VIX repräsentiert die implizite Volatilität dieser am Geld befindlichen Option.

OEX Oct 800 Call		OEX Oct 800 Put	
current date	11-Sep-00	current date	11-Sep-00
expiration date	20-Oct-00	expiration date	20-Oct-00
days to expire	40	days to expire	40
time to expire	0,1096	time to expire	0,1096
risk-free rate	5,92%	risk-free rate	5,92%
stock price	807,69	stock price	807,69
strike price	800	strike price	800
option price	27,39	price	14,58
implied volatility	19,20%	implied volatility	19,25%

OEX-Optionen sind die meistgehandelten und liquidesten Optionen an der CBOE. Weil sie so liquide sind, stehen sie für die implizite Volatilität des Gesamtmarktes. Der VIX kann auf Intraday-Basis, auf Tages- und auf Monatsbasis berechnet werden und reflektiert die Erwartungen des Marktes.

S&P 100 (OEX) und VIX in 2001

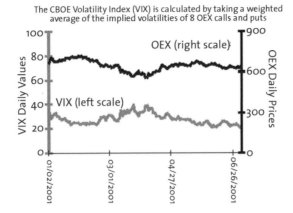

The CBOE Volatility Index (VIX) is calculated by taking a weighted average of the implied volatilities of 8 OEX calls and puts

Der VIX hat typischerweise ein umgekehrtes Verhältnis zum Gesamtmarkt. Der Wert des VIX steigt, wenn der Markt fällt, und nimmt ab, wenn der Markt zulegt. Allerdings hat der Aktienmarkt einen bullishen Bias. Ein steigender Aktienmarkt wird als weniger riskant, ein fallender Aktienmarkt dagegen als riskanter angesehen. Je höher das wahrgenommene Risiko in Aktien ist, desto höher ist die implizite Volatilität und desto teurer sind die Optionen, vor allem die Puts. Daher ist die implizite Volatilität nicht gleich der Größe der Preisbewegungen. Wenn der Markt fällt, steigt die Nachfrage nach Puts für gewöhnlich. Höhere Nachfrage bedeutet höhere Put-Preise und höhere implizite Volatilität. Contrarians vergleichen den VIX mit dem Markt und ziehen daraus Rückschlüsse über die zukünftige Richtung. Je mehr der VIX an Wert gewinnt, desto mehr Panik ist im Markt. Ein VIX unter 20 wird als bearishes Signal gewertet. Dagegen wird ein sehr hoher VIX als Ausdruck hoher Angst und damit als bullishes Signal verstanden. Fällt der Markt ziemlich stark und bleibt der VIX dabei nahezu unverändert, ist dies ein Zeichen, dass der Markt noch weiter korrigieren wird.

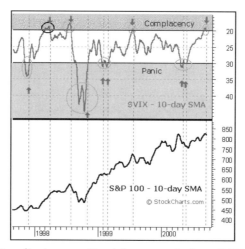

Der Chart zeigt die inverse Beziehung zwischen VIX und OEX. Der VIX nimmt ab, wenn der Wert der OEX steigt und vice versa.

3. V-DAX

Der V-DAX ist ein Volatilitätsindex auf die Aktien des DAX 30. Der Index drückt die erwartete Breite der Kursschwankungen des DAX aus. Die erwartet Schwankungsbreite des DAX wird aus den Preisen der an der Deutschen Terminbörse gehandelten Optionen abgeleitet. Der V-DAX spiegelt aber nicht die Kursentwicklung wider, sondern drückt lediglich die Zukunftserwartungen der Marktteilnehmer aus. Zieht der V-DAX an, ist mit stärkeren Kursschwankungen des DAX zu rechnen. Ein hoher V-DAX reflektiert zudem ein sehr hohes Maß an Optimismus. Mit anderen Worten: Ein V-DAX über 45 ist aus Contrarian-Sicht zugleich ein Indikator für fallende Kurse. Fällt der V-DAX, so erwarten die Anleger geringere Kursschwankungen. Ihm liefere der V-DAX gute Informationen für kurzfristige Engagements. Er warte aber im Falle von Market Shake-outs wie etwa dem 24. Juli 2002 immer ab, bis der Index auf Intraday-Niveaus zwischen 20 und 35 falle, bevor er langsam wieder Positionen aufbaut, so der erfolgreiche Long/Short-Hedge-Funds-Manager Thomas Hauffe.

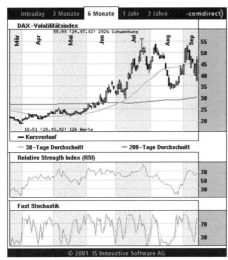

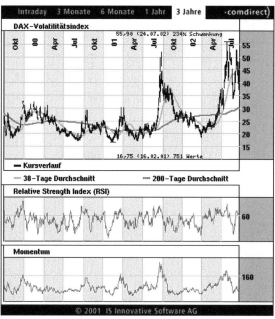

5. Point-of-the-Balance-Indikator

Der Point-of-the-Balance-Indikator stammt von T. Downs.

Ein Durchbruch über die Null-Linie wird als positives Sentiment gewertet, ein Fallen unter die Null-Linie als negatives Sentiment. Je höher der POB steigt, desto bullisher ist das Sentiment, je tiefer er fällt, desto bearisher ist es. In trendlosen Märkten kommt es dagegen häufig zu Fehlsignalen.

DAX (X) XETRA/Index vom 30.01.2000 bis 29.12.2000

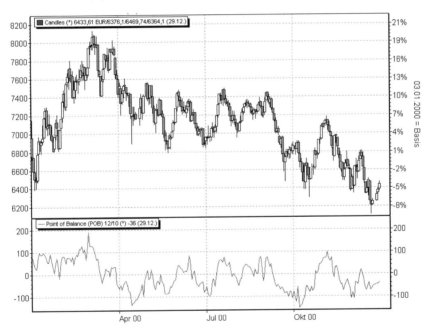

II. Kapitalmarkttheorien

Einen wichtigen Ansatzpunkt für ein effizientes Risikomanagement bieten zudem die Kapitalmarkttheorien. Grundlage ist die Portfoliotheorie von Harry Markowitz.[106] Die zentrale Aussage ist, dass eine ausreichende Diversifikation in Bezug auf einzelne Positionen, Strategien, Sektoren, Länder und Trading-Partner notwendig ist, um das Verlustrisiko entsprechend zu begrenzen.

Im Folgenden soll sich die Analyse auf die Portfoliotheorie, auf das Capital Asset Pricing Model (CAPM), auf die Arbitrage Pricing Theory (APT), auf das Ad hoc Factor Model von Robert A. Haugen und auf den Ansatz von Mac Lamm konzentrieren.

1. Portfoliotheorie

Die Portfoliotheorie beschreibt, unter welchen Voraussetzungen ein optimales Portfolio entsteht. Die Wahrscheinlichkeitsverteilung für die Gewinnerwartung einzelner Anlagen ist dabei genauso zu berücksichtigen wie die subjektive Risikopräferenz des Anlegers.

Zur Kennzeichnung der Renditeerwartungen und deren Schwankungen bedient sich die Portfoliotheorie des arithmetischen Mittelwertes und der Varianz als Streuungsmaßstab der Gewinnerwartung. Zudem werden Kovarianzen der Renditeerwartungen aus den einzelnen Anlagemöglichkeiten ermittelt.

Wichtig ist der Korrelationskoeffizient ρ. Dieser beschreibt die Stärke des Zusammenhangs zwischen den Zufallsgrößen. Er liegt zwischen +1 und -1. Bei +1 herrscht vollkommene Korrelation, bei -1 vollkommene Gegenläufigkeit. Bei Null wird angenommen, dass die Zufallsgrößen unkorreliert sind und es keine Abhängigkeit zwischen den Zufallsgrößen gibt. Beim Hedging muss der Korrelationskoeffizient immer negativ sein, damit der Investor von jeder Marktbewegung, egal in welche Richtung, profitieren kann. Ein denkbarer Hedge wäre etwa Royal

Dutch/Shell und Ebookers. Der Mineralölkonzern und der Reiseveranstalter weisen eine negative Korrelation auf. Steigt der Ölpreis, steigt die Aktie von Shell, und es sinkt die Aktie von Ebookers, weil weniger Menschen wegen des hohen Flugbenzins und des damit verbundenen Anstiegs des Gesamtpreises in Urlaub fahren. Sinkt der Ölpreis, ist es genau umgekehrt. Ein bekannter Hedge in einem Unternehmen ist die deutsche Preussag, die sich sowohl in der Touristik als auch in der Energieversorgung engagiert. Bei vollständiger negativer Korrelation ist also eine vollständige Eliminierung des Portfoliorisikos möglich.

Auf der Effizienzlinie liegen alle Mischvarianten aus A- und B-Aktien, die für einen risikoscheuen Investor in Frage kommen. Welcher Punkt der Effizienzlinie das optimale Portfolio repräsentiert, ist nicht eindeutig zu beantworten. Unter den risikoscheuen Anlegern gibt es graduelle Unterschiede im Ausmaß der Risikoaversion. Daher wird der risikoscheue Kapitalanleger X das Portfolio D, der risikobewusste Kapitalanleger Y das Portfolio A bevorzugen. Dieser Zusammenhang wird in nachfolgender Grafik abgebildet.

Effizienzlinie

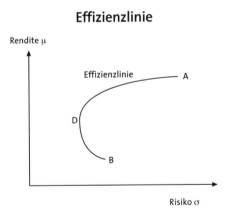

2. CAPM

a) Grundlagen

Das CAPM wendet sich der Frage zu, welchen Preis Investoren im Kapitalmarktgleichgewicht für eine risikobehaftete Anlage bereit sind zu zahlen. Die Kernaussage des CAPM lautet: Kennt man das Beta eines

Wertpapiers, kennt man auch die faire Rendite und den fairen Preis des Wertpapiers.

Zu unterscheiden ist zwischen dem systematischen und dem unsystematischen Risiko. Das systematische Risiko, also das Marktrisiko, wie z. B. Konjunktureinflüsse, lässt sich nicht mindern. Der Investor kann nur sein unsystematisches Risiko, also das unternehmensspezifische Risiko, reduzieren. Das CAPM postuliert einen linearen Zusammenhang zwischen dem Ausmaß des übernommenen Marktrisikos und der dafür zu erwartenden Rendite:

$$E(R_i) = R_f + \beta_i \, [E(R_M) - R_f]$$

$E(R_i)$ steht für die zu erwartenden Rendite einer Anlage i. Die auf das Marktportfolio zu erwartende Rendite ist $E(R_M)$. R_f ist die Verzinsung einer risikofreien Festgeldanlage. Der Betafaktor β quantifiziert das Ausmaß des mit der Anlage i übernommenen Marktrisikos und wird berechnet als:

$$\beta_i = \frac{Cov(R_i, R_M)}{Var(R_M)}$$

Dabei steht $Cov(R_i, R_M)$ für die Kovarianz zwischen der Rendite der Anlage i und der Marktrendite. $Var(R_M)$ ist die Varianz der Marktrendite. Danach ergibt sich das bewertungsrelevante, systematische Risiko einer Aktie aufgrund des Beitrags ihrer Renditeschwankungen zum Risiko des Marktportfolios. Die Varianz im Nenner des Risikomaßes dient lediglich zur Normierung. Innerhalb eines Portfolios sind nur die Kovarianzrisiken relevant.

Kapitalmarktlinie

Das Kapitalmarktgleichgewicht ist dann gegeben, wenn gilt: Angebot gleich Nachfrage. Im Kapitalmarktgleichgewicht liegen alle Wertpapiere auf einer Geraden, der Kapitalmarktlinie.

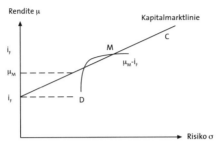

M steht für das Marktportfolio. Der risikolose Zinssatz wird durch i_F ausgedrückt. σ gibt die Streuung an, μ steht für den Rendite-Erwartungswert. Die Steigung der Kapitalmarktlinie gibt den Preis wieder, der am Kapitalmarkt für die Übernahme einer zusätzlichen Risikoeinheit verlangt wird. Sie stellt eine Beziehung zwischen Rendite und Risiko dar. Es gilt daher der Zusammenhang:

$$\mu_P = i_F + \frac{\mu_M - i_F}{\sigma_M} \times \sigma_P$$

Zwischen Rendite und Risiko besteht im Kapitalmarktgleichgewicht also zum einen ein linearer Zusammenhang. Zum anderen lassen sich Investoren die Übernahme zusätzlicher Risikoeinheiten mit einer Risikoprämie $\dfrac{\mu_M - i_F}{\sigma_M}$

vergüten. Dabei ist von drei Voraussetzungen auszugehen. Erstens verhalten sich alle Marktteilnehmer im Sinne der Portfoliotheorie: Sie sind risikoavers und investieren ihr Kapital ausschließlich in effiziente Portfolios. Zweitens haben alle Marktteilnehmer dieselben Erwartungen über Risiko und Rendite des Wertpapiers. Drittens gibt es auf dem Kapitalmarkt die Möglichkeit, zu einem einheitlichen Zinssatz i_F unbeschränkt risikolos Geld anzulegen oder Kredite aufzunehmen. Dabei liegt der Zinssatz für die risikolose Anlage am Kapitalmarkt unter dem risikoärmsten Wertpapierportfolio und entspricht dem Basiszinssatz.

Wertpapierlinie

Die Bestimmung des Marktwertes eines einzelnen Wertpapiers wird mittels der nächsten Stufe der Theorie des Kapitalmarktgleichgewichts, d. h. durch das Modell der Wertpapierlinie bestimmt, die in folgender Gleichung erfasst wird:

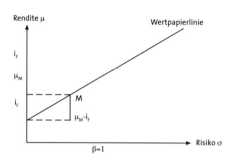

$$\mu_P = i_F + (\mu_M - i_F)\,\beta_P$$

Dabei spielt der β-Wert (Beta) eine wichtige Rolle: Je höher das Beta einer Anlage, desto höher fällt die Renditeerwartung aus. Stellt man eine Beziehung zwischen dem Beta eines Wertpapiers als Risikomaß seiner Rendite her, so erhält man die Wertpapierlinie. Je höher das Beta einer Anlage, desto höher ihr systematisches Risiko. Je höher das Risiko eingeschätzt wird, umso höhere Risikozuschläge werden vom Kapitalmarkt verlangt.

Solange die Vergabe von Fremdkapital für die Kapitalgeber kein Risiko in sich birgt, entspricht der Kostensatz für Fremdkapital der Pure Rate (Basiszinssatz) i_F. Die Kosten für Eigenkapital übersteigen in diesem Fall die Fremdkapitalkosten um den Risikozuschlag $(\mu_M - i_F)\,\beta_P$. Die Höhe des Risikozuschlags hängt vom Beta ab.

Aus dem CAPM folgt daher: Erstens ist bei der Bewertung einzelner Wertpapiere innerhalb des Marktportfolios nicht das gesamte Risiko relevant, sondern nur das systematische Risiko. Zweitens besteht zwischen dem Beta als einem Risikomaß für das systematische Risiko und der Risikoprämie ein linearer Zusammenhang. Die Risikoprämie beträgt $(\mu_M - i_F)\,\beta_P$.

Liegen einzelne Wertpapiere durch Marktungleichgewichte über der Wertpapierlinie, bedeutet dies, dass der Anleger diese Wertpapiere kaufen sollte, da sie das gleiche Beta haben wie die Wertpapiere auf der Wertpapierlinie, aber eine höhere Rendite, da die Kurse niedriger sind. Liegen einzelne Wertpapiere unter dieser Linie, bedeutet dies für den Anleger, diese zu verkaufen, da sie das gleiche Beta wie die Wertpapiere auf der Wertpapierlinie haben, aber eine niedrigere Rendite aufweisen und somit einen zu hohen Kurs haben. Für den Investor sind nur Portfolios interessant, die mit dem Punkt M beginnen und oberhalb der Wertpapierlinie liegen.

Schätzung von Betas

Entscheidend ist aber die Schätzung der Betas, die möglichst genau und sorgfältig zu erfolgen hat. Dabei werden in der Regel Garch-Modelle verwendet.[107] Das relevante Risikomaß lässt sich mittels eines statistischen Verfahrens berechnen, sofern eine Zeitreihe mit Renditebeobachtungen für das Portfolio und für einen Marktindex verfügbar ist. Das Beta ergibt sich dann als Steigungskoeffizient aus der linearen Regression der stetigen Renditen des Aktienportfolios auf die periodengleichen stetigen Renditen des Marktindexes. Das Regressionsmodell wurde von William Sharpe[108] wie folgt zusammengefasst:

$$R_{it} = a_i + \beta_i\,R_{Mt} + \varepsilon_{it}$$

Dabei steht R_{it} für den Erwartungswert der Rendite. Das ist der Anteil der Anlagenrendite, der im Allgemeinen nicht den systematischen Schwankungen unterliegt. R_{it} ist die stetige Rendite des Aktienportfolios i in der Periode t. R_{Mt} steht für die entsprechende stetige Rendite des Marktindex. ε ist eine Residualgröße. Auf die Frage, wie man die empirische Bestimmung von Betafaktoren in den Griff bekommt, gibt es im Wesentlichen drei unterschiedliche Ansätze:

Jensen Alpha

Nach Michael C. Jensen[109] kommt es auf die exakte Differenz zwischen der langfristig beobachtbaren Rendite einer Anlage und dem CAPM-Benchmark an. Das hieraus resultierende Maß heißt Jensen-Alpha. Positive Alphas deuten auf eine Outperformance, negative Alphas auf eine Underperformance hin. Das Jensen-Alpha einer Aktie oder eines Portfolios lässt sich – gleichzeitig mit dem Beta – direkt über eine Zeitreihenanalyse bestimmen, wenn folgendes Modell verwendet wird:

$$R_{it} - R_{ft} = \alpha_i + \beta_i \times [R_{MT} - R_{ft}] + \varepsilon_{it}$$

Mit anderen Worten: Der Vorsprung des Portfolios gegenüber der sicheren Rendite besteht aus dem fixen Jensen-Alpha, der Entwicklung des Marktes gegenüber der sicheren Rendite und der Residualgröße.

Treynor-Modell

Dagegen geht Jack Treynor[110] von der Frage aus, bei welcher Anlage das übernommene systematische Risiko am höchsten entschädigt wird, und entwickelte hierzu folgende Formel:

$$TR_i = \frac{R_i - R_f}{\beta_i}$$

Dabei beschreibt R_i die für eine Anlage erzielte Periodenrendite. Die sichere Festgeldrendite für den gleichen Zeitraum ist mit Rf bezeichnet. Die ermittelte Überschussrendite wird ins Verhältnis zur Höhe des systematischen Marktrisikos gesetzt. Damit erhält der Anleger eine Information über den mit seinem Portfolio pro Einheit systematischen Risikos erzielten Überschussbetrag. Sind Treynor-Ratios für Investment-Funds angegeben und soll ein Fonds ausgewählt werden, so ist unter der Prämisse gleichbleibender Bedingungen der Fonds mit der höchsten Treynor-Ratio auszuwählen.

Sharpe-Ratio

Über die Sharpe-Ratio erfährt der Anleger, wie hoch das totale Risiko seines Investments – also das systematische Risiko und das unsystematische Risiko – entschädigt wird. Mit anderen Worten: Es wird der erzielte Überschuss pro Einheit Risiko ermittelt.

$$SR_i = \frac{R_i - R_f}{\sigma_i}^{98}$$

Sortino-Ratio

Die Sortino-Ratio bewertet im Gegensatz zur Standardabweichung nur die negative Abweichung von einem Erwartungswert als Risiko.

$$SR_i = \frac{Risikoprämie}{Semi - Deviation}$$

Kritik

Am CAPM ist zu kritisieren, dass es *erstens* zu eindimensional ist und *zweitens* die Risikoanalyse im Wesentlichen nur vom Beta als Verhältnis zum Marktrisiko abhängt. Die Aussagekraft des Betas wird zum einen durch die statistischen Methoden und zum anderen durch den oftmals zu kurz gewählten Zeithorizont beschränkt. Dies spielt bei der Performance-Analyse von Hedge Funds eine wichtige Rolle, da viele Datenlieferanten auf Track-Records zurückgreifen, die aus den Neunziger Jahren und damit aus einem Bullenmarkt stammen. Unklar bleibt, wie sich Hedge Funds in Bärenmärkten schlagen.

3. APT

a) Basics

Das APT ist von Stephen Ross[112] entwickelt worden und basiert ebenso wie das CAPM auf Gleichgewichtsüberlegungen. Danach werden Preisinformationen durch Arbitragemöglichkeiten abgeleitet. Voraussetzung ist neben der Annahme einer linearen Abhängigkeit zwischen Betas und erwartetem Return auch, dass Arbitrageure risikolose Investments immer riskanten Investments vorziehen.

Der kritische Punkt liegt genau wie beim CAPM in der Schätzung der Betas. Werden die Betafaktoren aus den Daten der Vergangenheit ermittelt oder kann kein linearer Zusammenhang hergestellt werden, fährt der Arbitrageur Verluste statt Gewinne ein. Liegt die Standardabweichung bei der Netto-Rendite über drei Prozent, ziehen Hedge Funds-Manager andere Risikostrategien vor.[113]

b) Multipler Ansatz

Vielfach basiert die APT aber auch schon auf einem multiplen Ansatz, d. h. es werden mehrere Faktoren zur Risikoeinschätzung und Regressionsangleichung miteinbezogen.

$$R_{it} = a_i + \beta i_{i1} R_{FI,1} + \beta_{i2} R_{F2,t} + ... + \beta_{ik} R_{FK,t} + \varepsilon_{it}$$

R steht für die stetige Rendite einer Anlage i in der Periode t. Die Faktorbetas beschreiben die Sensitivität der Anlagenrendite gegenüber den Faktorveränderungen. Die Konstante a entspricht dem Anteil der Rendite. Die Störgröße ε_{it} erfasst die unsystematischen Schwankungen der Anlagerendite. Die Bewertungsaussage besteht darin, dass langfristig zu erwartende Renditen auf Faktorprämien zurückzuführen sind, was in folgender Gleichung zusammengefasst wird:

$$E(R_i) = R_f + \beta_{i1} \lambda_1 + \beta_{i2} \times \lambda_2 + \ldots + \beta_{ik} \times \lambda_k$$

$E(R_i)$ beschreibt die Rendite der oben eingeführten Anlage i. Rf steht für die auf eine Festgeldanlage zu erzielende risikolose Verzinsung. Die Höhe der marktweiten Kompensation für ein APT-Risiko ist jeweils durch das entsprechende λ gegeben.

Allerdings trägt der Investor in Anlage i nicht jedes systematische APT-Risiko in voller Höhe. Die im Multifaktormodell errechenbaren Faktorbetas beschreiben die Risikoexposition seiner Anlage und bestimmen damit die Höhe der von ihm zu erwartenden Entschädigung. Mit anderen Worten: Die Faktorbetas multipliziert mit jeweils den marktweiten Prämien für die entsprechenden APT-Risiken bestimmen den gesamten Risikoaufschlag einer Anlage. Die Bewertungsaussage der APT besteht nun darin, dass langfristig zu erwartende Renditen auf Faktorrisikoprämien zurückzuführen sind. Das APT liefert daher ein Gerüst für die Konstruktion mehrdimensionaler Benchmarks.

4. Ad hoc Factor Model nach Robert A. Haugen

Robert A. Haugen[113] vertritt eine neue Kapitalmarkttheorie. Haugen geht davon aus, dass die Märkte ineffizient sind, d.h. dass die Kurse nicht alle zur Verfügung stehenden Informationen widerspiegeln und damit auch nur unscharf den eigentlichen Preis reflektieren.

In „The New Finance" legt er dar, dass Investoren mehrheitlich einen zu kurzen Anlagezeithorizont haben. Dies sei deshalb nachteilig, weil etwa die Wahrscheinlichkeit größer sei, dass überbewertete Unternehmen mit bisher guten Ergebnissen in der Zukunft auch schlechtere Resultate erzielen werden, als dass unterbewertete Unternehmen mit schlechten Zahlen mit positiven Ergebnissen glänzen können. Bemerkenswert sei auch, dass Growth-Stocks von Investoren gegenüber Value-Stocks bevorzugt werden, obwohl Letztere eine bessere Rendite zeigten. Auf eine andere Bewertungsanomalie hatte bereits Ralf W. Banz[114] im Jahr 1981 hingewiesen. Banz stellte den so genannten Size-Effekt fest. Danach liegt die Aktienrendite kleiner Gesellschaften deutlich über der Rendite groß kapitalisierter Gesellschaften. Daneben gibt es noch zahlreiche Sondereffekte wie etwa den Holiday-effect, den Weekend-effect oder den January-effect.[115] Haugen weist in „Beast on Wall Street" nach, dass die Volatilität der Aktienmärkte den Wohlstand zu gefährden droht. Die notwendige Konsequenz sei daher, den Handel weltweit auf bestimmte Zeiten zu begrenzen. Neben der „Event-driven volatility" gebe es mit der „Error-driven" und „Price-driven-volatility" zwei weitere Ursachen für die Schwankungen der Aktienmärkte. Die folgende Grafik zeigt, wie stark der Anstieg der Volatilität mit einer Zunahme der Crash-Gefahr korreliert. Danach hat sich in den Jahren 1929 und 1987 die Volatilität drastisch erhöht.

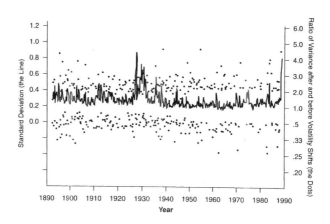

Marktvolatilität und Volatilität erhöhen Crash-Gefahr

In „The Ineffizient Market" entwickelt Haugen das Ad hoc Factor Model, dessen Aussagekraft in einer Simulation gegenüber dem CAPM und der APT deutlich höher ist. Charakteristisch für das Ad hoc Factor Model sei, dass es auf nicht weniger als 50 Parametern aufbaue und daher im Gegensatz zu CAPM und APT nicht ausschließlich auf das Beta rekurriere. Zu den Komponentengruppen des Ad hoc Factor Model zählen Risiko, Profitabilität, Liquidität, technische Parameter und Marktpreis.

5. Diversifiziertes Hedge Funds-Portfolio nach Mac Lamm

Mac Lamm sieht ein Management von Hedge Funds nur durch Diversifizierung und Flexibilität gewährleistet. Der Investor könne stabile Renditen dauerhaft nur durch Investments in Fund of Funds erzielen. Dieser Dachfunds müsse in einen Pool von mindestens zwölf Hedge Funds investieren.[116] Die Returns von Hedge Funds können wie folgt dargestellt werden:[117]

$$\mathbf{h}_j = \alpha_j + \sum \beta_{jk} r_{kj} = 1, ..., J$$

H$_j$ ist der Return des j-ten Hedge Fund in einem Portfolio von J Funds. a$_j$ ist die Skill- Performance eines Hedge Funds, d. h. der Teil der Performance, der auf die besonderen Fähigkeiten des Hedge Funds-Managers zurückgeht.[118] Daher ermöglicht dieser Parameter einen Vergleich mit Benchmarks. Alpha setzt sich aus verschiedenen Komponenten zusammen: a=(R$_f$-R$_f$)-b(R$_m$-R)·R$_i$ gibt den Return von Fund i an. R$_f$ misst den Return von risikolosen Anlagen wie z. B. Staatsanleihen. R$_m$ legt einen Faktor oder eine Benchmark fest wie etwa den S&P 500, den MSCI oder den MAR CTA.

β$_{jk}$ gibt an, in welchem Maß der Hedge Funds in die traditionellen Anlageklassen investiert hat. r$_{kj}$ ist der Return.

Dieser breite Ansatz weicht vom traditionellen Ansatz Sharpe's in drei Punkten ab. Erstens: Die meisten Versionen der Sharpe Style Analysis reduzieren α$_j$ auf Null. Dies ist allerdings nicht auf einen Hedge Funds anwendbar, denn α$_j$ misst den zusätzlichen Wert, den Hedge Funds-Manager durch ihr Portfoliomanagement generieren. Zweitens: Aufgrund der geringen Korrelation zu Aktienmärkten ist β bei Hedge Funds weniger aussagekräftig als bei typischen Investmentfunds. Die meisten Analysen sehen Σβ$_{jk}$ als Einheit. Bei Hedge Funds kann Σβ$_{jk}$ aber größer oder kleiner als etwa der Leverage oder der Cash-Bestand sein. Drittens: Viele Analysen beschränken β_{jk} auf einen positiven Wert. Dies trifft bei Hedge Funds nicht zu. Short-Positionen lassen β_{jk} auch negativ werden.

Die Gleichung kann einfacher geschrieben werden als: h=a+Br. Dabei ist h=$[h_1, h_2...h_j]$, a=$[\alpha_1, \alpha_2,...\alpha_j]$, r=$[r_1, r_2, ...r_j]$.

$$B = \begin{bmatrix} \beta_{11} & \beta_{12} & \cdots & \beta_{1k} \\ \beta_{21} & \beta_{22} & \cdots & \beta_{2k} \\ \vdots & \vdots & \cdots & \vdots \\ \beta_{J1} & \beta_{J2} & \cdots & \beta_{Jk} \end{bmatrix}$$

Der Return beim Hedge Funds-Portfolio ist demnach: h = w'h = w'(a+Br). Dabei ist w = $[w_1 w_2...w_j]$ die Portfoliogewichtung jedes einzelnen Hedge Funds. Die Varianz jedes einzelnen Hedge Funds-Portfolios ist σ = w's'Rsw. Hierbei ist s = $[s_1 s_2...s_j]$ der Risk Vector des Hedge Funds. R steht für die Korrelationsmatrix des JxJ Hedge Funds. Entscheidend ist, dass sich über die Portfoliogewichtung W das Risiko am besten steuern lässt.[F8] S lässt sich aufteilen in:

$$s_j = [(V(\alpha_j) + V(\sum \beta_{jk} r_k) + 2Cov(\alpha_j \sum \beta_{jk} r_k)]^{1/2}$$

Das optimale Hedge Fund-Portfolio mit dem höchsten Alpha und einem Beta gleich Null führt über folgende Gleichung mit als Risk Aversion Parameter:

$$\max U(w) = (h - \lambda \sigma^2)$$

Mac Lamm[119] hält zudem die Autoregressionsmodelle für nicht präzise genug und schlägt eine Erweiterung des Garch-Modells vor:

$$\mathbf{r}_{1t} = \varphi_{11} + \varphi_{12}\,\mathbf{r}_{1,t-1} + \varepsilon_{1t}$$

$$\mathbf{r}_{2t} = \varphi_{2t} + \varphi_{22}\,\mathbf{r}_{2,t-1} + \varepsilon_{2t}$$

$$\sigma_{1t}{}^2 = \alpha_{10} + \alpha_{11}\,\varepsilon_{1,t-1}{}^2 + \beta_{11}\,\sigma_{1,t-1}{}^2$$

$$\sigma_{2t}{}^2 = \alpha_{20} + \alpha_{21}\,\varepsilon_{2,t-1}{}^2 + \beta_{21}\,\sigma_{2,t-1}{}^2$$

$$\sigma_{12t} = \alpha_{30} + \alpha_{31}\,\varepsilon_{1,t-1}\,\varepsilon_{2,t-1} + \beta_{31}\,\sigma_{12,t-1}$$

Dabei steht r_{it} für die Renditen von Aktien und Anleihen. $\sigma_{it}{}^2$ gibt die korrespondierenden Varianzen an. Die Residualgrößen werden mit ε_{it} und die Kovarianzen mit σ_{12t} beschrieben. Die ersten beiden Gleichungen geben den Return an. In den beiden folgenden Gleichungen wird noch das Risiko hinzugefügt. Die Korrelation zwischen Aktien und Anleihen ist $\rho = \sigma_{it}{}^2 / \sigma_{1t}\sigma_{2t}$. Am Ende erweitert er das Garch-Modell um den Parameter x_{jt}. Dieser steht für ökonomische Variablen wie Industrieproduktion oder Konsumentenvertrauen.

$$\mathbf{r}_{1t} = \varphi_{11} + \varphi_{12}\,\mathbf{r}_{1,t-1} + \sum \gamma_{1j} x_{jt} + \varepsilon_{1t}$$

$$\mathbf{r}_{2t} = \varphi_{21} + \varphi_{22}\,\mathbf{r}_{2,t-1} + \sum \gamma_{1j} x_{jt} + \varepsilon_{2t}$$

So lassen sich durch Einzeleffekte induzierte Abweichungen besser erfassen.

III. VaR-Berechnung

Die VaR-Berechnung eines Portfolios soll die Begrenztheit des VaR-Ansatzes zeigen. Das Portfolio besteht der Einfachheit halber aus 1.000 Aktien der Stemcells Inc. Dieser Wert besitzt eine hohe Volatilität, kombiniert mit kurzen intensiven Sprüngen.

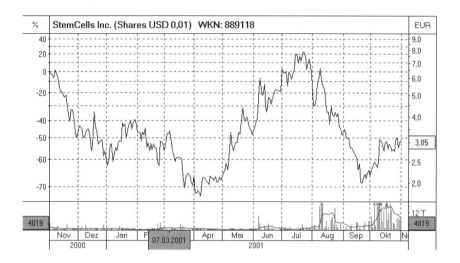

Das Vorgehen sieht wie folgt aus: Man berechnet aus den Kursen die logarithmische Rendite (R_{con}). Aus diesen wird die Volatilität (σ) bestimmt. Auf der Basis der Volatilität lässt sich der VaR festlegen:

Zunächst sucht man nach einem Ausreißer, d. h. nach einer großen Abweichung in der Rendite.[F9] Dies ist z. B. vom 21. März auf den 22. März 2001 der Fall. Ausgehend von einer Normalverteilung kann man die Standardabweichung σ mit 1,64449[F10] multiplizieren, um 90 Prozent der Werte und somit bei der Annahme einer symmetrischen Verteilung 95 Prozent der höheren Werte zu erfassen.

Der VaR für 1.000 Stemcells in einem Zeithorizont von elf Handelstagen bis zum 22. März 2001 hat einen erwarteten Minimalkurs von 2.223,40 Euro oder 2.032,23 Euro. Dieser liegt aber über dem tatsächlichen Wert

von 1.900 Euro. Damit ist der Beweis erbracht: VaR greift bei stark vola-
tilen Werten mit kurzen intensiven Sprüngen nicht.

Daten per 07.03.2001	Varianz	Tagesvola	95%-Quantil	99%-Quantil
Gesamtheit	0,00622737	0,07891371	0,12981305	0,15782742
Stichproben	0,00636576	0,07978571	0,13124749	0,15957142

	95% VAR	99% VAR
1.000 Stemcell Inc. In Euro per 07.03.2001	3450	
erwarteter Minimalkurs per 22.03.2001	2232,396205	2032,234042
1.000 Stemcell Inc. In Euro per 22.03.2001	1900	

$$R_{con}(T,G) = \ln\left[1 + \frac{Z(T,G)}{S(t_n,G)}\right]^{13}$$

$$\mu = \frac{1}{11} Q \sum_{n=1}^{11} \Delta V_n \;^{14}\; \sigma$$

$$\sigma = \sqrt[2]{\left[\frac{1}{11}\left(\sum_{n=1}^{11} \Delta V_n^{\,2} - 11\mu^2\right)\right]}\;^{15}$$

CY9 GR Equity		Logarithmische
Date	Px Last	Rendite
03.01.01	2,61	0,003838776
04.01.01	3,1	0,17205189
05.01.01	3	-0,032789823
08.01.01	2,5	-0,182321557
09.01.01	2,7	0,076961041
10.01.01	3	0,105360516
11.01.01	2,8	-0,068992871
12.01.01	3,1	0,101782694
15.01.01	3,1	0
16.01.01	3,1	0
17.01.01	3,55	0,135545492
18.01.01	3,7	0,041385216
19.01.01	3,7	0
22.01.01	3,2	-0,14518201
23.01.01	3,5	0,089612159

24.01.01	3,7	0,055569851
25.01.01	3,9	0,052643733
26.01.01	3,5	-0,108213585
29.01.01	3,7	0,055569851
30.01.01	3,8	0,026668247
31.01.01	3,8	0
01.02.01	3,55	-0,068053463
02.02.01	3,4	-0,043172172
05.02.01	3,3	-0,029852963
06.02.01	3,1	-0,062520357
07.02.01	3,4	0,09237332
08.02.01	3,31	-0,026827242
09.02.01	3	-0,098335901
12.02.01	2,9	-0,033901552
13.02.01	3,05	0,050430854
14.02.01	2,8	-0,085522173
15.02.01	3,02	0,075637414
16.02.01	2,83	-0,06498012
19.02.01	3	0,058335577
20.02.01	2,9	-0,033901552
21.02.01	2,88	-0,006920443
22.02.01	2,49	-0,145507584
23.02.01	2,5	0,004008021
26.02.01	2,85	0,131028262
27.02.01	3,05	0,067822596
28.02.01	3	-0,016529302
01.03.01	2,8	-0,068992871
02.03.01	3	0,068992871
05.03.01	3,35	0,110348057
06.03.01	3,35	0
07.03.01	3,45	0,029413885
08.03.01	2,9	-0,173663494
09.03.01	2,8	-0,03509132
12.03.01	2,7	-0,036367644
13.03.01	2,5	-0,076961041
14.03.01	2,6	0,039220713

15.03.01	2,61	0,003838776
16.03.01	2,6	-0,003838776
19.03.01	2,4	-0,080042708
20.03.01	2,55	0,060624622
21.03.01	2,15	-0,170625517
22.03.01	1,9	-0,123613956
23.03.01	2,15	0,123613956
26.03.01	2,45	0,130620182
27.03.01	2,18	-0,116763148
28.03.01	2,1	-0,037387532
29.03.01	2	-0,048790164
30.03.01	1,95	-0,025317808
02.04.01	2,15	0,09763847
03.04.01	1,8	-0,177681177
04.04.01	1,8	0
05.04.01	1,85	0,027398974
06.04.01	1,79	-0,032970019
09.04.01	1,75	-0,022599832
10.04.01	2,1	0,182321557
11.04.01	2,12	0,009478744
12.04.01	2,1	-0,009478744
17.04.01	2	-0,048790164
18.04.01	2,15	0,072320662
19.04.01	2,1	-0,023530497
20.04.01	2,1	0
23.04.01	2,05	-0,024097552
24.04.01	2,14	0,042966036
25.04.01	2,01	-0,062671107
26.04.01	2,03	0,009901071
27.04.01	2,12	0,043380296
30.04.01	2,05	-0,033576296
02.05.01	1,98	-0,034742948
03.05.01	2,3	0,149812278
04.05.01	2,47	0,071309028
07.05.01	2,3	-0,071309028
08.05.01	2,6	0,122602322

09.05.01	3,4	0,268263987
10.05.01	3	-0,125163143
11.05.01	2,75	-0,087011377
14.05.01	2,95	0,070204259
15.05.01	3,05	0,03333642
16.05.01	3	-0,016529302
17.05.01	3,38	0,119263421
18.05.01	3,6	0,063058136
21.05.01	4,6	0,245122458
22.05.01	4,5	-0,021978907
23.05.01	3,9	-0,143100844
24.05.01	3,8	-0,025975486
25.05.01	4	0,051293294
28.05.01	3,85	-0,038221213
29.05.01	3,54	-0,083946421
30.05.01	3,5	-0,011363759
31.05.01	3,5	0
01.06.01	3,45	-0,014388737
04.06.01	3,53	0,02292364
05.06.01	3,7	0,047034949
06.06.01	3,9	0,052643733
07.06.01	5,3	0,306730267
08.06.01	6	0,124052649
11.06.01	5,15	-0,152762755
12.06.01	5	-0,029558802
13.06.01	5,6	0,113328685
14.06.01	4,41	-0,238891908
15.06.01	4,5	0,020202707
18.06.01	4,7	0,043485112
19.06.01	5,05	0,071825735
20.06.01	4,45	-0,126484147
21.06.01	4,85	0,086074609
22.06.01	5,2	0,069679921
25.06.01	5,28	0,015267472
26.06.01	5,31	0,005665738
27.06.01	5,37	0,011236073

28.06.01	5,25	-0,022599832
29.06.01	5,35	0,018868484
02.07.01	6,6	0,209973088
03.07.01	6,2	-0,062520357
04.07.01	6,5	0,047252885
05.07.01	6,5	0
06.07.01	5,5	-0,167054085
09.07.01	6,35	0,143706721
10.07.01	6,2	-0,023905521
11.07.01	5,9	-0,049596941
12.07.01	6,4	0,081345639
13.07.01	6,53	0,020108953
16.07.01	7,6	0,151741304
17.07.01	7,3	-0,040273899
18.07.01	7	-0,041964199
19.07.01	7,25	0,03509132
20.07.01	7,15	-0,013889112
23.07.01	7,8	0,087011377
24.07.01	7,85	0,006389798
25.07.01	7	-0,114603383
26.07.01	6,35	-0,097455336
27.07.01	6,9	0,083066599
30.07.01	7,3	0,056352937
31.07.01	6,6	-0,100804699
01.08.01	5,65	-0,155414104

IV. Hedge Funds-Indizes

Nachfolgend möchten wir Ihnen einen Überblick über eine Vielzahl am Markt befindlicher Indexanbieter geben.

1. MSCI

Die MSCI-Hedge Funds-Classification-Standards stützen sich auf drei Kennziffern: den Investmentprozess, die Asset-Klasse und die geografische Ausrichtung des Hedge Funds. Aufgrund dieser Parameter werden die Hedge Funds eingeordnet und bewertet. Die im Index aufgenommen Manager müssen geprüfte Reportings vorlegen. MSCI hat ein flexibles Web-Analytik-Tool – die MSCI Hedge Fund Indices Subscriber Site – entwickelt, auf der Vergleiche der Funds mit den Indizes möglich sind. MSCIs komplette Methodologie kann unter www.msci.com/hedge abgerufen werden. Der MSCI-Hedge-Fund-Composite Index basiert auf 350 Funds. Den mehr als 90 einzelnen MSCI-Hedge-Fund-Indizes liegen 2.500 Funds zugrunde. MSCI nimmt eine quartalsweise Überprüfung seiner Indizes vor.

2. S&P

Der S&P Hedge Fund-Index bietet Investoren eine investable Benchmark, die das breite Spektrum des Hedge Fund-Universums abdeckt. Der Index enthält 40 Hedge Funds und ist in drei Sub-Indizes unterteilt: Arbitrage, Event Driven und Tactical. Diese Strategien enthalten Macro, Equity Long/Short, Managed Futures, Special Situations, Merger Arbitrage, Distressed, Fixed Income Arbitrage, Convertible Arbitrage und Equity Market Neutral. Diese Strategien werden gewichtet, um eine angemessene Darstellung des Hedge Funds-Universums sicherzustellen. Dem S&P Hedge Funds-Index liegt eine rigorose Bewertung zugrunde. Potenzielle Aufnahmekandidaten durchlaufen ein strenges quantitatives Screening, in dem ihre Strategien und ihre Risikostruktur aufgedeckt werden. Haben Hedge Funds dieses Screening erfolgreich durchlaufen, müssen sie tägliche Reports abliefern, damit ihre Bewertung von dritter Seite auch verifiziert werden kann. Abschließend müssen die Kandidaten einen Due-Diligence-Prozess durchlaufen, der von Albourne Partners Ltd., einem Hedge Funds-Consultant, durchgeführt wird. Der S&P-Hedge Fund kann täglich unter www.spglobal.com abgerufen werden. Überprüft wird der Index in regelmäßigen Abständen. Die Veröffentlichung soll im dritten Quartal 2002 erfolgen.

3. Evaluation Associates Capital Markets

Evaluation Associates Capital Markets (www.eacm.com) bietet mit dem EACM 100 einen aggregierten Index an. Dieser ist eine gleichgewichtete Zusammenstellung aus nicht auditierten Performance-Daten, die von 100 privaten, von EACM ausgewählten Funds geliefert werden. Es gibt vier Hauptstrategien und 13 Unterstrategien: Relative Value (long/short equity Spezialist, Convertible Hedgers, Bond Hedgers, Multistrategie), Equity Hedge Funds (Domestic long biased, domestic opportunistic, global international), Global Seet Allocators (Systematic Traders, discretionary Managers) und Short Selling. Die Funds werden danach kategorisiert, wie nahe sie an der jeweiligen Strategie sind. Die Namen der Funds werden nicht bekannt gemacht. Die Manager werden am Anfang jedes Jahres nach den Grundsätzen der EACM ausgewählt. EACM veröffentlichte erstmals im Jahr 1996 einen Index, dessen Daten bis ins Jahr 1990 zurückgehen.

4. Hedge Fund Research

Hedge Fund Research (www.hfr.com) liefert Indizes für sechs Strategien (Convertible Arbitrage, Equity Hedge, Event-Driven, Merger Arbitrage, Distressed Securities) und einen gleich gewogenen Index, der auf Daten von 1.100 Hedge Funds zurückgeht. Funds of Funds sind nicht in dem Index enthalten. Der Index wurde im Jahr 1994 herausgebracht und greift auf Daten bis ins Jahr 1990 zurück. Hedge Fund Research bietet seinen institutionellen Kunden einen täglichen investablen Index an.

5. Credit Suisse First Boston/Tremont (CSFB/Tremont)

Der CSFB/Tremont Index (www.hegeindex.com) ist ein Index, der die Hedge Funds aufgrund der relativen Größe ihrer Assets gewichtet. Damit ist der CSFB/Tremont der einzige kapitalgewichtete Index in der Industrie. Der CSFB/Tremont deckt neun Strategien ab und basiert auf 340 Hedge Funds, die 100 Milliarden investiertes Kapital repräsentieren. Sie werden von der TASS-Datenbank ausgewählt, die 2.600 Hedge Funds enthält. Ein Fund muss zehn Millionen Dollar in Assets investiert haben. Nur geprüfte Funds werden dem Index zugrunde gelegt. Der Index wird auf einer Monatsbasis berechnet, und Funds werden quartalsweise nochmals nachselektiert, wenn dies notwendig sein sollte. Sie werden vom Index entfernt, wenn sie liquidiert worden sind oder ihren Reportingpflichten nicht nachgekommen sind. Der Index wurde erstmals im Jahr 1999 veröffentlicht. Die Datenbank geht bis ins Jahr 1994 zurück.

6. Zurich Capital Markets

Die Hedge Funds-Indizes von Zurich Capital Markets (www.zcm-group.com) bestehen auf gleichgewichteten Portfolios von Funds, die eine Anzahl qualitativer Kriterien für institutionelle Investments erfüllen genauso wie eine statistische Stil-Klassifikationsprozedur. Die Indizes basieren auf 60 Funds, die aus einem Pool von einigen Tausenden ausgewählt worden sind. Die Funds aus jeder Kategorie müssen den Anforderungen in Bezug auf Asset, Alter und statistische Stilechtheit erfüllen. Funds, die diese Anforderungen erfüllen, können sich für die Aufnahme in den Index bewerben. Sie werden allerdings nur dann aufgenommen, wenn der Manager seinen Reportingpflichten nachkommt. Fünf Strategien sind verfügbar: Die Indizes wurden im Jahr 2001 erstmals veröffentlicht. Die Datenbank geht bis ins Jahr 1998 zurück. Die Zurich-Hedge Funds-Indizes sind die Einzigen, die eine unabhängige Gutachterkommission haben. Diese Indizes unterscheiden sich von den bestehenden Hedge Funds Indizes, indem sie auf Manager mit einer klaren Strategie setzen, die zudem einen Track Record von mindestens zwei Jahren haben und die drittens genügend Assets under Management haben, um zu demonstrieren, dass sie jederzeit neues Kapital von Investoren bekommen können.

7. Van Hedge

Van Hedge (www.vanhedge.com) covert zwölf Strategien: Die Datenbank umfasst 3.400 Hedge Funds, darunter 2.000 US- und 1.400 Offshore-Hedge Funds. Es werden keine Performance- oder Größenkriterien angelegt, die Funds sind Kriterien zugeteilt, die auf ihren Memoranden und auf Interviews mit den Managern beruhen. Van Hedge bietet Research für den Retail- und den institutionellen Investor an.

8. Hennessee Group

Von der Hennessee Group LLC (www.hedgefnd.com) werden 22 Strategien angeboten: Die Resultate basieren auf 450 Funds inklusive 150, in denen Hennesse-Kunden investiert sind, ausgehend von einer Datenbank von 3.000 Funds. Der Index repräsentiert Assets im Wert von 160 Milliarden Dollar. Der Index wurde im Jahr 1987 entwickelt und erstmals im Jahr 1992 veröffentlicht. Die Hennessee Group LLC bietet Research und Consulting für Hedge Fund Advisor an.

9. Hedgefund.net

Hedgefund.net bietet Indizes auf der Grundlage (www.hedgefund.net) gleichgewichteter Durchschnitte aller Hedge Funds-Returns an. Es werden 33 Strategien abgebildet und permanent auf einer Datenbank aktualisiert, die 1.800 Hedge Funds umfasst. Die Daten gehen zurück bis ins Jahr 1979 basierend auf Einstufungen, die die Manager selber vorgenommen haben. Hedgefund.net veröffentlichte als erster Provider monatliche Performance-Daten. Hedgefund.net wird von Links Securities LLC betrieben und gehört Links Holdings und Capital Z Investments.

10. LJH Global Investments

Die Indizes von LJH (www.ljh.com) sind gleichgewichtet und werden auf der Grundlage der Performance jeder Stilrichtung berechnet. LJH covert 16 Strategien, jede Stilrichtung umfasst 25 bis 50 Hedge Funds.

Diese Indizes werden vierteljährlich oder halbjährlich neu gewichtet. Die Hedge Funds müssen Audit-Reports vorweisen, die dem Standard von LJH Due Diligence entspricht. Die Hedge Funds werden in Kategorien gepackt. LJH Global Investments ist eine Consulting- und Advisory-Firma.

11. Managed Account Reports (MAR)

Die MAR-Datenbank (www.marhedge.com) umfasst 1.300 Hedge Funds. Dabei wählen die Manager in der Regel ihre eigenen Kategorien. Ein zusammengesetzter Index ist nicht verfügbar. Es gibt neun Kategorien (Medians), die in Unterkategorien (Sub-Medians) aufgeteilt sind. MAR wurde durch Zurich Capital Markets übernommen.

12. Altvest

Altvest-Hedge Funds-Indizes (www.altvest.com) covern 13 Strategien: Jeder Fund wird einer Kategorie zugewiesen, in welcher der größte Anteil der Assets investiert ist. Die Index-Resultate basieren auf Reports von mehr als 1.400 Hedge Funds. In der Datenbank sind 1.800 Hedge Funds. Der Index wurde 2000 erstmals veröffentlicht, und die Datenbank reicht zurück bis in das Jahr 1993. Altvest ist im Besitz von Investor Force.

13. Magnum

Magnum (www.magnum.com) wurde im April 1994 gegründet, ist auf die Identifizierung von Hedge Funds fokussiert, die einen überdurchschnittlichen Return erzielen, und kombiniert diese in Funds of Hedge Funds, die bestimmte Ziele bei einem bestimmten Risiko erreichen.

14. Benchmark Capital

Benchmark Capital (www.benchmark.at) hat am 15. Oktober 2002 gemeinsam mit der Wiener Börse erfolgreich den Blue Chip Hedge Funds

Index „Blue X" eingeführt. Der Blue X beinhaltet ausschließlich Hedge Funds, deren Organisation das strukturelle Ausfallrisiko eliminiert.

15. Feri

Feri (www.feri.de) hat sich als einer der ersten deutschen Anbieter erfolgreich positioniert. Feri greift auf ein Universum von 2.500 Fonds zurück. Die Fondselektion erfolgt nach festen Kriterien. Allerdings sind die Fonds nur den Investoren bekannt, die Namen der Fonds werden nicht veröffentlicht.

V. Entwicklung des Derivategeschäfts

Das Jahr 1973 stellt für die Aktienmärkte einen Meilenstein in doppelter Hinsicht dar. Im April 1973 begann zum einen an der Chicago Board of Options Exchange (CBOE) der Handel von Optionskontrakten auf 16 amerikanische Aktien, zum anderen veröffentlichten Black und Scholes ihr Optionspreismodell. Die Standardisierung der Kontrakte an der CBOE in Bezug auf Ausübungspreis und Laufzeit führte zusammen mit der Einführung eines Clearing-Hauses zu liquiden Märkten. Der überwältigende Erfolg der CBOE bedingte weltweit die Einrichtung von Terminmärkten, die sich hinsichtlich Standardisierung und Börsenorganisation an der CBOE orientierten. Mit der Eröffnung der Deutschen Terminbörse (DTB) (seit 1998 Eurex Deutschland) im Januar 1990 wurde am Finanzplatz Deutschland ein dem internationalen Standard entsprechender Börsenterminmarkt geschaffen, nachdem der seit 1970 in Deutschland existierende börsenmäßige Aktienoptionshandel, der sich am amerikanischen OTC-Optionsmarkt orientierte, ein Schattendasein geführt hatte. Fast zeitgleich mit der Eröffnung der CBOE erschien 1973 die wegweisende Arbeit von Black und Scholes zur Bewertung von Aktienoptionen. Das Options-Preismodell von Black-Scholes entwickelte sich rasch zu einer unentbehrlichen Grundlage des modernen Optionshandels und hat sich mittlerweile als Standardmodell zur Bewertung von Aktienoptionen etabliert.

Das Black-Scholes-Modell

Zwei Jahrhunderte lang war das Pricing von Optionen ein zentrales Problem der Finanzwissenschaft. In den komplexen und verzweigten Finanzmärkten treten permanente Veränderungen in den zahlreichen Parametern auf, die den Wert einer Option beeinflussen. Der Handel mit Optionen und anderen Derivaten war daher beschränkt, weil es zu schwierig war, den Preis und das Risiko einer Option für jeden Zeitpunkt genau zu bestimmen.

Zwar wurde im Jahr 1901 die Doktorarbeit „Théorie de la Spéculation" des französischen Graduierten Louis Bachelier veröffentlicht, in der Bachelier das Verhalten von Käufern und Verkäufern mit dem zufälligen Verhalten von Gaspartikeln in einer Flüssigkeit beschrieb. Allerdings wurde die Arbeit wenig beachtet, bevor sie in den fünfziger Jahren von führenden Ökonomen wiederentdeckt und zum Anlass genommen wurde, erneut über das Pricing von Optionen nachzudenken.

Einer der brillanten Männer, die das Black-Scholes-Modell kreiert haben, war Myron Scholes. Er wuchs in der Nähe einer Gold- und Silbermine in Kanada auf. Der junge Myron sah, dass seine Familie und seine Bekannten häufig Gold- und Silberaktien auf Gerüchte hin kauften. Einige Male konnten große Gewinne realisiert werden, andere Male waren die Gerüchte schlicht falsch, und es mussten herbe Verluste in Kauf genommen werden. Der Preis unterlag also hohen Schwankungen. Myron war fasziniert vom Konzept der Volatilität. Er beobachtete diese Preisschwankungen auch in anderen Sektoren und wollte wissen, was hinter den Fluktuationen steckte, wie sie auftauchten und wie sie vorausgesagt werden konnten. Scholes wurde Assistent-Professor für Finance und Economics am Massachusetts Institute of Technology (MIT). Im Jahr 1969 war er 28 Jahre alt und lehrte bereits am MIT, wo er auf Fischer Black traf. Black war 31 Jahre alt und freier Dozent mit einem Harvard-Doktortitel in angewandter Mathematik. Black und Scholes freundeten sich schnell an und begannen ihre Studien in der geheimnisvollen Welt der Optionen.

Während ihrer Arbeit am Optionsmodell lernten sie Robert Merton kennen. Merton war ein brillanter Mathematiker, der bekannt war für die Analyse komplexer Kontrakte durch den Einsatz exotischer mathematischer Modelle. Merton gefiel es auch, sich außerhalb des akademischen Elfenbeinturms zu betätigen, und hatte daher die Formeln des japanischen Weltraumwissenschaftlers Kiyosi analysiert.

Hintergrund: Wird eine Rakete ins Weltall geschossen, ist es absolut wichtig, dass die Flugbahn genau berechnet wird, damit Anpassungen und Korrekturen noch kurzfristig durchgeführt werden können. Es reicht nicht aus zu wissen, wo sich eine Rakete in einem Moment X befindet. Vielmehr muss eine Prognose über einen kontinuierlichen Zeitraum getroffen werden können. Kiyosi Ito entwickelte einen mathematischen Ansatz, die Zeit in kleine Intervalle zu teilen, so dass die Flugbahn in ununterbrochener Weise berechnet werden konnte. Robert Merton erkannte, dass die Finanzmärkte sich ebenfalls permanent veränderten, und baute so Itos Formel in das Modell von Black und Scholes ein. Diese wandten Mertons Ansatz auf noch ausgewertete Daten der Chicago Board Options Exchange an. Fertig war das Black-Scholes-Modell.

Nachdem der erste Entwurf des Black-Scholes-Modells bei namhaften ökonomischen Journalen im Jahr 1973 durchgefallen war, gelang es Black und Scholes mit der Unterstützung des Nobelpreisträgers Merton Miller von der University of Chicago, ihre Theorie erfolgreich zu überarbeiten. Die Formel wurde so zu einem der wichtigsten finanzmathematischen Modelle in der Geschichte. Floor-Trader konnten die Formel anwenden, um den exakten Preis einer Option zu bestimmen, denn die komplex wirkende Formel konnte leicht in einem Taschencomputer verarbeitet werden. Das Black-Scholes-Modell verbreitete sich schnell und wurde zur Standardmethode der Optionspreisberechnung weltweit. Derivate konnten von nun an genau berechnet werden, um Risiko zu kalkulieren und Risikotransfers vorzunehmen. Heute ist der Derivatemarkt ein Multi-Milliarden-Dollar-Markt.

Black und Scholes haben gezeigt, dass in ihrem Modell unter der Annahme einer konstanten Zins- und Volatilitätsentwicklung die Option durch ein geeignetes Portfolio aus Basiswert F und Zins r dynamisch dupliziert werden kann.[113]

Im Black-Scholes-Modell berechnet sich der Wert K_t einer europäischen Kaufoption auf eine Aktie als

$$(1) \quad K_t = S_t * \mathrm{N}(d_1) - X * e^{-r(T-t)} \mathrm{N}(d_2), \text{ mit}$$

$$d_1 = \frac{\ln \dfrac{S_t}{X} + \left(r + \dfrac{\sigma^2}{2}\right)(T-t)}{\sigma\sqrt{T-t}}$$

$$(2)$$

$$d_2 = d_1 - \sigma\sqrt{T-t}$$

Hierbei bezeichnet S_t den aktuellen Aktienkurs, X ist der Basispreis, r der risikolose Zinssatz, σ die Volatilität und (T-t) die Restlaufzeit der Option. N (.) ist die Verteilungsfunktion der Standardnormalverteilung. Voraussetzungen zur Herleitung der Black-Scholes-Formel sind ein vollkommener und vollständiger Kapitalmarkt, ein kontinuierlicher Handel, ein deterministischer risikoloser Zinssatz sowie ein Underlying, das keine Dividenden oder sonstigen Zahlungen ausschüttet.

Black und Scholes nehmen weiter an, dass der Aktienkurs einer Standard-geometrischen Brownschen Bewegung folgt:

$$(3) \quad \frac{dS_t}{S_t} = \mu dt + \sigma dz_1$$

mit konstantem (erwartete Momentanrendite) und σ und dem Wiener Prozess z_1.

Ein Standard-Wiener-Prozess (Standard (arithmetische) Brownsche Bewegung) ist ein stetiger stochastischer Prozess, in dem die skalare Zufallsvariable W(t) mit t [0,1] folgende Eigenschaften hat:

(1) W(0) =0

(2) für jeden Zeitpunkt $0 \le t_1 \le t_2 \le \ldots \le t_k \le 1$, ist die Differenz

W(t_2) – W(t_1), W(t_3) – W(t_2),..., W(t_k) – W(t_{k-1}) unabhängig multivariat normalverteilt mit (W(s) –W(t) N (0,(s-t))

(3) für jede Realisation ist W(t) mit Wahrscheinlichkeit 1 stetig in t.

Allerdings wurden bereits in den 60er-Jahren bei der Untersuchung von täglichen und wöchentlichen Aktienkursen hochsignifikante Abweichungen zwischen der Häufigkeitsverteilung von täglichen Kursänderungen und der Normalverteilung festgestellt. In den empirischen Häufigkeitsverteilungen waren die betragsmäßig kleinen und die sehr großen Renditen überrepräsentiert, während mittlere Kursbewegungen weniger häufig beobachtet wurden, als nach der Normalverteilung zu erwarten gewesen wäre. Diese Phänomen wird als *Leptokurtosis* bezeichnet und erwies sich als starke und robuste statistische Regelmäßigkeit von Preisschwankungen auf Aktien-, Warentermin- und Derivatemärkten. Außerdem haben Untersuchungen auf einer Vielzahl von Finanzmärkten gezeigt, dass die Varianz bzw. die Volatilität signifikanten Schwankungen unterworfen ist und eine zeitliche Häufung von starken Kursausschlägen und geringen Kursausschlägen auftritt, so genannte *Volatilitäts-Cluster*.

Kurtosis basiert auf der Größe der Enden der Verteilung. Verteilungen mit relativ großen Tails heißen leptokurtisch, solche mit kleinen Tails heißen platykurtisch. Eine Verteilung mit der gleichen Kurtosis ist die Normalverteilung und wird mesokurtisch genannt. Die folgende Formel dient der Berechnung der Kurtosis:

$$\text{kurtosis} = \frac{\Sigma(X-\mu)^4}{N\sigma^4} - 3$$

Die Kurtosis einer Normalverteilung ist Null.

Die folgenden beiden Verteilungen haben die gleiche Varianz, fast die gleiche Schiefe (Skew), aber eine unterschiedliche Kurtosis:

Kurtosis = 1.25 Leptokurtic

Kurtosis = 1.23 Platykurtic

Ein weiteres Phänomen, das vor allem auf Aktienmärkten zu finden ist, ist der so genannte *Leverage-Effekt*, der erstmalig von Black im Jahr 1976 entdeckt wurde. Darunter versteht man die Tendenz zu einer negativen Korrelation zwischen Aktienrenditen und Veränderungen der Volatiliät. Begründung: Ein fallender Aktienkurs bedingt einen höheren Leverage (Verschuldungsgrad) eines Unternehmens – bezogen auf den Marktwert –, was eine höhere Unsicherheit und damit eine höhere Volatilität zur Folge hat.

Auch auf Optionsmärkten wurden Effekte gefunden, die im Widerspruch zur Modellwelt von Black und Scholes stehen. Diese Beobachtungen hängen mit dem Verhalten der so genannten *impliziten Volatilität* von Optionen zusammen. In die Black-Scholes-Formel gehen fünf Parameter ein, von denen vier beobachtbar sind oder sich aus der Spekulation der Option ergeben: der Aktienkurs, der risikolose Zinssatz, der Basispreis und die Restlaufzeit der Option. Lediglich die Volatilität ist nicht direkt berechenbar. Zieht man als zusätzliche Größe den Marktpreis einer Option heran, erhält man durch numerische Invertierung der Black-Scholes-Formel die implizit im Marktpreis der Option enthaltene Volatilität. Die implizite Volatilität ist also die Volatilität, die in die Black-Scholes Formel eingesetzt werden muss, um als Modellpreis den am Marktpreis beobachteten Preis zu erhalten. Ist die Volatilität konstant, so sollten die impliziten Volatilitäten verschiedener Optionen auf das gleiche Basisinstrument ebenfalls konstant sein, d. h. sie sollten unabhängig von Basispreis und Restlaufzeit der Option sein. In den beobachteten Optionspreisen findet man jedoch systematische Variationen sowohl mit der Restlaufzeit als auch mit dem Basispreis. Oft wird ein so genannter *Volatility Smile* beobachtet, d. h. die impliziten Volatilitäten weisen einen U-förmigen Verlauf in Abhängigkeit vom Basispreis auf: Implizite Volatilitäten von Optionen, die im-Geld oder aus-dem-Geld sind, sind systematisch höher als implizite Volatilitäten, die am-Geld sind. Dieses Phänomen ist überwiegend auf Aktienoptionsmärkten vor dem Crash aus dem Jahr 1987 und Devisenoptionsmärkten zu finden. Bei der Untersuchung von S&P-500-Optionen und Futures-Optionen nach dem Crash im Jahr 1987 wurde festgestellt, dass die impliziten Volatilitäten mit steigendem Basispreis abnehmen. Diese Phänomen wird als *Volatility Skew* bezeichnet.

Im Hinblick auf die Zeitdimension sind der *Volatility Smile* und *Volatility Skew* umso stärker ausgeprägt, je kürzer die Restlaufzeit der jeweiligen Optionen ist. Mit zunehmender Restlaufzeit verschwinden beide Phänomene fast vollständig. Gemäß den Annahmen des Black-Scholes-Modells ist für die impliziten Volatilitäten eine flache Volatilitätskurve zu erwarten, d. h. die implizite Volatilität ist über die verschiedenen, parallel gehandelten Restlaufzeiten hinweg konstant. In der Realität findet man jedoch für die impliziten Volatilitäten für Optionen, die am-Geld sind, sowohl steigende als auch fallende Volatilitätsstrukturkurven.

VI. Agierte JP Morgan Chase wie ein Hedge Funds?

Am 19. Dezember 2001 teilte JP Morgan Chase (JPM) in einer Presse-erklärung mit, dass man mit 2,6 Milliarden Dollar in Enron und mit 0,9 Milliarden Dollar in Argentinien engagiert sei. Dies habe zur Folge, dass der Jahresgewinn 2001 um 61 Prozent auf 5,7 Milliarden Dollar zusammengeschmolzen sei. Am 16. Oktober 2002 meldete JPM für das dritte Quartal einen Gewinneinbruch um 95,4 Prozent auf 1 Cent pro Aktie.

Man kommt nicht daran vorbei: JPM, die amerikanische Derivatebank schlechthin, hatte mehr den Charakter eines Distressed Futures Funds als den einer Großbank.[121] Wie kam es dazu? Die folgende Grafik zeigt ausgehend von den offiziellen Daten für das dritte Quartal 2001 im Derivatives Report der Office of the Controller of Currency die Dominanz von JPM im Derivatemarkt.

JPM-Dominanz im Derivategeschäft, 3. Quartal 2001

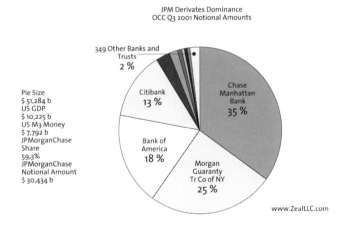

Die nachfolgende Abbildung stellt das Volumen des amerikanischen Derivatemarktes für das erste Quartal 2001 dar.

JPM-Dominanz im Derivategeschäft, 1. Quartal 2001

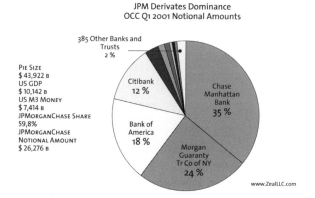

Die Derivatepositionen, die von US-Banken gehalten wurden, stiegen zwischen dem ersten und dem dritten Quartal um über 16,8 Prozent oder 7,362 Milliarden Dollar. Zum Vergleich: Das Bruttoinlandsprodukt der USA war nur um 0,8 Prozent im gleichen Zeitraum gewachsen. Die Geldmenge M3 legte lediglich um 5,1 Prozent zu.

JPM machte im ersten Quartal 2001 12,6 Prozent der Marktkapitalisierung aller Bankwerte aus. Die Marktkapitalisierung der US-Banken lag bei knapp fünf Milliarden Dollar. Diese Zahl impliziert, dass amerikanische Banken in der Regel einen Leverage von 9:1 haben. Dies ist außergewöhnlich hoch und verdeutlicht, dass viele Banken ähnlich agieren wie Hedge Funds.

JPM Assets

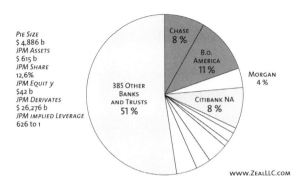

Pie Size
$ 4,886 b
JPM Assets
$ 615 b
JPM Share
12,6%
JPM Equit y
$42 b
JPM Derivates
$ 26,276 b
JPM implied Leverage
626 to 1

CHASE 8 %

B.O. AMERICA 11 %

MORGAN 4 %

385 OTHER BANKS AND TRUSTS 51 %

CITIBANK NA 8 %

WWW.ZEALLLC.COM

JPM kontrollierte mit 12,6 Prozent der Banken-Assets in den Vereinigten Staaten 59,8 Prozent des gesamten Derivatemarktes. Im ersten Quartal hatte die Superbank eine nominale Derivateexponiertheit, die einen Leverage von 626:1 erzeugte.

Die nächste Abbildung zeigte den Rückgang der Derivatepositionen von JPM im ersten Quartal 2001. Das Gesamtvolumen ist um 9/10 Prozent kleiner als im früheren OCC-Report. Die Grafik enthält lediglich das Derivateportfolio von JPM von gut 26 Milliarden Dollar. Keine andere Bank ist berücksichtigt.

JPM-Derivategeschäft bricht ein

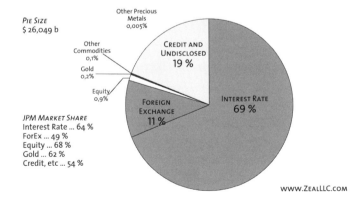

Pie Size
$ 26,049 b

Other Precious Metals 0,005%

Other Commodities 0,1%

Gold 0,2%

Equity 0,9%

CREDIT AND UNDISCLOSED 19 %

INTEREST RATE 69 %

FOREIGN EXCHANGE 11 %

JPM Market Share
Interest Rate ... 64 %
ForEx ... 49 %
Equity ... 68 %
Gold ... 62 %
Credit, etc ... 54 %

WWW.ZEALLLC.COM

Der grüne Teil umfasst einen kleinen Anteil von Kreditderivaten und anderer Derivate mit einer Laufzeit von 114 Tagen oder weniger, über die die OCC keinen Bericht verlangt, also geschriebenen Optionen, Swaps und anderer Kontrakte, die keine Risikokapitalanforderungen enthalten.

Die größte Position von JPM war die Milliarde Interest Rate Position mit einem Volumen von 17,7 Milliarden Dollar, was auch 69 Prozent vom Gesamtumsatz ausmachte. Bei den Interest-Rate-Derivativen setzt der fiktive Wert eine Schuld voraus, auf welche die Derivate ausgestellt werden. Zum Beispiel kann ein Schuldner mit einer Schuld von einer Million Dollar mit JPM ein Hedge-Geschäft eingehen und seine feste gegen eine variable Verzinsung tauschen. Hat der Schuldner eine feste Verzinsung anstelle einer variablen, so muss er sich nicht über Marktschwankungen den Kopf zerbrechen, JPM übernahm dieses Risiko gegen eine Gebühr. Obwohl der Zinsfluss bei einer kleinen Schuld von einer Million Dollar schon geswapped werden, beträgt der Cash, der von der einen in die andere Hand wandert, lediglich einige zehntausend Dollar. Diese Beispiel zeichnet ein klares Bild von JPMs Exponiertheit in diesem Geschäft. Erstaunlich klein ist das Engagement von JPM im Goldmarkt. Lediglich zwei Zehntel des Derivate-Portfolios ist im Goldgeschäft. Der Goldmarkt ist ein sehr enger Markt, verglichen mit dem Volumen des Devisen- und Interest-Marktes. Dennoch ist das Engagement von JPM mit 56,8 Milliarden Dollar im ersten Quartal 2001 relativ hoch. Jedes Jahr werden 2.500 m³ Gold auf dem gesamten Planeten gefördert, das sind 22 Milliarden Dollar bei einem Goldpreis von 275 Dollar je Feinunze. JPM kontrolliert einen fiktiven Wert von Gold durch Derivate, der dem Wert jeder einzelnen Feinunze entspricht, die in den nächsten zweieinhalb Jahren produziert wird.

Warum war eine Superbank wie JPM so interessiert am engen Goldmarkt, was durch ein Derivateportfolio ausgedrückt wurde, das 6.400 Tonnen Gold kontrollierte? Warum gab sich Wall Street immer Mühe zu behaupten, Gold sei ein Relikt aus einer vergangenen Zeit? In der linken unteren Ecke der Abbildung ist der Derivatemarktanteil von JPM angegeben. JPM war ein dominanter Player mit 64 Prozent im Interest-Rate-

Derivate-Markt, 49 Prozent im Devisenmarkt, 68 Prozent im Aktien-Derivate-Markt und 62 Prozent im Gold-Derivate-Markt.

Einer der gefährlichsten Effekte für eine hohe Derivatexponiertheit ist eine unvorhergesehene Volatilität, insbesondere ausgelöst durch ungewöhnliche und überraschende Diskontinuitäten im Pricing. Die folgende Abbildung zeigt die Zunahme der Derivate in jedem Quartal seit 1996 durch Banken und Stiftungen. Hervor sticht der enorme Verlust im dritten Quartal 1998, der durch die Russland-Krise und durch das LTCM-Debakel hervorgerufen wurde. Hintergrund: Wenn ein nicht linearer Markteffekt, der wie die Russland-Krise und LTCM unvorhersehbar war, auftritt, sind die Effekte im Derivateportfolio einschneidend. LTCM brach während der Russland-Krise zusammen. Und das, obwohl der Hedge Funds von der intellektuellen Elite eines ganzen Jahrhunderts gemanaged wurde. Myron Scholes und Robert Merton konnten Menschen auf den Mars bringen, aber es war ihnen unmöglich, ein Ereignis wie die Russland-Krise vorherzusehen.

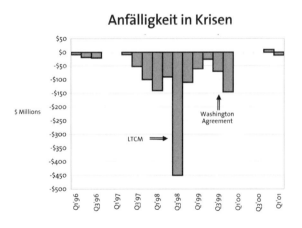

Zu behaupten, JPM wäre aufgrund seines hohen Leverage ein zweites LTCM, wäre ungerecht. Zu „sophisticated" waren die Engagements von JPM weltweit. JPM war diverse Cross-Hedges eingegangen, und viele Berechnungsmodelle hatten marktneutrale Positionen erzeugt, die widerstandsfähig gegen Schocks waren. Allerdings konnten schon kleine unvorhergesehene, außergewöhnliche Events, wie die Enron- und die Argentinien-Krise, große Verluste auslösen.

Der Anteil von JPM am US-Derivatemarkt bewegte sich im letzten Halbjahr 2001 um die 60 Prozent. 2.781 große institutionelle Investoren hielten 62,5 Prozent von JPM-Aktien im Glauben, die Derivatepositionen würden zurückgefahren. Diese wurden allerdings im gleichen Zeitraum um 15,8 Prozent oder um 4,158 Milliarden Dollar auf 30,434 Milliarden Dollar erhöht.

In Total Assets hatte JPM einen Derivate Leverage von 38 (30.434 Milliarden Dollar dividiert durch 799 Milliarden Dollar). Mit anderen Worten: Jeder einzelne Dollar in Assets kontrollierte Derivatekontrakte im fiktiven Wert von 38 Dollar.

Für eine Bank wie JPM kann jedoch die Asset-Größe eine falsche Kennziffer sein. Vielmehr sind die außenstehenden Verpflichtungen mit einzubeziehen. Von JPM-Verbindlichkeiten im Wert von 756 Milliarden Dollar wurden im dritten Quartal 2001 lediglich 47 Milliarden als langlaufende Schulden klassifiziert. 709 Milliarden waren kurzlaufende Verbindlichkeiten, also Schulden, die innerhalb der nächsten zwölf Monate beglichen werden mussten. Natürlich wurden die meisten dieser Verbindlichkeiten gerollt oder durch neue Verbindlichkeiten ersetzt, aber das hohe Volumen gibt eine Vorstellung aktueller kurzfristiger Schulden und der damit verbundenen Gefahren.

Nach Abzug der Schulden von den Assets hatte JPM lediglich 42,735 Milliarden Dollar an Marktkapitalisierung. Insgesamt kontrollierte JPM mit 42,735 Milliarden Dollar Derivatepositionen im Werte von 30.434 Milliarden Dollar. Daraus ergibt sich ein Leverage von 712:1 (30.434 dividiert durch 42,735) gegenüber einem Leverage von nur 626:1 im ersten Quartal 2001. Die Derivateexponiertheit von JPM nahm also auch nach dem 11. September 2001 weiter zu.

Im dritten Quartal 2001 kontrollierten JPM, die Bank of America und die Citigroup 89,6 Prozent des amerikanischen Derivatemarktes, die 359 anderen Banken teilten sich den Rest. Im ersten Quartal 2001 waren es noch 395 Banken, was einen Rückgang um neun Prozent gegenüber dem ersten Quartal 2001 bedeutete. Viele Banken zogen sich also aus dem hochspekulativen Derivategeschäft zurück und überließen den drei Superbanken das Feld.

Die folgende Grafik basiert auch auf den OCC-Daten und stellt die Exponiertheit von JPM in fiktivem Wert von 1990 bis zum dritten Quartal 2001 dar:

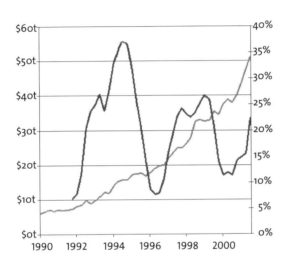

US-Banken erhöhen Derivateexposure

Die untere rote Linie stellt die Total National Exposure in Derivaten der amerikanischen Banken auf quartalsweiser Betrachtung dar. Die blaue Linie ist der Vier-Quartal Moving Average der absoluten Wachstumsrate der Derivate-Holdings amerikanischer Banken. Beispiel: Um die Daten im vierten Quartal zu berechnen, wird der fiktive Betrag aus dem vierten Quartal 1999 vom fiktivem Betrag im vierten Quartal 2000 subtrahiert, die Differenz wird dividiert durch den Wert des vierten Quartals 1999, um die absolute Jahreswachstumsrate zu erhalten. Der Vier-Quartal Moving Average dieses Quotienten ist die blaue Linie, welche die jährliche Rate der Derivateexponiertheit der Banken darstellt.

Die Derivate-Holdings amerikanischer Banken explodierten in den Neunziger Jahren um über 721 Prozent, ausgehend vom ersten Quartal 1999 zum dritten Quartal 2001 auf 51 Milliarden Dollar.

Der Durchschnittswert der blauen Linie liegt im Betrachtungszeitraum mit 20,2 Prozent überraschenderweise hoch. Vom dritten Quartal 2000 bis zum ersten Quartal 2001 stieg der Derivatebestand der US-Banken um absolut 34,3 Prozent. Diese grandiose Wachstumsrate ist offensichtlich nicht auf Dauer durchzuhalten. Statistischen Gesetzmäßigkeiten zufolge kann ein Wachstum von 34 Prozent nur in einem Zeitraum von zwei Jahren wiederholt werden. Sollten die US-Banken also im vierten Quartal 2001 100 Milliarden an Derivaten kontrollieren, wird der Rückgang dramatisch sein.

Ein anderer interessanter Punkt ist, dass das Wachstum in den vergangenen sechs Jahren das schnellste Wachstum in Finanzkrisen war. Mit anderen Worten: Während Zeiten schwerer Marktturbulenzen haben US-Banken ihre Derivatepositionen deutlich nach oben gefahren. Zu beachten ist der starke Anstieg im dritten Quartal 2001, dem Quartal mit den schrecklichen Terroranschlägen des 11. September 2001 und der sich anschließenden Volatilität des Marktes. Auch der sehr starke Anstieg im Jahr 1998 während der russischen Rubel-Krise, die eine Zunahme der Volatilität nach sich zog, die mit LTCM die Crème de la crème im Derivatehandel ausgelöscht hat, ist signifikant. Es scheint so, als dass bei jeder schweren Turbulenz die Derivateexponiertheit erstmals zulegte, bevor sie wieder deutlich abnimmt. Interessanterweise war das krisenhafte dritte Quartal 2001 auch das mit einem Anstieg von 34,3 Prozent und dasjenige mit der höchsten Wachstumsrate im Derivatehandel, seit dem vierten Quartal 1998 mit 31,6 Prozent und dritten Quartal 1998 mit 30 Prozent. Chase Manhattan und JP Morgan, die beiden Partner bei JP Morgan Chase, hatten nach dem OCC-Report zu 86,2 Prozent und zu 86,9 Prozent offene Positionen in Interest-Rate-Derivaten. Zusammen hatte JPM 20.701 Milliarden Dollar in fiktivem Wert an Interest Rate Derivatives Kontrakte. Das ist 484-Mal so viel wie der gesamte Aktienwert und damit eine Hyper-Exponiertheit im Interest-Rate-Derivate Swap-Geschäft.

Da Interest-Rates Swaps und andere Interest-Rates Derivatives die größten Derivategeschäfte sind, untersuchen wir die Interest-Rate-Volatilität über die vergangenen 20 Jahre. Die Daten stammen von der Federal Reserve.

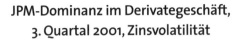

JPM-Dominanz im Derivategeschäft, 3. Quartal 2001, Zinsvolatilität

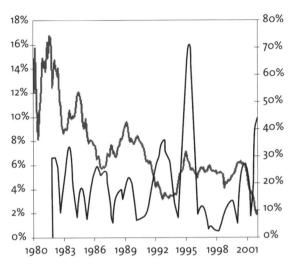

Die blaue Linie stellt die kurzlaufende Ein-Jahres-Rendite da. Die gelbe Linie verdeutlicht die Volatilität der Interest Rates. Sie werden monatlich berechnet als absoluter Jahresbetrag in der prozentualen Veränderung der Zinssätze. Beispiel: die Dezember 2000-1-Year T-Note-Rendite minus die Dezember-1999-1-Year-T-Note, dividiert durch den Dezember-1999-Yield, absolut betrachtet. Die Quotienten werden einem Zwölf-Monate-Moving-Average angepasst. Ein Veränderung der Zinsrate von drei auf vier Prozent bedeutet eine Volatilität von 33 Prozent, ein Wechsel von neun zu zwölf Prozent bedeutet ebenfalls eine Volatilität von 33 Prozent.

Interessant ist, dass der Zwölf-Monate-Moving-Average absoluter Interest-Rate-Volatilität, angefacht durch Greenspans verzweifelte Zinssenkungsrunden, mit 44 Prozent den höchsten Stand seit zwei Dekaden erreicht hat. Der absolute Durchschnitt von Interest-Rate-Volatilität über die letzten 20 Jahre lag bei lediglich 17,8 Prozent. Das letzte Mal, als die Interest-Rate-Volatilität höher war, war Mitte der Neunziger Jahre, als die Fed die Interest-Rates anhob, nachdem sie die US-Rezession bekämpft hatte. Im vierten Quartal 1995, in der Nähe des letzten großen Interest-Rate-Anstiegs, waren die Banken mit 558 Millionen Dollar im Derivategeschäft engagiert. Heute gibt es 36 Prozent weniger Banken im sich ständig verändernden Markt. Im vierten Quartal 1995 umfasste das Bankenengagement ein Volumen von 11,095 Milliarden Dollar in fiktivem Wert am Derivategeschäft. Heute sind es 33,5 Milliarden Dollar, ein Anstieg um 202 Prozent.

An einer anderen Derivatefront ist JPM Beklagter im Reginald Howe's Case, der vor dem Federal Court verhandelt wird und wo JPM vorgeworfen wird, den Goldpreis gedrückt zu haben. JPMs ganze Derivatepositionen in fiktivem Wert sind im ersten Quartal 2001 von 57 Milliarden Dollar, nachdem der Howes Case vor Gericht anhängig wurde, auf 37 Milliarden Dollar im dritten Quartal gefallen. Das ist ein starker Abfall von 35 Prozent in nur sechs Monaten. Dafür gibt es eine Reihe möglicher Erklärungen:

Erstens: Die Nachfrage nach Gold-Derivaten begann nachzulassen, weshalb der Markt nicht mehr so profitabel war und JPM nach einem Exit suchte. Das ist die einfachste Erklärung. Aber sie ignoriert eine Reihe wichtiger Daten aus dem Goldmarkt und suggeriert eine Reihe von Koinzidenzen.

Zweitens: JPM ist sich des Aufwärtstrends für Gold bewusst, also der globalen Fördermenge, welche die Nachfrage nicht decken kann, der kollabierenden Gold-Carry-Trade-Profits, des enorm überbewerteten Dollar und des anhaltenden und gefährlichen Bärenmarktes im amerikanischen Aktienmarkt. Wenn JPM davon ausging, dass der Goldpreis volatiler wird, weil die Zentralbanken bald kein Gold mehr haben werden, das sie an Dritte verleihen können, macht es durchaus Sinn, dass JPM seine Derivatepositionen in Gold abbaute, um drohende Verluste zu vermeiden.

Drittens: JPM war von der Art und Weis, wie der Reginald-Howes-Fall verhandelt wurde, überrascht worden, war aber der Überzeugung, dass der Federal Judge Lindsay noch nicht alles entdeckt hat. Daher wollte

JPM so schnell wie möglich aus seinen Positionen, bevor die Justiz von ihnen Wind bekommt.

Fazit

JPM ist nicht nur eine Superbank im Dow Jones 30, sondern auch eine Derivatefirma. Eine Bank mit einer Derivateexponiertheit von 712 Millionen Dollar auf jeden Dollar des Kapitalgebers ist nicht länger eine Bank, sondern ein Hedge Funds.

Nun zeigen Hedge Funds in der Regel eine außergewöhlich gute Performance, von der professionelle Marktteilnehmer mit viel Geld profitieren können, aber ein Hedge Funds hat auch große Risiken. Single Hedge Funds sind Spekulationsvehikel für die Elite, die sich auf große Investmentwetten spezialisiert hat. Wenn JPM wirklich mehr Hedge Funds als Bank ist, sollten Investoren ihre Investments in JPM genau analysieren.

In Fachkreisen gilt ein Leverage von 10:1 als aggressiv, 100:1 wird als Kamikaze-Taktik angesehen. Aber seit Long-Term Capital Management haben wir nichts mehr von einem Leverage größer 100 gehört. JPM Management indes hat den größten Hedge Funds geschaffen, den es ja gab, mit einer Marktkapitalisierung von 42 Milliarden Dollar werden Derivate im Wert von 26,3 Milliarden Dollar kontrolliert.

Die Gefahr eines solch extremen Leverage ist, dass nur eine leichte unerwartete Zunahme der Volatilität den Derivatepositionen schwere Verluste zufügen kann. Zum Beispiel ist eine Tagesvolatilität von einem Prozent nichts Ungewöhnliches und fügt einem Aktienportfolio keine großen Verluste zu. Allerdings kann bei einem Leverage von 100:1 eine Preisbewegung von einem Prozent schon viel Kapital vernichten. Der durch die Enron- und Argentinien-Krise bedingte Verlust von 61 Prozent des Jahresgewinns zeigt dies überdeutlich. Der Punkt ist nicht, dass JPM etwas falsch gemacht hat, indem es Geld an Enron und an Argentinien verliehen hat. Niemand kann die Entwicklung der Märkte vorhersehen und von vornherein sehen, wie gefährlich eine Bewegung in die eine oder andere Richtung sein wird.

VII. Fußnoten

F1 Die entsprechende Größe der Positionen an der SIMEX war 6.000, weil die Kontrakte an der SIMEX nur halb so groß waren.

F2 Ein Sell Straddle besteht aus dem Verkauf einer gleichen Anzahl von Kauf- und Verkaufs-optionen mit identischen Kontraktspezifikationen. Dabei geht der Verkäufer von einer annähernd stabilen Kursentwicklung aus. Bei größeren Kursschwankungen ist das Risiko der Straddle-Position unbegrenzt.

F3 Matching: Zusammenführung und Ausführung von Aufträgen

F4 Definition: Contango bezeichnet die normale Situation, dass Terminkontrakte mit späteren Fälligkeiten geringere Kurs- bzw. Preisnotierungen aufweisen als solche mit kürzeren Fällig-keiten, da bei Ersteren die cost of carry (Nettokosten im Futures-Geschäft bei Finanzierung einer Kassa-Position) höher sind. Gegensatz: Backwardation

F5 Der Median oder Zentralwert teilt die nach Größe geordneten Variabelwerte in zwei Hälf-ten. Es liegen rechts und links des Medians 50% der nach Größe geordneten Werte.

F6 Zerobonds sind Anleihen ohne Zinsanspruch. Die Verzinsung kommt durch den Unterschied zwischen Erwerbs- und Einlösungspreis zu Stande. Zerobonds bieten eine höhere Planungs-sicherheit als zinszahlende Anleihen und eignen sich daher für kapitalgarantierte Produkte, denn ihr Endwert ist bei der Investition genau bestimmbar.

F7 Oszillatoren geben die Schwingung des Kurses um einen Trend an. Sie beschreiben Aktien-kursbewegungen relativ zu einem angenommenen Zyklus von Hochs und Tiefs.

F8 Für ein Pure-Alpha-Hedge-Fund-Portfolio gilt: $wm = wm \ 1, ...M < J$. Dabei ist wm die Anzahl von Hedge Funds im Portfolio.

F9 Vgl. Zeitreihen auf den Seiten 182 ff.

F10 5-Prozent-Quantil N 0,05 der Standardabweichung = 1,6449

VIII. Quellen

1 **Reuters, JP Morgan, Goldman/Russel Report** on Alternative Investments 2001
2 **Wickenkamp,** Rolf: Private Equity als Anlageklasse, Absolut Report, Nr. 1, 12/2001, S. 26 ff.
3 **Lowenstein,** Roger, When Genius failed, The Rise and Fall of Long-Term Capital Management London 2001;
   Dunbar, Nicholas, Inventing Money, The story of Long-Term Capital Management and the legends behind it, Chichester 2000;
   Lewis, Michael, „How the Eggheads cracked", in: The New York Times Magazine, January 24, 1999, p. 25:
   Siconolfi, Michael, All bets are off. How the Salesmanship and brainpower failed at Long Term Capital, in: The Wall Street Journal, November 16, 1998
4 **Greenspan,** Alan, „Private sector refinancing of the large hedge fund, Long Term Capital Management", testimony before the Committee on Banking and Financial Services, US House of Representatives, October, 1, 1998, www.federalreserve.gov/boarddocs/testimony/19981001.htm
5 **Gensler,** Gary, Treasury under secretary Gary Gensler testimony before the house committee on banking and financial services, www.ustreas.gov/press/releases/pr3137/htm
6 **Lowenstein,** Roger, a.a.O., p. 57
7 **Pacelle,** Mitchell, „How Buffett, AIG and Goldman Sachs sought Long Term Capital, but were rejected", in: The Wall Street Journal, September 30, 1998
8 **Kolmann,** Joe, LTCM speaks,
   www.derivativesstrategy.com/magazine/archive/1999/04999fea1.asp
9 **Fromson,** Brett, Whatever you say, Mr. Meriwether, www.thestreet.com/markets/brettfromson/1088004.html
10 **Leeson,** Nick, High-Speed Money, München 1999;
   Report of the Banking Supervision Inquiry into the circumstances of the collapse of Barings ordered by the House of Commons, July 1995, Her Majesty's Stationery Office, London
11 **Culp,** Christopher/Miller, Merton, Risk Management Lessons from Metallgesellschaft, Journal of Applied Corporate Finance, 1994:
   Edwards, Franklin R. Systematic OTC Derivatives Markets, Much Ado about not to much, September 7, 1994
12 **Ineichen,** Alexander in: In Search of Alpha, London 2000, p. 20 ff.
13 ders., a.a.O., p. 26
14 ders., a.a.O., p. 40
15 ders., a.a.O., p. 36
16 **Alder,** Urs/Schmid, Franz „Diversifizierung mit Distressed Securities", in: BAI-Newsletter, Ausgabe 2/2002
17 **Ineichen,** Alexander, in: In Search of Alpha, London 2000, p. 45
18 ders. Leerverkäufe – eine Überprüfung, in: Absolut Report Nr.6, 06/2002, S. 40 ff.
19 **Financial Services Authority,** „Hedge Funds and the FSA", p. 32
20 **Ineichen,** Alexander in: In Search of Alpha, London 2000, p. 50
21 **Hügin,** Daniel, Diversifikation anhand von Immobilien, in, BAI-Newsletter, 2. Ausgabe 2002, S. 16 ff.
22 **Wauters,** Diego/Jones, Martin, Catastrophe bonds and weather derivatives – a new asset class for hedge funds, BAI-Newsletter Nr. 3 2002, S. 23 ff.
23 **CIB Compass** Ausgabe 7, S. 8 Prima Klima
24 **Indocam Data:** Hedge Fund Research, TASS, Past performance is no guarantee of future
25 dito
26 dito
27 dito

28 Eichengreen, Barry/Mathieson, Donald, Hedge Funds: What do we really know? IMF Economic Issues, No. 19 Washington DC 1999

29 McDonough, William J., Before the Subcommittee on Capital Markets, Securities and Government Sponsored Enterprises, Committee on Banking and Financial Services, U.S. House of Representatives, March 3, 1999, www.ny.frb.org/pihome/news/speeches/mcd990303.html

30 Brown, Stephen J./Goetzmann, William N./Park, James N., Hedge Funds and the Asian Currency Crisis of 1997, http://viking.som.yale.edu/will/research.papers/crisis.pdf

31 Peretz, Michael, Capitalist tools; Jiang Zemin, George Soros, Cambridge Diarist, in: The New Republic, November 24, 1997

32 Eichengreen, Barry/Mathieson, Donald, Hedge Funds: What do we really know? IMF Economic Issues, No. 19 Washington DC 1999

33 Deutsche Bundesbank, Monatsbericht, „Hedge Fonds und ihre Rolle auf den Finanzmärkten", März 1999, S. 31 ff.

34 Eichengreen, Barry/Mathieson, Donald, Hedge Funds: What do we really know? IMF Economic Issues, No. 19 Washington DC 1999

35 Browne, Michael, Head of Sofaer Global Research, in: CNBC Europe squawkbox. September 25 2001, 8.-10 a.M.

36 Lewis, Michael, Liar's poker, London 1989, p. 271

37 Jaeger, Lars, Managing Risk in Alternative Investment Strategies, London, 2002, ders., Transparenz und aktives Risikomanagement in Hedge Fund of Fund-Portfolios in Absolut Report 1 Teil, Nr. 6 06/2002, S. 8 ff, 2 Teil Nr.7 08/2002, S. 26 ff.

38 Verwilghen, Nicholas, Industrietypische Ansätze im Asset Management von Hedge Fund of Fund-Managern – Eine Betrachtung aus Investoren- und Anbietersicht, in Absolut Report Nr. 8 09/2002, S. 36 ff.)

39 Amenc, Noel/Martillini, Lionel, Brave New World of Hedge Funds Indices

40 Siconolfi, Michael, All bets are off. How the Salesmanship and brainpower failed at Long Term Capital, in: The Wall Street Journal, November 16, 1998

41 Berkowitz, Jeremey, A coherent framework for stress testing, in: Journal of Risk 2000, pp. 5-15

42 Jorion, Philippe, Value at Risk, 2. Auflage, New York 2000, pp. 232

43 Risk Metrics, A Practical Guide, pp. 21

44 Signer, Verzerrungen bei Hedge Funds-Renditen und ihre Ursachen in absolute return. NR. 06/2002, S 27 f.

45 Brooks, Chris, Kat, Harry, „The statistical properties of hedge funds their implications for investors", Reading, 31 October 2001

46 Kat, Harry, Amin, Gaurev, „Stocks, Bonds and Hedge Funds: Not a free Lunch", Reading, 29 October 2002

47 Weber, Thomas, Das Einmaleins der Hedge Funds, Frankfurt 1999, S. 179 ff.

48 Möller, Christoph; Neue Hedge Fund Manager, Suche Auswahl und Investments, in: Absolut Report Nr. 5 05/2002, S. 8 ff.

49 Signer, Andreas, Problematische Messung des Mehrwertes durch Hedge Funds, in Absolut Report Nr.10 11/2002, S. 8 ff.

50 Tremont Advisers and Tass Investment Research Ltd., Hedge Funds, in: The handbook of alternative investments, p. 18, New York 2002

51 Stamm, Hans in Christoph Ruhkamp, Neue Produkte offnen blockierten Zugang zu Hedge Funds, in Börsenzeitung vom 11. Dezember 2002

52 Piltz, Philip, Vor- und Nachteile von Managed Accounts bei Hedge Fund Investments für institutionelle Anleger, in: Absolut Report Nr.7 08/2002, S. 38 ff.

53 Pütz, Achim, Hedge Fonds Zertifikate und Auslandinvestmentgesetz, in: Absolut Report 1, S. 23 ff., Nr. 12/2001;

54 Schultz, Florian, Absolute Return Strukturen – Erleichterungen nach steuerlicher Gesetzesänderung, in: Absolut Report Nr. 7 08/2002, S, 44 ff.

55 Giehl, Joachim-M., Regulatorische und steuerliche Rahmenbedingungen für Hedge Fonds und Absolut Return-Strategien in Deutschland – ein kurzer Überblick, in: Absolut Report Nr. 6, 06/2002, S. 44 ff.

56 Interview mit Robert Bierich und Dr. Claus Löwe in Absolut Report Nr. 10, 11/ 2002, S. 18 ff.
57 Cottier, Philip, Hedge Funds and Managed Futures, 3. Auflage B, S. 76 Bern, 2000
58 **Alder** Urs, **Schmid** Franz, Diversifizierung mit Distressed Securties, in: BAI-Newsletter 02/2002
59 **Förster**, Wolfgang/Hertrampf, Urte, Das Recht der Investmentfonds, 3. Auflage, Neuwied 2001, S.82 ff.
60 **Europäisches Parlament**, Generaldirektion Wissenschaft, Begründung zur RL 85/ 611/EWG-Arbeitsdokument, UCIT/OGAW, ÄnderungsRL v. 17.7.1998, S. 1
61 **Train, J.**, The Midas Touch, Harper and Row 1986
62 **Steptoe**, A Genius in the Mind, Cambridge University Press, 1999;
   Eysenck, Hans J., Genius, Cambridge University Press, 1996
63 **Storr**, Anthony, The Dynamics of Creation, Penguin, 1999
64 **Freud**, Siegmund, The Psychopathology of everyday life, Hogarth Press, 1929
65 **Eysenck**, Hans J., Genius, Cambridge University Press, 1996
66 **Apter**, Michael: The Dangerous edge: The psychology of excitement, Free Prees, Playboy-Interview mit Donald Trump
67 **Zulauf**, Max, Paradigmenwechsel – Markteinschätzung eines Long/Short- Hedge Funds Managers in Absolut Report Nr. 7 08/ 2002
68 **Angermayer**, Christian, „Wie sinnvoll sind börsennotierte Private Equity Dachfonds", in: Absolut Report Nr. 10, 11/2002, S. 38 ff.
69 **Wacker**, Watts/Taylor, Jim/Means, Howard, Kursbuch für Visionäre, So gestalten Sie die Zukunft Ihres Unternehmens mit intelligenten Strategien, Landsberg 2001
70 **Shefrin**, Hersh, Beyond Greed and Fear, Harvard 2000
   De Bondt, W.F.M./Thaler, R.H., Financial Decision-Making in Markets and Firms: A Behavioral Perspektive, in: R. Jarrow et al. (Hrsg.), Handbooks in OR & MS, New York 1995, pp. 385-410
   Goldberg, Joachim/von Nitzsch, Rüdiger, Behavioral Finance, 3. Auflage, München 2000
71 **Shiller**, Robert J., Irrational exuberance, Princeton, 2000
72 **Festinger**, Leon, A Theory of Cognitive Dissonance, Stanford, 1957
73 **Shefrin**, Hersh, a.a.O., p.14;
   De Bondt, W.F.M./Thaler, R. H., Does the Stock Market overreact? in: The Journal of Finance 1995, S. 793-808
74 **Shefrin**, Hersh, a.a.O., p. 10
75 **Froot**, Kenneth/Perold, André, Global Equity Markets: The Case of Royal Dutch and Shell. Case N9-296-077, Boston 1996
76 **Greenspan**, Alan, Private sector refinancing of the large hedge fund, Long Term Capital Management, testimony before the Committee on Banking and Financial Services, US House of Representatives, October, 1, 1998, www.federalreserve.gov/boarddocs/testimony/19981001.htm;
   McDonough, William J., Before the Subcommittee on Capital Markets, Securities and Government Sponsored Enterprises, Committee on Banking and Financial Services, U.S. House of Representatives, March 3, 1999, www.ny.frb.org/pihome/news/speeches/mcd990303.html
77 **Dowd**, Kevin, Too big to fail, Long-Term Capital Management and the Federal Reserve, Cato Institute Briefing Papers, N.53, September 23 1999
78 **Kahneman**, Daniel/Tversky, Amos, 1979, Prospect Theory: An Analysis of Decision Making under risk, Econometrica 47, no.2:263-291
79 **Shefrin**, Hersh, a.a.O., p. 312
80 **Bell**, David E., Risk Premiums for Decision Regret, in: Management Science, Band 29, Nr. 10, Boston 1983, pp. 134-150
81 **Pollack**, Andrew, A Rush to Biotech, Based on Scare, The New York Times October 14, 2001
82 **Goldberg**, Joachim /von Nitzsch, Rüdiger, a.a.O., S. 74 f.
83 **Shefrin**, Hersh, a.a.O., p.312
84 ders., a.a.O., p.26
85 **Neill**, Humphrey B., The Art of Contrary Thinking, 10. Auflage, Caldwell 1992
86 **Mackay**, Charles, Extraordinary Delusions and the madness of crowds, in: Fridson, Martin S. Wiley, Investment Classics, New York 1996

87 **Parker,** Bob, Chairman, Credit Suisse Asset Management, in: CNBC Europe squawkbox, October 2001, 8-10 a.M.

88 **Greenspan,** Alan, Zweiter Teil der Humphrey Hawkin Testimony, gehalten am 24. Juli 2001 vor dem US-Senat, www.nasdaq.com\news\afx\2001\07\24

89 **Grant,** James, The trouble with prosperity: A Contrarian Tale of Boom, Bust and speculation, New York 1996

90 **National Gambling Impact Study Commission,** Final Report, Washington D.C. 1999, www.ngisc.gov/reports/exsum_1-7.pdf.

91 **Bakshi,** Gurdip S./Zhiwu Chen, Baby boom, population aging and capital markets, in: Journal of Business 1994, pp. 165-202

92 **Cutler,** David/Poterba, James/Summers, Lawrence, What moves stock prices, in: Journal of Portfolio Management 1989, pp. 4-12;
Parker, Richard, The Media Knowledge and the reporting of financial issues, Präsentation auf der Brookings-Wharton Conference on Financial Services, Brookings Institution Washington D.C., October 22, 1998

93 **Cohen,** David, Fear, Greed and Panic, London 2001

94 **Merrill Lynch and Cap Gemini Ernst & Young,** World Wealth Report 2002

95 **Euro Hedge Directory,** January 2002

96 **Ahmad,** Zeba/Grünig, Christoph, The European Hedge Fund Industry: On Overview, in: SwissHedge, 3. Quarter Edition, 2002, p. 8 ff.;
Anderlind, Paul/Eidolf, Erik, What's up, up North?, in: SwissHedge, 3. Quarter Edition, 2002, p. 13 ff.

97 **Florek,** Erich, Neue Trading Dimensionen, München 2000, S.182;
Murphy, John J., Technische Analyse der Finanzmärkte, München 2000, S. 372 ff.;
Colby, Robert/Meyers, Thomas, Encyclopedia of Technical Market Indicators, New York 1988, p. 100

98 Die Charts sind mit **logicalline.com Version 7.4** erzeugt worden.

99 **Chande,** Tushar, Variable Index Dynamic Average, in: Technical Analysis of Stocks and Commodities (Heft 3/1992)

100 **Lambert,** Donald, Commodity Channel Index, in: Futures Magazine-,Heft 10/80

101 **Florek,** a.a.O., S. 198 f.

102 **Kaufmann** Perry J., Trading systems and methods, 3. Auflage, New York 1998

103 **Hamula,** Hans, Polarized Fractal Efficiency-Indikator, in: Technical Analysis of Stocks and Commodities, 01/1994

104 **Florek,** a.a.O., S. 334

105 **McLaren,** Bill, Gann Made Easy, How to trade using the methods of W. D. Gann, Pomeroy 1993, Revised Edition. Bill McLaren gibt jeden Montagvormittag um 6.15 Uhr MEZ auf „CNBC todaysbusinesseurope" einen Ausblick über den Verlauf der nächsten fünf Handelstage. („Ganntrader"). Seine Wochenberichte sind unter www.mclarenreport.com.au veröffentlicht.

106 **Markowitz,** Harry, Portfolio Selection, Blackwell 1991 (Nachdruck)

107 **Lütkepohl,** Helmut, Statistische Modellierung von Volatilitäten, Berlin. 18. September 1990

108 **Sharpe,** William F., A simplified Model for Portfolio Analysis, in: Management Science, 1963, pp. 277–293

109 **Jensen,** Michael, Studies in the Theory of Capital Markets, New York 1972

110 **Treynor,** Jack, In Defense of the CAPM, in: Financial Analysis Journal, May/June 1993, pp.11-13

111 **Sharpe,** William F., A simplified Model for Portfolio Analysis, in: Management Science, 1963, pp. 277–293

112 **Ross,** Stephen A., The Arbitrage Theory of Capital Asset Pricing, Journal of Economic Theory, 1976, p. 343-362

113 **Haugen,** Robert A., The inefficient Stock market, What pays off and why, New Jersey 1999, p. 27
Haugen, Robert A., Modern Investment Theory, 2. Auflage, New Jersey 1991
ders., The New Finance, 2. Auflage, New Jersey 1999;
ders., Beast on Wall Street, How Stock Volatility devours our wealth, 2. Auflage, New Jersey 1999;
ders., The inefficient Stock market, What pays off and why, New Jersey 1999

114 Banz, Ralf W., The relationship between return and market value of common stocks, in: The Journal of Financial Economics 9, 1981, pp. 3-18

115 ders., Beast on Wall Street, How Stock Volatility devours our wealth, 2. Auflage, New Jersey 1999, p. 27

116 Lamm, Mac, Ghaleb-Harter, Tanya E., Performance Persistence in Hedge Funds: Winners do repeat. Deutsche Asset Management research monograph, January 7, 2000
Henker, Thomas, Naïve Diversification for Hedge Funds, in: The Journal of Alternative Investments, Winter (1998), pp. 33

117 Lamm, Mac, Ghaleb-Harter, Tanya E., Optimal Hedge Fund Portfolios, Deutsche Asset Management, New York, February 8, 2000;
dies., Hedge Funds as an Asset Class, An Update on Performance and Attributes, Deutsche Asset Management, New York, March 6, 2000

118 Schneeweis, Thomas, Alpha, Alpha, Whose got the Alpha? Working Paper October 5, 1999, University of Massachusetts, School of Management

119 Lamm, Mac, Economic Foundations and Risk Analysis in Investment Managmenet, Working Paper

120 Schmitt, Christian, Stochastische Volatilitäten, in Michael Schröder (Hrsg), Finanzmarktökonometrie, Stuttgart 2002, S. 301 ff.

121 www.jpmchase.com, www.occ.treas.gov